Meike Dahlström

Beruf und Berufung

Adalbert Stifter als Pädagoge

www.tredition.de

© 2017 Meike Dahlström

Verlag: tredition GmbH, Hamburg

ISBN
Paperback: 978-3-7439-0553-5
Hardcover: 978-3-7439-0554-2
e-Book: 978-3-7439-0555-9

Printed in Germany

Das Werk, einschließlich seiner Teile, ist urheberrechtlich geschützt. Jede Verwertung ist ohne Zustimmung des Verlages und des Autors unzulässig. Dies gilt insbesondere für die elektronische oder sonstige Vervielfältigung, Übersetzung, Verbreitung und öffentliche Zugänglichmachung.

Zuerst erschienen unter dem Titel: „Ich bin ein Mann des Maßes und der Freiheit". Adalbert Stifter als Pädagoge, Marburg 2008 (Wissenschaftliche Beiträge aus dem Tectum Verlag: Literaturwissenschaft | Band 6).

Die erste Ausgabe dieser Arbeit wurde mit einem Stipendium des Adalbert Stifter Vereins München gefördert.

Meinen lieben Eltern

Alfred (†) und Gertraud Gerhardt

in Dankbarkeit gewidmet

Inhaltsverzeichnis

Vorwort zur Neuauflage 13
1 Einleitung **17**
1.1 Literatur- und Quellenlage 23
2 Vorgeschichte – Stifters Entwicklung bis 1848 .... **28**
2.1 Herkunft und Bedeutung der Bildungsgedanken 28
2.2 Philosophischer Hintergrund des „sanften Gesetzes" 45
2.3 Literaturhistorische Einordnung Stifters 63
2.4 Stifter und die Revolution von 1848 in Österreich 76
3 Adalbert Stifter als Schulrat (1850-1865) **91**
3.1 Auswirkungen der Revolution auf das Schulwesen 91
3.2 Beginn der Amtsgeschäfte: Ernennung zum Schulrat 96
3.3 Inspektionsreisen und pädagogische Zielsetzungen 101
3.4 Aufbau und Gründung der Linzer Realschule (1850/51) 108
3.5 Ausbildung und Lebensstandard der Volksschullehrer 113
3.6 Der Begriff der „Sittlichkeit" bei Adalbert Stifter 125
3.7 Mängel im Schulbetrieb 132
3.8 Schule als Institution: Didaktik und Methodik 140
3.9 Lesebuch zur Förderung humaner Bildung 152
3.9.1 Anspruch des Lesebuchs an die öffentliche Schulbildung ... 152
3.9.2 Die formale Struktur des Lesebuchs 156
3.9.3 Stifters erzieherische Grundsätze im Lesebuch 160
4 Höhepunkt der Amtskarriere: *Der Nachsommer* **173**
4.1 Beispiel eines literarischen Erziehungsmodells 173
4.2 Kann der *Nachsommer* als „Bildungsroman" gelten? 201
4.3 Das literarische Modell als Lernprozess des Lesens 208
4.4 Stifters Poetik am Beispiel von Heinrichs Bildungsgang 219
4.5 Stifters Bildungsbegriff als Gegenmodell zur Gesellschaft ... 238
4.6 Die Bildungsdiskussion im 19. Jahrhundert 249
5 Die letzten Jahre (1855-1868) **255**
5.1 Das Scheitern der pädagogischen Zielsetzungen 255

5.2	Schreiben als Flucht aus der Realität	264
5.3	Rückzug aus dem Amt, depressives Leiden und Sterben	268

6 Nachbemerkung 281

7 Literaturverzeichnis 289
7.1 Primärliteratur 289
7.2 Sekundärliteratur 295

Danksagung **317**

*„Ich fragte wenig darum, was ich sie lehren soll,
sondern fing auf eigene Faust an, sie zu bilden."*
(Adalbert Stifter)

Vorwort zur Neuauflage

Warum überhaupt eine Neuauflage? Noch dazu ein Buch über Adalbert Stifter, einen Schriftsteller, der außerhalb der Literaturwissenschaft ohnehin kaum noch Beachtung findet? Eben darum: Ich möchte ihm Raum geben, dem Verkannten, Belächelten, oft nicht als ganz vollwertig Angesehenen – der doch einer der großen österreichischen Autoren des 19. Jahrhunderts ist.

Letztlich waren verschiedene Gespräche über Adalbert Stifter ausschlaggebend für den Entschluss, meine Dissertation aus dem Jahr 2008 nochmals zu überarbeiten und neu aufzulegen: Gespräche, die Interesse wie Desinteresse, Begeisterung wie Unkenntnis, erstaunliches Wissen wie Vorurteile bekundeten. Anlass genug also, es noch einmal mit ihm zu versuchen: Adalbert Stifter – Schriftsteller, Schulrat, Journalist und, nicht zuletzt, pädagogischer Vordenker.

Darüber hinaus ist Stifter aber auch ein mit seiner Wahlheimat Oberösterreich verbundener Autor; ein Umstand, den ihn oftmals noch als den biedermeierlichen Heimaterzähler in den Köpfen der Menschen weiterleben lässt – wofür seine offenkundige Leibesfülle für manche ein weiteres Argument darstellt. Ein schlechter Esser war Adalbert Stifter sicherlich nicht, ein literarisches Adalbert-Stifter-Kochbuch[1] gibt es bereits. Mit heimeliger Biedermeierdichtung haben seine Werke hingegen nichts gemein, der tiefe Schrecken sitzt unter der Oberfläche; die vermeintliche Idylle bröckelt, wenn Stifters Figuren inmitten ihrer bekannten Umgebung an Einsamkeit und Trauer zerbrechen; seelisch wie körperlich zugrunde gehen.

---

[1] Kurt Palm: Suppe Taube Spargel sehr sehr gut: Essen und trinken mit Adalbert Stifter. Ein literarisches Kochbuch, Wien 1999.

Sein modernes Gedankengut zeigt sich erstmals in den Revolutionsjahren 1848/49. Stifter möchte am Aufbau eines konstitutionellen Staates mitwirken, der jedem Bürger die gleichen Rechte und Pflichten zugesteht. Doch die zunehmende Radikalisierung erschüttert ihn als Vorzeichen einer drohenden Katastrophe; von seiner ersten Revolutionsbegeisterung nimmt er Abstand: Wie ist es möglich, dass Menschen sich der rohen Gewalt hingeben? Sind die Ausschreitungen am Ende nicht dem Staat anzulasten, der die erzieherische Pflicht gegenüber seinem Volk vernachlässigt hat? Um eine erneute Radikalisierung zu vermeiden, plädiert er in seinen Aufsätzen für einen Unterricht, in dem sowohl Geistesbildung als auch ein verantwortungsvoller Umgang mit Freiheit an oberster Stelle stehen. Seinen Forderungen gibt er auch als Schriftsteller Ausdruck: Der Nachsommer ist nicht nur ein Bildungsroman im herkömmlichen Sinne, sondern zugleich ein anschauliches Beispiel für sein literarisches Erziehungsmodell. Die Revolution nimmt Stifter zum Anlass, selbst am Aufbau eines neuen Schulwesens mitzuarbeiten. Als Schulrat für Oberösterreich kämpft er für eine auf die Entwicklung von Herz und Geist ausgelegte Pädagogik sowie für eine Besserstellung der geringgeschätzten und oft in ärmlichsten Verhältnissen lebenden Volksschullehrer. Stifters Überzeugungen haben auch heute nichts von ihrer Relevanz verloren; pädagogische Konzepte sowie Bild und Rolle des Lehrers sind weiterhin viel diskutierte Themen in unserer Gesellschaft.

Den Titel der Erstauflage „Ich bin ein Mann des Maßes und der Freiheit. Adalbert Stifter als Pädagoge" habe ich in den griffigeren und, so wie ich hoffe, zugänglicheren Titel „Beruf und Berufung. Adalbert Stifter als Pädagoge" abgewandelt.

Allen Interessierten wünsche ich viel Freude bei der Lektüre.

Bad Teinach, im Juni 2017 Meike Dahlström

1 Einleitung

> Ist es schon in den gewöhnlichsten Dingen des Lebens so, daß nur der Charakter in sie die Bedeutung bringt, und daß nur der Charakter Andere zum Guten führt, so ist es in der Schriftstellerei um so mehr.[2]

In volkserzieherischer Absicht stellt Adalbert Stifter[3] im April 1848 der Freude über die neu errungene Pressefreiheit die erforderlichen Eigenschaften des Schriftstellers und dessen Verantwortung gegenüber. Der Text stammt aus dem Aufsatz *Über Stand und Würde des Schriftstellers*, den Hubert Lengauer als Stifters „bedeutendste Äußerung im Revolutionsjahr"[4] bezeichnet. Die gesellschaftliche Neustrukturierung nach der Revolution von 1848 gibt Stifter Anlass, seine Bildungsgedanken in Worte zu fassen und sich aktiv am Aufbau eines neuen Schulsystems zu beteiligen. Diese Aufgabe ist für ihn „die erste und heiligste Pflicht des Staates"[5]. Über den Einfluss der

---

[2] Adalbert Stifter: Über Stand und Würde des Schriftstellers. In: Pädagogische Schriften, hg. von Theodor Rutt, Paderborn 1960, S. 9-18, S. 12. [Zuerst erschienen in: Constitutionelle Donau-Zeitung, Wien, 2. und 7. April 1848].

[3] Adalbert Stifter, * Oberplan, 23. Oktober 1805, † Linz 28. Januar 1868. Zu ausführlichen biographischen Angaben siehe: Peter A. Schoenborn: Adalbert Stifter. Sein Leben und Werk, 2., aktual. Aufl., Tübingen/Basel 1999.

[4] Hubert Lengauer: Literatur und Revolution: 1848. In: Literarisches Leben in Österreich. 1848-1890, hg. von Klaus Amann, Hubert Lengauer und Karl Wagner, Wien/Köln/Weimar 2000 (Literaturgeschichte in Studien und Quellen 1), S. 19-41, S. 30.

[5] Stifter: Mittel gegen den sittlichen Verfall der Völker. In: ders.: Werke und Briefe. Historisch-kritische Gesamtausgabe, hg. von Alfred Doppler und Wolfgang Frühwald, Bd. 8,2: Schriften zu Politik und Bildung. Texte, hg. von Werner M. Bauer, Stuttgart 2010, S. 111-113, S. 112. [Zuerst erschienen in: *Der Wiener Bote*, 22. Juni 1849].

Revolution auf Stifters pädagogische Ansichten schreibt Klaus Neugebauer:

> Man kann sich vorstellen, daß die zurückliegenden Ereignisse des Oktober 1848 auf Stifter einen starken erzieherischen Eindruck gemacht haben. Er hatte lernen müssen, daß die Idee der Freiheit an der Unzulänglichkeit, der mangelnden Reife der Menschen [...] scheitern konnte.[6]

Geprägt durch die Erfahrung des Sitten- und Ordnungsverfalls während der Revolution gilt sein ganzes Engagement dem Neuaufbau des Schulwesens. Bis heute wird die Arbeit Stifters als Schulorganisator, der vor allem durch seine schriftstellerische Leistung bekannt ist, wenig beachtet. Als Ursache hierfür kann das Fehlen einer durchformulierten Pädagogik gelten – einzelne, unzusammenhängende Aufsätze über Politik und Bildung sind vor allem unter dem Eindruck der Revolution von 1848 entstanden. Seine Gedanken zur Bildung des Menschen können nicht als „systematische Pädagogik"[7] gelten. Der frühe Versuch, ein Schullesebuch zu veröffentlichen, scheitert. Entsprechend unterschiedlich wird seine pädagogische Leistung in der Forschung beurteilt: Theodor Rutt stellt in einer Betrachtung über *Adalbert Stifters Gedanken zur Pädagogik* fest, dass Stifter zwar eine geschlossene und begründete pädagogische Theorie auf der Basis einer selbstständigen Schul- und Erziehungswirklichkeit bietet, aber keine angewandte Erziehungswissenschaft.[8] Gudrun Klarner

---

[6] Klaus Neugebauer: Selbstentwurf und Verhängnis. Ein Beitrag zu Adalbert Stifters Verständnis von Schicksal und Geschichte, Phil. Diss., Tübingen 1982, S. 108.
[7] Helmut Engelbrecht: Erziehung und Unterricht im Bild. Zur Geschichte des österreichischen Bildungswesens, Wien 1995, S. 289.
[8] Theodor Rutt: Adalbert Stifters Gedanken zur Pädagogik. In: Pädagogische Schriften, S. 266-279, S. 278.

kritisiert in ihrem Werk die häufige Überschätzung seines Bildungsansatzes: „A characteristic feature of the discussion of Stifter's pedagogic ideas has been their over-estimation as fundamentally innovatory and ahead of their time."[9] Kurt Gerhard Fischer ist im Gegensatz dazu der Meinung, dass Stifter mit seinen Bildungsideen in gleichem Maße wie Rousseau oder Pestalozzi zu einer Reformierung der Pädagogik beigetragen hat. Er geht davon aus, dass „mit der erforderlichen Neubesinnung auf das literarische Werk Stifters eine nicht unbedeutende Korrektur der historischen Pädagogik Hand in Hand gehen [muß]"[10].

Stifters Bildungsgedanken werden weiterhin unterschätzt, sodass sein pädagogisches Denken einer genauen Untersuchung wert ist. Diese Arbeit legt dar, warum Stifters Bildungsideen und –ideale seiner Zeit weit voraus sind. Anlässlich des Stifterjahres 2005 äußert sich der oberösterreichische Landeshauptmann Josef Pühringer über den Dichter: „[Adalbert Stifters] Literatur ist nicht nur Maßstab und Vorbild, sondern auch eine Vorgabe, die zu kritischer Auseinandersetzung reizt."[11] Als Schulrat und Schriftsteller versucht Stifter seinen Ideen eine Form zu geben. Diese verwertet er sowohl in den Schulakten als auch in den pädagogischen Schriften und in seiner Dichtung. Es liegt weniger an mangelndem pädagogischen Talent als an einer zu hoch angesetzten Erwartungshaltung, dass er seine bil-

---

[9] Gudrun Klarner: Pedagogic Design and Literary Form in the Work of Adalbert Stifter, Frankfurt/M./Bern/New York 1986 (European university studies, Ser. 1, German language and literature 920), S. 20.

[10] Kurt Gerhard Fischer: Einleitung. In: Documenta paedagogica austriaca. Adalbert Stifter, Bd. 1, hg. von Kurt Gerhard Fischer, Linz 1961, S. XIII-CII (Schriftenreihe des Adalbert Stifter-Institutes des Landes Oberösterreich 15), S. XV.

[11] Josef Pühringer: Sanfte Sensationen. Stifter 2005. Programmheft, hg. v. Amt der oberösterreichischen Landesregierung, Landeskulturdirektion, Linz 2005, S. 1.

dungstheoretischen Ansätze nicht praktisch umsetzen kann. Deshalb soll in dieser Arbeit der allgemeine Begriff der „Pädagogik" um den der „Bildungsgedanken" erweitert werden. Diese Differenzierung setzt eine weniger erziehungswissenschaftlich geprägte Erwartungshaltung voraus und lässt Raum für Stifters eigene Interpretation und Umsetzung von „Bildung".

Gegenwärtig gibt es, im Gegensatz zu anderen Stifter-Themen, kein fundiertes Werk über Stifter als Pädagogen. Die vorliegende Arbeit versucht, diese Lücke zu schließen und eine angemessene Würdigung der pädagogischen Leistung Stifters zu ermöglichen. Ziel der Arbeit ist es, neben den künstlerischen Aspekten durch die Charakterisierung der pädagogischen Leistung ein vollständiges Bild von Adalbert Stifter zu erhalten. Dies erfolgt durch die Darstellung der durch die Revolution beeinflussten Bildungsgedanken Stifters und deren Umsetzung. Es gilt, seine bildungstheoretische Zielsetzung als Schriftsteller und Schulorganisator herauszuarbeiten und zu zeigen, mit welchen Mitteln er versucht hat, diese zu realisieren.

Ein zentraler Punkt dieser Betrachtung ist das „Jahrfünft im Leben und Schaffen Stifters"[12] von 1852-1857. In diesem Zeitraum arbeitet er an seinem *Lesebuch zur Förderung humaner Bildung*, schreibt den Roman *Der Nachsommer* und formuliert in der Vorrede zu der Novellensammlung *Bunte Steine* für sein Werk eine eigene Theorie, die er unter dem Begriff des „sanften Gesetzes" zusammenfasst:

> Es ist das Gesez [...] der Gerechtigkeit das Gesez der Sitte, das Gesez, das will, daß jeder geachtet geehrt ungefährdet neben dem Anderen bestehe

---

[12] Sepp Domandl: Adalbert Stifters Lesebuch und die geistigen Strömungen zur Jahrhundertmitte, Linz 1976 (Schriftenreihe des Adalbert-Stifter-Institutes des Landes Oberösterreich 29), S. 65.

> [...]. So wirkt das Sittengesez still und seelenbelebend durch den unendlichen Verkehr der Menschen mit Menschen [...].[13]

Dieses in der Vorrede formulierte Sittengesetz wird zum Leitfaden seines pädagogischen Handelns. Es ist kein Zufall, so Helga Bleckwenn, dass *Der Nachsommer* parallel zu Stifters zunehmenden Sorgen in seinem Amt als Schulrat entsteht:

> Es scheint nicht zufällig, dass sein Bildungsroman gleichzeitig zu enttäuschenden Erfahrungen im Amt und zur sich festigenden Restaurationsphase entstand. Danach werden keine pädagogischen Schriften mehr publiziert, und der Schriftsteller wendet sich historischen Themen zu.[14]

Im Rahmen der „Vorgeschichte" wird die Revolution von 1848 und deren Eindruck auf Stifter genauer betrachtet. Diese Zeit ist maßgebend für sein weiteres Handeln. Ebenfalls wird untersucht, inwieweit er seine fortschrittlichen Ideen – proklamiert in Zeitungsartikeln und Aufsätzen – während seiner Zeit als Schulrat verwirklichen kann. Systematisch werden seine pädagogischen und administrativen Tätigkeiten dargestellt und ausgewertet. Erst durch intensive Auseinandersetzung mit seinem Werk gelingt es, die teilweise zufällig entstandenen und an verschiedenen Stellen geäußerten Gedanken einzuordnen. In dieser Arbeit werden die Verknüpfungspunkte

---

[13] Stifter: Vorrede. In: ders.: Werke und Briefe. Historisch-kritische Gesamtausgabe, hg. von Alfred Doppler und Wolfgang Frühwald, Bd. 2,2: Bunte Steine. Buchfassungen, hg. von Helmut Bergner, Stuttgart/Berlin/Köln/Mainz 1982, S. 9-16, S. 13f.

[14] Helga Bleckwenn: Lehrer- und Erziehergestalten. In: Kein Wesen wird so hülflos geboren. Adalbert Stifter als Pädagoge. Publikation zur Ausstellung, hg. von Regina Pintar und Christian Schacherreiter, Linz 2005, S. 43-52, S. 43.

zwischen seiner Intention als Schulreformer und Verfasser bildungstheoretischer Schriften einerseits und seiner Berufung als Dichter andererseits untersucht.

Stifter hat die Revolution von 1848/49 als traumatisches Ereignis erfahren. Seine Reaktion darauf setzt er in seinem Bildungsroman *Der Nachsommer* exemplarisch um. Kein anderes Werk realisiert Stifters literarisches Erziehungsmodell so anschaulich wie dieser Roman. Es wird gezeigt, wie er dieses Modell am Leser verwirklicht und welche pädagogische Zielsetzung er damit verfolgt. Anhand des *Nachsommers*, der im Zusammenhang mit Stifters Bildungsgedanken eine bedeutende Rolle spielt, werden pädagogische Zielsetzungen herausgearbeitet und deren Kongruenz zu seinem pädagogischen Wirken beleuchtet.

Der abschließende Themenkomplex über die letzten Jahre stellt Leben und Werk des Autors einander gegenüber, um die Zielsetzungen des Menschen und Pädagogen Stifter als Einheit zu erfassen. Die Erwähnung der letzten Lebensjahre ist von Bedeutung, um einen Überblick über Stifters Entwicklung als Schulrat und Schriftsteller zu bekommen. Stifters Unzufriedenheit, Quintessenz aus beruflichen und persönlichen Rückschlägen, ist Antriebsfeder für sein politisches und pädagogisches Engagement.

Diese Arbeit kann nur in exemplarischer Form sein Werk und sein Wirken darlegen. Eine ausführliche Darstellung des Bildungsdenkens des 19. Jahrhunderts in Österreich kann diese Arbeit weder im Hinblick auf die geistigen Grundlagen noch die Beschreibung seines Alltags als Schulinspektor leisten.

1.1 Literatur- und Quellenlage

Über den Schriftsteller Adalbert Stifter gibt es eine Vielzahl von wissenschaftlichen Darstellungen zu zahlreichen Aspekten seines Werkes. Das überkommene Bild von Stifter als konservativem Dichter der „Käfer und Butterblumen"[15] ist, wie neuere Arbeiten zeigen, kaum noch von Bedeutung. Stattdessen werden seine Persönlichkeit als Demokrat und Liberaler und seine Verdienste um das österreichische Schulwesen gewürdigt. Diese Forschungsarbeiten boten die Grundlage für eine differenzierte Betrachtung seiner Werke unter spezielleren Gesichtspunkten. Gerade die neueren Biographien können einen tieferen Einblick in das Leben des Schriftstellers geben. Hier sei das umfangreiche Werk von Peter A. Schoenborn[16] genannt, der in ausführlicher Weise die verschiedenen Stationen in Stifters Leben beschreibt und sein Werk im Hinblick auf die historischen Umstände analysiert. Maßgebend sind des Weiteren die aktuellen Darstellungen von Peter Becher[17], Karl Pörnbacher[18] und die immer noch zeitgemäße Biographie von Urban Roedl[19]. Diese vermögen in anschaulicher Weise ein Bild von Adalbert Stifter, seinem Werk und der zeitgenössischen politischen Situation zu vermitteln, wobei die

---

[15] Friedrich Hebbel: Werke, Bd. 3: Theoretische Schriften, hg. von Gerhard Fricke, Werner Keller und Karl Pörnbacher, München 1965, S. 122.
[16] Schoenborn: Adalbert Stifter.
[17] Peter Becher: Adalbert Stifter. Sehnsucht nach Harmonie. Eine Biografie, Regensburg 2005.
[18] Karl Pörnbacher: Literaturwissen Adalbert Stifter, Stuttgart 1998 (Universal-Bibliothek 15217).
[19] Urban Roedl: Adalbert Stifter in Selbstzeugnissen und Bilddokumenten, 15. Aufl., Hamburg 1999 (Rowohlts Monographien 50086).

neueste Biographie von Peter Becher auch gewissenhaft den Werdegang Stifters vor seiner Ernennung zum Schulrat abhandelt. Dagegen findet noch wenig Beachtung, dass Adalbert Stifter 15 Jahre als Schulrat tätig war und pädagogische Schriften verfasste.[20] Dieser Lebensabschnitt steht nach wie vor im Schatten seiner Dichtungen und seines bildnerischen Werks. Martin Tielke schreibt über die Problematik der Stifter-Forschung:

> Stifter ist schwierig. Denn kaum eine deutsche Kunstprosa des 19. Jahrhunderts darf sowenig als das genommen werden, als was sie sich gibt, wie die Stifters. Und die Hintergründigkeit, die Thomas Mann ihm zuspricht, wird von der Sekundärliteratur eher verstärkt als erhellt, denn sie ist getrübt entweder durch eine zu große Nähe zu Stifter oder durch eine zu früh einsetzende Abwehr. Dabei ist gerade Stifter auf den Kommentar angewiesen.[21]

Dieser Kommentar fehlt bisher zu Stifters pädagogischen Leistungen. Bislang setzt sich keine neuere Darstellung explizit mit seiner Bildungsidee auseinander. Auch das „sanfte Gesetz" Adalbert Stifters ist in neuester Zeit nicht in einer eigenen Darstellung behandelt worden. Die meisten der vorliegenden Darstellungen mit historisch-pädagogischen Inhalten beschränken sich auf die Beschreibung ein-

---

[20] Im „StifterHaus" in Linz war vom 19. April bis 26. Oktober 2005 eine von Regina Pintar und Christian Schacherreiter konzipierte Ausstellung zum Thema „Adalbert Stifter als Pädagoge" zu sehen.
[21] Martin Tielke: Sanftes Gesetz und historische Notwendigkeit. Adalbert Stifter zwischen Restauration und Revolution, Phil. Diss., Frankfurt/M./Bern/Las Vegas 1979 (Europäische Hochschulschriften Ser. 1, Deutsche Literatur und Germanistik 298), S. 7.

zelner Komponenten aus dem „erziehungsgeschichtlichen Tableau"[22], stellt Franz Hofmann 1992 in einem Aufsatz *Zur Methodologie einer Geschichte der Erziehung* fest. Seither hat sich nicht viel geändert. So sind Darstellungen einflussreicher Pädagogen reichlich vorhanden. Allerdings werden nur im Rahmen von Biographien und einzelnen Kapiteln der weiterführenden Stifter-Literatur seine Leistungen als Pädagoge bearbeitet. So beschäftigt sich die aktuelle Untersuchung von Mathias Mayer[23] mit dem Titel *Adalbert Stifter. Erzählen als Erkennen* zwar nicht explizit mit der Bildungsidee Stifters, gibt aber implizit Anhaltspunkte zu deren Umsetzung im *Nachsommer*. Sepp Domandl hat mit seiner Ausführung über Stifters Schullesebuch einen bedeutenden Beitrag zu seiner Arbeit außerhalb des schriftstellerischen Werks geleistet.[24] Darüber hinaus geht Markus Pahmeier in seiner Dissertation aus dem Jahr 2014 eingehend auf die Themen der Volksaufklärung in Stifters literarischen Werke ein.[25] Die Darstellung von Theodor Rutt[26] *Adalbert Stifter, der Erzieher* aus

---

[22] Franz Hofmann: Zur Methodologie einer Geschichte der Erziehung. In: Zur Geschichte des österreichischen Bildungswesens. Probleme und Perspektiven der Forschung, hg. von Elmar Lechner, Helmut Rumpler und Herbert Zdarzil, Wien 1992 (Sitzungsberichte, Österreichische Akademie der Wissenschaften, Philosophisch-Historische Klasse 587), S. 53-64, S. 55.

[23] Mathias Mayer: Adalbert Stifter. Erzählen als Erkennen, Stuttgart 2001 (Universal-Bibliothek 17627).

[24] Domandl: Adalbert Stifters Lesebuch und die geistigen Strömungen zur Jahrhundertmitte, Linz 1976.

[25] Zu den Themen der Volksaufklärung bei Stifter zählt Pahmeier u. a.: Verbesserung von Landgütern, Landwirtschaft, Außenanlagen und Häuser der Güter, moralisches Verhalten, Kinder- und Jugenderziehung und Wirken zum Wohl der bäuerlichen Bevölkerung. Markus Pahmeier: Die Sicherheit der Obstbaumzeilen. Adalbert Stifters literarische Volksaufklärungsrezeption, Heidelberg 2015, Phil. Diss., S. 115.

[26] Theodor Rutt: Adalbert Stifter, der Erzieher, Wuppertal 1970 (Henn's pädagogische Taschenbücher 29).

dem Jahre 1970 ist bisher durch keine Neuauflage oder durch ein mit neuen Forschungsmaterialien ergänztes Werk fortgeführt worden. Fischers Abhandlung *Die Pädagogik des Menschenmöglichen*[27] aus dem Jahre 1962 ist das derzeit umfassendste Werk zu diesem Thema. Darin ist kein fortlaufender Bezug zu Stifter zu finden, sondern eine kategorische Abhandlung der Vielzahl von Ansatzpunkten, welche das Thema „Stifter und seine Pädagogik" bietet. Einen wegweisenden Leitfaden durch das umfangreiche Werk wird der Leser vergeblich suchen.

Die Quellenlage kann als gut gelten. Von Stifter sind mehr als 1000 Briefe überliefert. Noch immer tauchen bisher unbekannte Handschriften auf.[28] Leider fehlt bis heute eine aktuelle Ausgabe mit den wichtigsten Briefen in ungekürzter Fassung. Eine Briefedition liegt in der noch nicht vollständig erschienenen historisch-kritischen Gesamtausgabe bisher nicht vor. In dieser sollen 37 bisher unveröffentlichte Stifter-Briefe mit aufgenommen werden. Maßgeblich ist deshalb die Ausgabe des Briefwechsels im Rahmen der Prag-Reichenberg-Ausgabe[29] und die trotz zahlreicher Kürzungen umfangreiche Brief- und Dokumentensammlung von Kurt Gerhard Fischer[30].

In dieser Arbeit werden nur diejenigen Dokumente ausgewertet, die

---

[27] Kurt Gerhard Fischer: Die Pädagogik des Menschenmöglichen. Adalbert Stifter, Linz 1962 (Schriftenreihe des Adalbert-Stifter-Institutes des Landes Oberösterreich 17).

[28] Alfred Doppler: Adalbert Stifter als Briefschreiber. In: Stifter-Studien. Ein Festgeschenk für Wolfgang Frühwald, hg. von Walter Hettche, Johannes John und Sibylle von Steinsdorff, Tübingen 2000, S. 244-254, S. 244.

[29] Ders.: Sämmtliche Werke, hg. von August Sauer, Franz Hüller, Kamill Eben, Gustav Wilhelm u.a., Bd. 14, 17, 18, 19, Prag 1901ff., Reichenberg 1927ff., Graz 1958ff, Hildesheim 1972 [reprographischer Nachdruck].

[30] Adalbert Stifters Leben und Werk in Briefen und Dokumenten, hg. von Kurt Gerhard Fischer, Frankfurt/M. 1962.

Aufschluss über Stifters pädagogisches Denken und Handeln geben. Von Bedeutung sind die im Rahmen der neuen historisch-kritischen Gesamtausgabe erschienenen „Amtlichen Schriften zu Schule und Universität".[31] Diejenigen Dokumente, die nicht mehr auffindbar sind und daher nicht in die Gesamtausgabe mit aufgenommen wurden, sind teilweise in den von Kurt Vansca herausgegeben *Schulakten Adalbert Stifters* aufgeführt – betreffende Schriften werden aus dieser Ausgabe zitiert.[32] Des Weiteren gibt die von Theodor Rutt besorgte Edition der *Pädagogischen Schriften*[33] Stifters Einblick in zwischenzeitlich verlorengegangene Aufsätze.

Alle Zitate aus Werken Stifters und die Nachweise erfolgen, soweit der Stand dieser Edition das zulässt, aus dieser neuen historisch-kritischen Gesamtausgabe.[34] Rechtschreibung und Zeichensetzung der Zitate entsprechen der jeweils verwendeten Edition.

---

[31] Stifter: Amtliche Schriften zu Schule und Universität. In: ders.: Werke und Briefe. Historisch-kritische Gesamtausgabe, hg. von Alfred Doppler und Hartmut Laufhütte, Bd. 10: Amtliche Schriften zu Schule und Universität. Teil 1-3, hg. von Walter Seifert, Stuttgart 2007-2010.

[32] Die Schulakten Adalbert Stifters. Mit einem Anhang (Personalakten, Organisations-Entwurf der Linzer Realschule), hg. von Kurt Vancsa, Nürnberg 1955 (Schriftenreihe des Adalbert Stifter-Institutes des Landes Oberösterreich 8).

[33] Pädagogische Schriften, hg. von Theodor Rutt, Paderborn 1960.

[34] Stifter: Werke und Briefe. Historisch-kritische Gesamtausgabe, hg. von Alfred Doppler, Wolfgang Frühwald und Hartmut Laufhütte, Stuttgart/Berlin/Köln 1978ff.

2   Vorgeschichte – Stifters Entwicklung bis 1848

2.1   Herkunft und Bedeutung der Bildungsgedanken

Als innig beschreibt Fischer das Verhältnis von Adalbert Stifter zu Mutter und Großmutter, die nach dem Tod des Vaters die einzigen Bezugspersonen sind.[35] Wenige Dichter, so Rutt, hätten wie er das ganze Leben hindurch ihrer Mutter ein so schönes Gedenken bewahrt.[36] Liebevoll beschreibt Stifter 1849 in seinem Aufsatz *Mittel gegen den sittlichen Verfall der Völker* die geistige Förderung, die ihm von Seiten der Mutter zuteilwurde:

> [...] die Liebe der Eltern hat noch einen höheren Boden und eine edlere Heimat, nämlich die Seele. Diese Liebe führt die Eltern dahin, daß sie außer der leiblichen Wohlfahrt der Kinder auch noch die geistige derselben befördern möchten [...]. Diese Liebe zu den Kindern ist eigentlich die menschliche. Aber wie selten ist sie vorhanden![37]

Die Buchfassungen seiner Studien widmet er neben den Geschwistern seiner Mutter, die an erster Stelle steht. Ihren Verlust und den des Vaters wird er später in seinem Roman *Der Nachsommer* verarbeiten:

> '[...] Ich warf mich in eine Lehnbank, und wollte in Thränen vergehen. Es war der erste große Verlust,

---

[35] Kurt Gerhard Fischer: Vorwort. In: Adalbert Stifters Leben und Werk, S. 5-34, S. 10.
[36] Rutt: Adalbert Stifter, der Erzieher, S. 45.
[37] Stifter: Erziehung in der Familie. In: ders.: Werke und Briefe, Bd. 8,2: Schriften zu Politik und Bildung, S. 123-125, S. 124.

den ich erlitten hatte. Zur Zeit des Todes des Vaters war ich zu jung gewesen, um ihn recht empfinden zu können. [...]' (4,3, 161)[38]

Die Landschaft um Oberplan[39], in der Stifter aufwächst, könne in ihrer Bedeutung für Mensch und Werk nicht überschätzt werden, so Fischer.[40] Ebenso spielen die kirchlichen Feste eine bedeutende Rolle im Leben des Jungen, der früh das „Religiöse in katholischer Färbung"[41] erlebt. Diese Verbundenheit mit Natur und Sitten der Heimat habe ihn später vor einem völligen Aufgehen im städtischen Geist bewahrt, schließt Moriz Enzinger.[42] In Stifters Erzählungen und in seinem Roman *Der Nachsommer* wird dieses Heimatgefühl als Motiv auftauchen.

Der Landschulmeister Josef Jenne aus Oberplan ist einer der Ersten, der das Talent des einfachen Bauernjungen erkennt und fördert. Roedl vermutet in seiner Stifter-Biografie, dass es dieses erste Vorbild gewesen sei, das unbewusst in dem späteren Dichter und Erzieher nachwirken sollte.[43] Wie der Lehrer Jenne Stifters weiteren Lebensweg prägt, zeigt sich in einem an Leo Tepe gerichteten Lebenslauf von 1867: „Stifter besuchte die Schule in Oberplan, und hatte an Joseph Jenne einen vortrefflichen Lehrer, der seine Schüler besonders

---

[38] Band- und Seitenangaben in Klammern zitiert nach: Stifter: Der Nachsommer. Eine Erzählung. In: ders.: Werke und Briefe. Historisch-kritische Gesamtausgabe, hg. von Alfred Doppler und Wolfgang Frühwald, Bd. 4,3: Der Nachsommer. 3. Band, hg. von Wolfgang Frühwald und Walter Hettche, Stuttgart/Berlin/Köln 2000.
[39] Die kleine Ortschaft im damaligen Südböhmen trägt heute den tschechischen Namen Horní Planá.
[40] Fischer: Vorwort. In: Adalbert Stifters Leben und Werk, S. 10.
[41] Josef Mühlberger: Adalbert Stifter, Mühlacker 1966, S. 16.
[42] Moriz Enzinger: Adalbert Stifters Studienjahre (1818-1830), Innsbruck 1950, S. 154.
[43] Roedl: Adalbert Stifter, S. 16.

in Abfassen von Briefen und Aufsäzen übte. Dieser Lehrer gab den Rath, Stifter in das Gimnasium zu schiken."[44]

Im Benediktinerstift Kremsmünster in Oberösterreich, wohin ihn sein Großvater begleitet, begegnet der Junge seinem zukünftigen Lehrer Placidus Hall[45]. Nach einem unorthodoxen mündlichen Examen wird er in das Gymnasium aufgenommen.[46] In seinen „biographischen Andeutungen" von 1846, die an Hermann Meynert gerichtet sind, schreibt Stifter:

> Meine Studien gingen gut von Statten, indem ich in den Grammatikalklassen der erste Premiant war, in der Poesie aber der zweite. Den vorzüglichsten [...] Theil an meinem Fortgange verdankte ich meinem Profeßor in den Grammatikalklassen dem Benedictiner Placidus Hall, der sich meiner annahm, weil er einige Anlagen in mir zu entdeken meinte, [...] mich ermunterte, mich im Zügel hielt, wenn mich mein zu lebhaftes Wesen fortreißen wollte, und mich endlich so lieb gewann, daß er fast mehr als väterlich für mich sorgte. Die schönsten Gefühle der Wahrhaftigkeit, der Gerechtigkeit

---

[44] Stifter: Brief an Leo Tepe: Linz, 26. Dezember 1867. In ders.: Sämmtliche Werke, mit Benutzung der Vorarbeiten von Adalbert Horcicka hg. von Gustav Wilhelm, Bd. XXII: Briefwechsel. 6. Band, Hildesheim 1972 [reprographischer Nachdruck der Ausgabe Reichenberg 1931], S. 175.

[45] Pater Placidus Hall (1774-1853) ist Klassenvorstand Stifters in den Grammatikalklassen.

[46] Das Motiv des Examens verarbeitet Stifter 1848 in seiner Erzählung *Die Pechbrenner*[46]. Dieses „Examen" wird in der Erzählung *Granit* zwischen dem Großvater und dessen Enkel wie folgt umgesetzt: „'Kannst Du mir sagen, was das dort ist?' 'Ja, Großvater,' antwortete ich, 'das ist die Alpe, auf welcher sich im Sommer eine Viehherde befindet, die im Herbst wieder herabgetrieben wird.' 'Und was ist das, das sich weiter vorwärts von der Alpe befindet?' fragte er wieder. 'Das ist der Hüttenwald', antwortete ich. [...]." Bei Zitaten aus *Bunte Steine* werden im Folgenden die Buchfassungen verwendet. Stifter: Granit. In: ders.: Werke und Briefe, Bd. 2,2: Bunte Steine, S. 21-60, S. 33.

> und Heiterkeit, die er ganz besonders liebte, verdanke ich ihm. Ich kann nur mit der größten Liebe und Ehrerbiethung an diesen Mann denken.[47]

In Kremsmünster findet der junge Stifter „sensible Förderer"[48], die seine Anlagen erkennen und weiterentwickeln. Während seiner Schulzeit erteilt Stifter Privatunterricht. In dem einzigen erhaltenen Brief des Siebzehnjährigen an Placidus Hall deutet sich sein „keimendes pädagogisches Interesse"[49] an:

> Sie [Stifters Schüler, Anm.] sind beide hochbegabt, und ich war erstaunt darüber, welche Fortschritte sie innerhalb weniger Tage gemacht hatten. Ich unterrichte sie täglich zwei oder drei Stunden im Lateinischen, und wenn sie so fortfahren, wie sie begonnen haben, so erwarte ich einen sehr günstigen Erfolg.[50]

Ähnlich wie Fischer bewertet Roedl die pädagogischen Fähigkeiten Stifters:

> Sie mögen in seiner Persönlichkeit keimartig vorgebildet gewesen und von den Vorbildern, seinen

---

[47] Ders.: Brief an Hermann Meynert: Wien, 16. November 1846. In: ders.: Sämmtliche Werke, mit Benutzung der Vorarbeiten von Adalbert Horcicka hg. von Gustav Wilhelm, Bd. XVII: Briefwechsel. 1. Band, Hildesheim 1972 [reprographischer Nachdruck der Ausgabe Reichenberg 1929], S. 185f.
[48] Ulrich Dittmann: Stifters Dichtung im gesellschaftspolitischen Kontext ihrer Zeit. In: Adalbert Stifter, hg. von Herwig Gottwald, Christian Schacherreiter und Werner Wintersteiner, Innsbruck/Wien/Bozen 2005 (ide. Zeitschrift für den Deutschunterricht in Wissenschaft und Schule 1 [2005]), S. 12-17, S. 13.
[49] Fischer: Vorwort. In: Adalbert Stifters Leben und Werk, S. 11.
[50] Stifter: Brief an Professor P. Placidus Hall: 12. September 1822. In: Adalbert Stifters Leben und Werk, S. 46.

Lehrern in der Heimat und im Gymnasium, entwickelt worden sein: Anlage und Gesinnung machten ihn zu einem hervorragenden Erzieher."[51]

Enzinger benennt den „josefinisch-aufgeklärten Katholizismus"[52] als Grundlage der Jugenderziehung Stifters. Die Gymnasien an den Klöstern sind davon nicht ausgenommen, da sie sich ebenfalls an den staatlichen Lehrplan halten müssen. In Kremsmünster werden Stifter die Gedanken und Ideen vertraut, die seine späteren Zielsetzungen bestimmen: „Hier war wirklich Erziehung noch Umgang, wie das dem späteren Stifter als pädagogisches Ideal vorschwebt."[53] Die Grundlagen der Bildungsgedanken Stifters haben ihre Ursache in den klassischen Bildungsidealen des Benediktinerordens. Hier werden, so Johann Lachinger, „wesentliche Züge seines Weltverständnisses präformiert"[54]. Der Begriff der „Bildung" hat ab Mitte des 18. Jahrhunderts Eingang in die pädagogische Fachsprache gefunden, so bei Gottfried Wilhelm Leibniz (1646-1716), Immanuel Kant (1724-1804), Johann Gottfried Herder (1744-1803) und Wilhelm von Humboldt (1767-1835). Frühe begriffsgeschichtliche Bedeutungen wie „Schöpfung", „Gestaltung", „Verfertigung", „Verfeinerung" und „Bildnis" bleiben wesentliche Gehalte der „Bildung". In den Jahrhunderten zuvor ist der Begriff von der Theologie als Auftrag an den

---

[51] Roedl: Adalbert Stifter, S. 52.
[52] Enzinger: Adalbert Stifters Studienjahre, S. 154. Der josefinisch-aufgeklärte Katholizismus oder Josephinismus ist zurückzuführen auf Kaiser Joseph II. (1741-1790) und bedeutet im Sinne des aufgeklärten Absolutismus die kompromisslose Unterordnung der sozialen und gesellschaftlichen Aspekte unter den Staat und seine Verwaltung.
[53] Enzinger: Adalbert Stifters Studienjahre, S. 14.
[54] Johann Lachinger: Adalbert Stifter – Natur-Anschauungen. Zwischen Faszination und Reflexion. In: Sanfte Sensationen. Stifter 2005. Beiträge zum 200. Geburtstag Adalbert Stifters, hg. von Johann Lachinger, Regina Pintar, Christian Schacherreiter und Martin Sturm, Linz 2005, S. 35-40, S. 37.

Menschen, sich die Entfaltung seiner Gottesebenbildlichkeit zu erkämpfen, verstanden worden.[55]

Die Besonderheit der Kremsmünsterschen Praxis besteht in der Zuordnung der freien Disziplinen an die Präfekten des Konvikts. Es „[...] herrschte ein zwischen Theologie und Aufklärung bedächtig waltender Geist"[56], beschreibt Roedl die Atmosphäre in dem Benediktinerstift. Stifter lernt, Religion und Aufklärung nicht als Gegensätze zu begreifen. Klarner deutet seine Hinwendung zur Erziehung als besten Beweis seiner Prägung durch die Benediktiner: „His dedicated commitment to education itself is the clearest evidence of the indebtedness to the Benedictines who regard education as their highest and foremost duty."[57] In ihren weiteren Ausführungen differenziert Klarner diese Aussage. Sie fügt hinzu, dass Stifter die Lehren der Benediktiner in seinem Sinne erweitert habe:

> This is not to say that Stifter never deviated from the teachings of the Benedictines. In particular his constant, almost obsessive, depiction of passion as the conflicting opposite to true 'Humanität' and above all to love constitutes an exaggeration of the Benedictine belief in the necessity of the control of passion in order to attain to an objective disposition."[58]

Mühlberger fasst Stifters geistig-religiöse Erziehung zusammen: „Der Religionsunterricht bewegt sich nicht in dogmatisch schmalen Bahnen, sein Geist war der eines katholischen Humanismus, jedem

---

[55] Wörterbuch: Bildung, S. 1. In: Digitale Bibliothek Band 65: dtv-Wörterbuch Pädagogik, S. 403 (vgl. WB Päd., S. 95), Berlin 2002.
[56] Roedl: Adalbert Stifter, S. 20.
[57] Klarner: Pedagogic Design and Literary Form, S. 18.
[58] Ebd.

engstirnigen Klerikalismus fremd."[59]

In Kremsmünster lernt Stifter Begriffe wie „Humanismus" und „Kunst" zu bewerten und einzuordnen. Kurt Adel sieht Zusammenhänge zwischen der Schulzeit Stifters und seinem späteren Handeln während der Revolution von 1848:

> Was Kremsmünster als Möglichkeit gelehrt hatte, erwies sich 1848 als Aufgabe: Erziehung durch das Schöne! Dieser Erkenntnis verdankt Stifter den ihm damals so notwendigen Lebensinhalt, das tätige Bemühen um Teilhabe an der Erziehung der künftigen Bürger durch Schriften, Besprechungen, Einflußnahme auf die Gestaltung des Schulwesens: Nur durch Bildung wird der Mensch sittlich frei, das heißt zu vernünftigem Handeln reif [...].[60]

Nach dem Schulabschluss 1826 kann Stifter das Gymnasium mit besten Noten verlassen. In Wien nimmt er das Studium der Rechte auf. Er wird dort bis zur Revolution von 1848 leben. In der Rückerinnerung des Freiherrn von Risach im *Nachsommer* tauchen persönliche Erinnerungen des Autors an das Studium in Wien auf. Während der Studienzeit erteilt Stifter weiter Privatunterricht für Söhne des Wiener Adels. Es bleibe „die Art, wie der Unterricht [in Kremsmünster, Anm.] erteilt wurde, [...] für Adalbert Stifters pädagogische Ansichten als Hauslehrer [...] maßgebend [...]"[61], so Mühlberger.

---

[59] Mühlberger: Adalbert Stifter, S. 20.
[60] Kurt Adel: Adalbert Stifter als Erbe Goethes. In: Neue Beiträge zum Grillparzer- und Stifter-Bild, hg. vom Institut für Österreichkunde, Graz/Wien 1965, S. 106-122, S. 109.
[61] Mühlberger: Adalbert Stifter, S. 19.

1831 beendet er das Studium ohne Abschluss. Er gilt als „verbummelter Student"[62], weil er trotz eines erfolgreichen Studiums das Abschlussexamen nicht antritt. Es wird nicht das letzte Mal sein, dass Stifter zu einem Prüfungstermin nicht erscheint. Bei seiner Bewerbung um den Lehrstuhl für Physik an der Prager Universität habe er nach eigener Aussage den mündlichen Prüfungstermin schlichtweg „vergessen". Er befindet sich in einer zwiespältigen Lage. Zwischen 1832 und 1837 bewirbt er sich fünfmal ohne Erfolg an verschiedenen Lehranstalten, wobei er zum Teil mit Absicht die notwendigen Prüfungen versäumt. Friedrich Sengle bezeichnet ihn als „ausgesprochen berufsscheu"[63]. Diese Einordnung muss korrigiert werden. Oberflächlich betrachtet mag Stifters Verhalten als „berufsscheu" gedeutet werden. Wie aber ist diese negative Bewertung mit seinen überdurchschnittlichen Leistungen in Schule, im Studium sowie in seinem späteren schriftstellerischen Werk und mit seiner Tätigkeit als Schulrat zu vereinbaren? Die Aussage von Eda Sagarra, an dem Versäumen des Abschlussexamens sei seine Hauslehrertätigkeit Schuld, ist nicht korrekt.[64] Mühlberger versucht, die Versagensängste Stifters in einer „peinlichen Gewissenhaftigkeit"[65] zu ergründen, die das eigene Können und Wissen unterschätzt. Damit setzt Stifter den Fähigkeiten seiner Person Grenzen und signalisiert Unsicherheit. Auch ein fehlender „Spiritus Rector und Lebensführer"[66],

---

[62] Ebd., S. 24.
[63] Friedrich Sengle: Biedermeierzeit: Deutsche Literatur im Spannungsfeld zwischen Restauration und Revolution 1815-1848, Bd. 3: Die Dichter, Stuttgart 1980, S. 953.
[64] Eda Sagarra: Tradition und Revolution. Deutsche Literatur und Gesellschaft 1830 bis 1890, München 1972, S. 297f.
[65] Mühlberger: Adalbert Stifter, S. 24.
[66] Arnold Stadler: Mein Stifter. Portrait eines Selbstmörders in spe und fünf Photographien, Köln 2005, S. 31.

der ihm wie in Kremsmünster in Pater Placidus Hall oder in Oberplan im Schulmeister Jenne oder seinem Großvater zur Seite steht, könnte als Grund für das Zerbrechen an denn eingeforderten Leistungen gelten.

Seine Zögerlichkeit und die unbewusste Furcht, sich festzulegen, führen zum Bruch mit der Bürgertochter Fanny Greipl. Der Erinnerung an die erste Liebe wird er in späteren Jahren mit der Gestaltung makelloser Mädchengestalten ein Denkmal setzen; sie wird für ihn zur „Braut meiner Seele"[67]. Seine Beziehung zu der Hutmacherin Amalie Mohaupt, so gesteht er ihr in einem Brief, sei ohne Liebe:

> Es giebt nur eine, eine einzige Liebe, und nach der keine mehr. Gekränkte Eitelkeit war es – zeigen wollt' ich eurem Hause, daß ich doch ein schönes, wohlhabendes und edles Weib zu finden wusste - - - ach und hätte über dem Experimente bald mein Herz gebrochen! Je weiter zu Vermählung hin ich es mit Amalien kommen ließ, desto unruhiger und unglücklicher ward ich. Dein Bild stand so rein und mild im Hintergrund vergangner Zeiten, so schön war die Erinnerung, und so schmerzlich, daß ich, als ich Amalien das Wort künftiger Ehe gab, nach Hause ging, und auf dem Kissen meines Bettes unendlich weinte – um dich.[68]

In einem Aufsatz über die Stifter-Briefe zweifelt Alfred Doppler an der Echtheit dieser Liebesbeteuerungen, denn „offenbar liebt er die Gefühlssensationen der Liebe mehr als das Mädchen"[69]. Stolz und

---

[67] Stifter: Brief an Franziska Greipl: Oberplan, 20. August 1835. In: ders.: Sämmtliche Werke, Bd. XVII: Briefwechsel. 1. Band, S. 37.
[68] Ebd., S. 36f.
[69] Alfred Doppler: Der Wandel von „Harmonie in Wildheit und Sitte in Unordnung". Bemerkungen zu Adalbert Stifters Briefen. In: Adalbert Stifter, hg. von Herwig Gottwald u.a., S. 29-35, S. 30.

verletzte Eitelkeit – Fanny hat einen anderen geheiratet – sind der Grund für die Vermählung mit Amalie. Dieses Motiv findet sich in der Trotzreaktion Mathildes auf die Entsagung ihres Geliebten Gustav im *Nachsommer* wieder.[70] Peter Becher widerspricht in seiner Arbeit der These, Stifter habe ein Leben lang um Fanny getrauert. Er sieht in den weiblichen Figuren Stifters die „Sehnsucht nach einer idealen Frau"[71], welcher keine reale Person entsprechen kann.

Seinen Lebensunterhalt verdient sich Stifter nach Abbruch des Studiums mit Privatunterricht. Die Unvereinbarkeit von Beruf und Berufung ist ihm bewusst:

> Leider sah ich auch bald, daß ich als Profeßor nicht nach der Art würde wirken können, wie ich es wünschte und gab auch diesen Gedanken auf. Wohl hing ich der Sache noch nach, indem ich Privatunterricht gab, und, zwar nicht überall, aber an vielen Orten mit der größten Liebe gab.[72]

Den ältesten Sohn des Staatskanzlers Metternich unterrichtet er von 1843 bis 1846 in Mathematik und Physik und erhält dafür 25 Gulden im Monat. Weitere 40 Gulden bringen ihm Vorlesestunden bei der Fürstin Maria Anna Schwarzenberg ein.[73] Trotz finanzieller Einschränkung ist diese Zeit für Stifter persönlich bedeutend. Er gewinnt durch den Privatunterricht in der Oberschicht an Erfahrung und lernt in der Praxis, wie sich sein Bildungsziel an den Schülern

---

[70] Siehe: Jörg Kastner: Die Liebe im Werk Adalbert Stifters. In: Adalbert Stifter: Dichter und Maler, Denkmalpfleger und Schulmann. Neue Zugänge zu seinem Werk, hg. von Hartmut Laufhütte und Karl Möseneder, Tübingen 1996, S. 119-134, S. 127.
[71] Becher: Adalbert Stifter, S. 119.
[72] Stifter: Brief an Hermann Meynert: Wien, 16. November 1846. In: ders.: Sämmtliche Werke, Bd. XVII: Briefwechsel. 1. Band, S. 186.
[73] Pörnbacher: Literaturwissen Adalbert Stifter, S. 18.

umsetzen lässt:

> Der Verkehr in den kultivierten Häusern, wo er seine Kenntnisse als Lehrer verwertete, hatte sein äußeres Wesen zurechtgeschliffen. Er war bewandert in den klassischen Literaturen und im deutschen Schrifttum [...], vertiefte sich in die Meisterwerke und die Kunstsammlungen.[74]

Nikolaus Britz kommt zu einem ähnlichen Schluss:

> [...] der Beruf des Hauslehrers erzog Stifter zum Weltmann, der Einlaß in die besten Familien der Residenz fand, und bot ihm schließlich die Möglichkeit, sein pädagogisches Talent bis zur Vollendung zu entwickeln, auch im Dichterischen [...].[75]

Jahre später, während seiner Zeit als Schulrat, wird Stifter erneut versuchen, seine gewonnenen Erkenntnisse in die Praxis umzusetzen. Seine „eminenten pädagogischen Fähigkeiten"[76] sind ihm Hilfe und Anregung zugleich zur Formulierung eigener Bildungsgedanken. Zunächst als Hauslehrer, später als Schriftsteller und schließlich als Schulrat versucht er, seine Bildungsgedanken pädagogisch umzusetzen. Das Dichten ist für Stifter mehr als kreative Verwirklichung seiner Ideen und Vorstellungen. Pörnbacher bezeichnet das Schreiben des jungen Stifter als eine Möglichkeit der Problembewältigung.[77] Als Siebenundzwanzigjähriger schreibt er an seinen „Theuren Isidor", den Freiherrn von Brenner: „Soll ich dir noch viel weiteres

---

[74] Roedl: Adalbert Stifter, S. 38.
[75] Nikolaus Britz: Adalbert Stifter und Wien. Kleiner literarischer Stadtführer, Wien/Heidelberg 1968, S. 32.
[76] Ebd., S. 52.
[77] Pörnbacher: Literaturwissen Adalbert Stifter, S. 20.

sagen? [...] ich bin still und ernst und froh und schmerzhaft und sehnlich --- warum bin ich denn nicht so glüklich, als du mich wähnst? Mir thut noth zu produciren, und ich werde es."[78]

Aufgrund des überraschenden Erfolgs der ersten Erzählungen kann Stifter die finanzielle Misere überwinden. Zum ersten Mal in seinem Leben sieht er einer gesicherten Zukunft entgegen. In den 1840er Jahren publiziert er vierundzwanzig Erzählungen, die ihn nicht nur finanziell absichern, sondern auch in der Öffentlichkeit bekannt machen. Stifter avanciert zum Modeautor. Die allgemeine Anerkennung seines Werkes ermutigt ihn, die Erzählungen, die anfangs in Zeitschriften publiziert werden, als Sammelbände herauszugeben. Die ersten Journalfassungen arbeitet er in die vier Bände der *Studien* und in die Novellensammlung *Bunte Steine* – deren „didaktischer Impuls"[79] offensichtlich ist – um.

In den frühen Novellen offenbart sich der Dichter als tief mit der österreichischen Tradition und Kultur verwurzelt. Mayer bezeichnet Stifter als eine „Art Brückenfigur zwischen Österreich, Tschechien und Deutschland"[80]. Im Programmheft zum Stifter-Jubiläum 2005 wird er als „mitteleuropäischer Autor" beschrieben, dessen Biographie ihn mit Tschechien, Österreich und Deutschland gleichermaßen verbinde.[81]

Stifter ist im böhmischen Teil der Donaumonarchie aufgewachsen. Mayer verweist auf Stifters „zeitgeschichtliche Orientierung an Österreich"[82]. Diese „Orientierung" spiegelt sich sowohl in seinem Amt

---

[78] Stifter: Brief an Adolf Freiherrn von Brenner: Friedberg, 20. September 1833. In: ders.: Sämmtliche Werke, Bd. XVII: Briefwechsel. 1. Band, S. 32.
[79] Becher: Adalbert Stifter, S. 173.
[80] Mayer: Adalbert Stifter, S. 11.
[81] Sanfte Sensationen. Stifter 2005. Programmheft, S. 41.
[82] Mayer: Adalbert Stifter, S. 11.

als „k.u.k. Schulrat" als auch in seiner Lebensart wider. Seine Anlehnung an deutsche Traditionen lassen sich auf die philosophischen Ursprünge seines Werkes zurückführen.[83] Von politischem Engagement ist in diesen frühen Werken wenig zu spüren. Die Schlussfolgerung von Neugebauer lautet: „In den Jahren vor 1848 äußert sich Stifter selten politisch. [...] Stifter dachte zu dieser Zeit wohl weniger politisch als vielmehr in den Kategorien einer idealistischen Ästhetik."[84] Der pädagogische Ansatz ist wahrnehmbar, wenn er in den Jahren 1837 und 1838 in der in jugendlicher Überschwänglichkeit geschriebenen Erzählung *Feldblumen*[85] über eine sinnvolle Erziehung von Mädchen schreibt. In diesen Jahren hat er neben seinen Schülern auch einige Schülerinnen zu betreuen, für die er ein anspruchsvolles Unterrichtskonzept erstellt, „das der Pädagogik seiner Zeit weit voraus[läuft]"[86]. Über dieses „Programm" äußert er sich in einem Brief an Sigmund von Handel:

> Programm über meine Schülerinen.
> Sie sind bei weitem mehr, als ich ihnen bei meiner ersten Bekanntschaft zumuthete. [...] Ich fragte wenig darum, was ich sie lehren soll, sondern fing auf eigene Faust an, sie zu bilden. Mit S. fing ich Geographie, Naturgeschichte, Diktandoschreiben, Briefstellen und rechnen an [...]. Mit den beiden andern begann ich Seelenlehre [...]. Dann nahm ich die Grundzüge des Naturrechtes als Vorbereitung zu Rottecks Geschichte [...]. Diese und Physik,

---

[83] Siehe: Kapitel 2.2: „Das ‚sanfte Gesetz' und dessen philosophischer Hintergrund".
[84] Neugebauer: Selbstentwurf und Verhängnis, S. 105.
[85] Die Erzählung erscheint in *Iris. Taschenbuch für das Jahr 1841* und drei Jahre darauf in überarbeiteter Fassung im ersten Band der *Studien*.
[86] Becher: Adalbert Stifter, S. 96.

und Ästhetik (nach J. Pauls Vorschule, die sie entzükt) wechseln ab.[87]

Dieser intensive Unterrichtsplan findet sich in den *Feldblumen* wieder. Die Figur der umfassend gebildeten Angela kann als vollkommenes Abbild Stifterscher Bildungsvorstellungen gelten:

> Erstens weiß sie Latein und Griechisch – das Französische und Englische wird ihr nicht übel genommen. Zweitens weiß sie so viel Mathematik, als zum Verständniß einer allgemeinen Naturlehre nöthig ist; ja, sie weiß noch mehr, weil sie die Sternkunde verstehen wollte und nun wirklich versteht. Drittens, daß sie Bücher über Seelenkunde und Naturrecht studirte, ward für lächerlich erklärt, sie aber meinte, sonst die Weltgeschichte nicht verstehen zu können.[88]

Klavier spielt Angela „so kräftig wie ein Mann"[89]. Von ihrem Lehrer heißt es: „Er predigte und lehrte nie, sondern sprach nur und erzählte uns, und gab uns Bücher."[90] Denselben Ansatz nimmt Stifter vier Jahre später in *Brigitta*[91] wieder auf. Hier ist es ein „nahezu autistisches"[92] Mädchen, dem es gelingt, die lieblose Kindheit zu

---

[87] Stifter: Brief an Sigmund Freiherr von Handel: Wien, 8. Februar 1837. In: ders.: Sämmtliche Werke, Bd. XVII: Briefwechsel. 1. Band, S. 66.
[88] Ders.: Feldblumen. In: ders.: Werke und Briefe. Historisch-kritische Gesamtausgabe, hg. von Alfred Doppler und Wolfgang Frühwald, Bd. 1,4: Studien. Buchfassungen. 1. Band, hg. von Helmut Bergner und Ulrich Dittmann, Stuttgart/Berlin/Köln/Mainz 1980, S. 43-172, S. 117.
[89] Ebd., S. 112.
[90] Ebd., S. 160.
[91] Die Erzählung *Brigitta*, die bis heute als eine der bedeutendsten von Stifter gilt, erscheint erstmals in *Gedenke Mein! Taschenbuch* für 1844 und in überarbeiteter Fassung im vierten Band der Studien. Die Figur Brigittas, der emanzipierten Frau, gilt als Abbild der „Therese" in Goethes *Wilhelm Meister*.
[92] Mayer: Adalbert Stifter, S. 61.

überwinden und Nähe zuzulassen. „Die Abwendung von romantischer Lebens- und Kunstgesinnung ist evident"[93], so das Urteil Roedls über *Brigitta*. Die Figuren können ihre Leidenschaft beherrschen und dem „sanften Gesetz der Schönheit"[94] folgen. Innerhalb weniger Jahre löst sich Stifter von der Schlichtheit seiner ersten Schreibversuche. Sein Verleger Gustav Heckenast (1811-1878) ermuntert ihn zur Herausgabe seiner Erzählungen. 1844 erscheinen die ersten beiden Bände der *Studien*. Romantische Rührseligkeiten und extensive Beschreibungen sind durch einen einfachen Klang im Erzählen ersetzt. Weniger die Schilderung einer äußeren Farbenpracht als die inneren seelischen Belange stehen im Mittelpunkt. Stifter selbst setzt hohe Maßstäbe, was sein dichterisches Schaffen angeht. Germaine Goetzinger spricht von einem „Unabhängigkeitsideal"[95] Stifters, der im Dichten das geistige Ideal sehe. Inmitten des Trubels der 1848er Revolution entsteht der Aufsatz *Über Stand und Würde des Schriftstellers*, in dem Stifter die Aufgaben seines Berufes in Form von Grundsätzen festhält:

> Die ganze Innerlichkeit eines Menschen ist es zuletzt, welche seinem Werke das Siegel und den Geist aufdrückt. [...] Es ist daher die letzte und tiefste Bedingung des Schriftstellers, daß er seinen Charakter zu der größtmöglichen [...] Vollkommenheit heranbilde.[96]

---

[93] Roedl: Adalbert Stifter, S. 71.
[94] Ebd.
[95] Germaine Goetzinger: Die Situation der Autorinnen und Autoren. In: Zwischen Revolution und Restauration 1815-1848, hg. von Gerd Sautermeister und Ulrich Schmid, München 1998 (Hansers Sozialgeschichte der deutschen Literatur vom 16. Jahrhundert bis zur Gegenwart 5), S. 38-59, S. 54.
[96] Stifter: Über Stand und Würde des Schriftstellers. In: Pädagogische Schriften, S. 9-18, S. 12.

Der Begriffe „Reinheit" und „Sittlichkeit" tauchen immer wieder im Wortschatz Stifters auf. „Sittlichkeit" bedeutet die auf freier Entscheidung gegenüber dem Sittengesetz beruhende Haltung des Menschen. Sittlich gut ist das freie Tun des Menschen, das den objektiven ethischen Wert und das Sittengesetz bejaht.[97]

Die Revolution von 1848 bietet Stifter den geeigneten Anlass, seine Bildungsgedanken in klare Worte zu fassen. Er erkennt die Notwendigkeit, das Bildungssystem in Österreich neu zu strukturieren. Stifter wird zum „Schulorganisator". Der durch die Gewalt und die Zügellosigkeit der Revolution traumatisierte Schriftsteller setzt sich für die Verbesserung des Unterrichts, der Erziehung und des Ansehens der Lehrer ein. In seinem Aufsatz über *Bildung des Lehrkörpers* formuliert er diese Zielsetzung: „Es ist unsere heiligste Pflicht, das Leben der Lehrer vor Mangel und Entbehrung sicher zu stellen, weil es unsere heiligste Pflicht ist, unsere Kinder gut zu erziehen und unterrichten zu lassen."[98] Erziehung ist bei Stifter nicht nur eine Quelle der Wissensvermittlung, sondern bedeutet ebenfalls die Ausbildung charakterlicher Reife; Bildung wird gleichgesetzt mit umfassender Entwicklung der Persönlichkeit. Auch wenn Stifters Dichtung weit entfernt ist „von jeder theoretischen Reflexion"[99] und er keineswegs

---

[97] Das natürliche Sittengesetz umfasst die Bestimmungen moralischen Wollens und Handelns; seine Interpretation wird in der philosophischen Ethik und der Moraltheologie thematisiert. Eine fundamentale Rolle nimmt es bei jenen Denkern ein, die Sittlichkeit auf gesetzmäßige Regeln zurückführen (vgl. die Stoa oder Kant). Philosophisches Wörterbuch, hg. von Walter Brugger und Walter Schöndorf, Freiburg/Br. 2010, S. 442f.

[98] Stifter: Bildung des Lehrkörpers <V.-VII.>. In: ders.: Werke und Briefe, Bd. 8,2: Schriften zu Politik und Bildung, S. 204-212, S. 205.

[99] Wolfgang Matz: Gewalt des Gewordenen. Zu Adalbert Stifter, Graz/Wien 2005, S. 15.

zu den bekannten Pädagogen des 19. Jahrhunderts zählen kann, bieten seine Grundsätze einen ernstzunehmenden Erziehungsansatz: Gemäß der Definition von allgemeiner Pädagogik als Pflege, Erziehung, Unterricht und Ausbildung der nachwachsenden Generation soll diese Anregungen zur Führung und Begleitung in das Erwachsenenleben bieten.[100] Diese Voraussetzungen erfüllt der Stiftersche Denkansatz. Der Persönlichkeitsbildung gilt sowohl seine erzieherische als auch seine schriftstellerische Arbeit. Über die Vermittlung von Kunst als Sinnbild des Schönen möchte er menschenwürdiges Verhalten motivieren. Aufgrund des Wissens um den Wert der eigenen „Sittlichkeit" kann sich der Charakter ausbilden. Es ist der Ausdruck des Glaubens an einen göttlichen Willen, der seine Absicht bestimmt:

> Aber, sagt man, wir sind wieder empor gekommen, und die Menschheit wird einstens doch ihren höchsten, vollendetsten Gipfel erreichen. Ich glaube das selber, und ich müßte verzweifeln, wenn ich es nicht glaubte. Weil Gott das höchste Wesen ist, muß die Menschheit sich einst zur höchsten Höhe erschwingen.[101]

Mit der Revolution von 1848 ist für Stifter der Zeitpunkt gekommen, Bildung als Staatsauftrag zu formulieren und aktiv an der Verbesserung eines zweckmäßigen Schulwesens mitzuwirken.

---

[100] Wörterbuch: allgemeine Pädagogik, S. 1. Digitale Bibliothek Band 65: dtv-Wörterbuch Pädagogik, S. 72 (vgl. WB Päd., S. 23-24).
[101] Stifter: Bildung des Lehrkörpers <I.-II.>. In: ders.: Werke und Briefe, Bd. 8,2: Schriften zu Politik und Bildung, S. 180-185, S. 181.

2.2 Philosophischer Hintergrund des „sanften Gesetzes"

Stifters Aussagen über Bildung und Erziehung können weder als eigenständige Pädagogik noch als gewissenhafte philosophische Abhandlung verstanden werden: „Die Philosophen fehlten unter Stifters Büchern, denn er war kein Freund spekulativer Systeme."[102] Obwohl „aller ‚Philosophie' geradezu feind, zeigt sich doch in dieser Stifterschen Position eine philosophische Grundsatzhaltung [...]"[103], so Fischer. Der von der Forschung anerkannte Einfluss von Johann Gottfried Herder, Johann Gottlieb Fichte (1762-1814), Immanuel Kant und Wilhelm von Humboldt sind auf den weltzugewandten Unterricht in Kremsmünster zurückzuführen und haben ihn in späteren Jahren beeinflusst. Die Bildung von Heinrich Drendorf im *Nachsommer* ist als allgemeine Bildung im Sinne Humboldts zu verstehen.

Die „philosophischen Studien" am Gymnasium sind Vorbedingung für die Zulassung zum Universitätsstudium. Stifter besucht zwei Jahre lang den philosophischen Unterricht in Kremsmünster, der acht Wochenstunden umfasst. Hier wird Stifters humanistisch-konservative Weltanschauung geprägt:

> Die Mischung von Aufklärung, Christentum und Humanität mit stark konservativer Grundlage ist Ausdruck der Epoche nach 1815. Stifters Ansichten aber erscheinen wesentlich durch seine Zeit bestimmt, da er kein selbstständiger Denker ist.[104]

---

[102] Otto Jungmair: Adalbert Stifters Linzer Jahre. Ein Kalendarium, Graz/Wien 1958 (Schriftenreihe des Adalbert Stifter-Institutes des Landes Oberösterreich, Folge 7), S. 25.
[103] Fischer: Einleitung. In: Documenta paedagogica austriaca, Bd. 1, S. LXXXII.
[104] Enzinger: Adalbert Stifters Studienjahre, S. 59.

Als Lehrbuch der Philosophie dienen die *Elementa philosophiae*[105] des Piaristen[106] Joseph Calasanz Likawetz. Diese Kompilation fußt sowohl auf der Philosophie von Leibniz und Wolff als auch auf der von Kant. Diese Studien lassen darauf schließen, dass Stifter kein Außenseiter „im philosophischen Ringen und weltanschaulichen Kampf dieser Zeit"[107] ist, so die Folgerung Domandls.

Die von der Philosophie getragene Aufklärung bewirkt in der Pädagogik theoretische und praktische Neuerungen. Vom Erziehungswesen wird die Vermittlung eines nicht durch Tradition, sondern durch Vernunft gesteuerten sittlichen Verhaltens sowie der Zugang zu Bildung für alle Volksschichten gefordert. Die vermehrte Beschäftigung mit Pädagogik und die daraus resultierenden Reformen sind die Folge der neuen Auffassung vom Menschen als einem natürlichen und vernunftbegabten Individuum. Eine Untersuchung des „sanften Gesetzes" als Grundlage der Bildungsidee lässt Stifters philosophische Grundlagen erkennen. 1879 schreibt Friedrich Nietzsche, der „früheste Bewunderer des *Nachsommer*"[108], in seiner Abhandlung *Menschliches, Allzumenschliches*:

> Wenn man von Goethe's Schriften absieht [...]: was bleibt eigentlich von der deutschen Prosa-Litteratur übrig, das es verdiente, wieder und wieder gelesen zu werden? Lichtenberg's Aphorismen,

---

[105] Als Vademekum (eine Art „unentbehrlicher Begleiter") bei Vorlesungen über Philosophie an allen philosophischen Bildungsanstalten seit 1820 vorgeschrieben, wird es nach 1830 verboten, da sich religiöse und politische Bedenken gegen die darin aufgestellten Grundsätze erhoben haben. Ebd.
[106] Angehöriger eines priesterlichen katholischen Lehrordens.
[107] Domandl: Adalbert Stifters Lesebuch, S. 65.
[108] Roland Duhamel: Natur und Kunst. Zum didaktischen Konzept von Stifters *Nachsommer*. In: Adalbert Stifters schrecklich schöne Welt, S. 151-168, S. 161.

> das erste Buch von Jung-Stilling's Lebensgeschichte, Adalbert Stifter's Nachsommer und Gottfried Keller's Leute von Seldwyla, - und damit wird es einstweilen am Ende sein.[109]

Auch Joseph von Eichendorff (1788-1857) und Franz Grillparzer (1791-1872) zählen zu Stifters Anhängern. Doch nicht alle Kritiken fallen positiv aus. Der deutsche Dramatiker Friedrich Hebbel (1813-1863) bezeichnet Stifter mit seinem Epigramm *Die alten Naturdichter und die neuen* aus dem Jahre 1849 als einen „Autor der Käfer und Butterblumen", dem der Blick auf Mensch und Herz nicht gelinge:

> Wißt ihr, warum euch die Käfer, die Butterblume so glücken? Weil ihr die Menschen nicht kennt, weil ihr die Sterne nicht seht! Schauet ihr tief in die Herzen, wie könntet ihr schwärmen für Käfer? Säht ihr das Sonnensystem, sagt doch, was wär euch ein Strauß? Aber das mußte so sein; damit ihr das Kleine vortrefflich liefertet, hat die Natur euch das Große entrückt.[110]

Dass Hebbel mit diesem Epigramm keineswegs recht behält, beweist ein Abschnitt aus Stifters *Nachsommer*, in der die Gestaltung des Menschen in der Kunst im Mittelpunkt steht:

> Steine mit andern Dingen als menschliche Gestalten hatte mein Vater gar nicht. Ich erinnerte mich, daß ich irgendwo – des Ortes konnte ich mich nicht mehr entsinnen – Käfer auf Steine geschnitten gesehen habe.

---

[109] Friedrich Nietzsche: Menschliches, Allzumenschliches. I und II. In: ders.: Sämtliche Werke, hg. von Giorgio Colli und Mazzino Montinari, Bd. 2, 2., durchges. Aufl., München 1988 (dtv 2222), S. 599.
[110] Hebbel: Werke, Bd. 3: Theoretische Schriften, S. 122.

> 'Ich habe die Steine mit menschlichen Gestalten vorgezogen', sagte mein Vater [...] 'weil sie mir doch dasjenige schienen, was zu dem Menschen in der nächsten Beziehung steht. [...]' (4,2, 157)[111]

Da Stifter sich mit einer Antwort Zeit lässt, zieht sich die Auseinandersetzung zwischen ihm und Hebbel über zwei Jahre hin. Im Jahr 1851 schreibt er in der Vorrede zu seiner Novellensammlung *Bunte Steine*: „Wir wollen das sanfte Gesez zu erblicken suchen, wodurch das menschliche Geschlecht geleitet wird."[112] Diese Vorrede ist die verspätete Antwort auf Friedrich Hebbels Kritik. Zwei Jahre später wird dieses Epigramm in der Wiener Zeitung *Der Wanderer* abgedruckt. Hier erhält es als Untertitel die Namen der betroffenen Autoren: „Brockes und Geßner, Stifter, Kompert und so weiter." Als verkannter Autor wendet sich Stifter mit seiner Vorrede gegen diese Behauptungen.

Alfred Doppler stellt in seinem Aufsatz *Das tragische und das sanfte Gesetz: Hebbel und Stifter – Gegensätze und Gemeinsamkeiten* die unbemerkt gebliebenen Berührungspunkte innerhalb der Biographien und dichterischen Werke von Stifter und Hebbel dar. So werden beide von den in die Tagespolitik eingreifenden Schriftstellern des Jungen Deutschland bekämpft, genauso wie beide in ihren Dichtungen einen universellen Anspruch erheben und diesen unter ein

---

[111] Band- und Seitenangaben in Klammern zitiert nach: Stifter: Der Nachsommer. Eine Erzählung. In: ders.: Werke und Briefe. Historisch-kritische Gesamtausgabe, hg. von Alfred Doppler und Wolfgang Frühwald, Bd. 4,2: Der Nachsommer. 2. Band, hg. von Wolfgang Frühwald und Walter Hettche, Stuttgart/Berlin/Köln 1999.
[112] Stifter: Vorrede. In: ders.: Werke und Briefe, Bd. 2,2: Bunte Steine, S. 12.

allgemeines Gesetz stellen, welches Doppler bei Hebbel als „tragisches Gesetz" bezeichnet.[113] Beide Dichter sind nicht in der Lage, die Schriften des anderen in ihrer Problematik zu erfassen:

> [Stifter] war [...] außerstande, zu erkennen, dass sich hinter dem modernen Problematiker ein bürgerlicher Moralist verbarg, und dieser [...] war unfähig, das vulkanische Beben unter dem friedlichen Gelände der Stifterschen Landschaft zu spüren.[114]

Die Debatte wird zu einer der berühmtesten des 19. Jahrhunderts. Die beiden Schriftsteller reden aneinander vorbei, ohne einen Konsens zu finden:[115] „Er [Hebbel, Anm.] war von der gleichen Hingabe an die Kunst erfüllt, die wir bei Grillparzer, Mörike oder Stifter finden, aber er war zugleich von einer Leidenschaft getrieben, die wir

---

[113] Alfred Doppler: Das tragische und das sanfte Gesetz: Hebbel und Stifter – Gegensätze und Gemeinsamkeiten. In: Geschichte im Spiegel der Literatur. Aufsätze zur österreichischen Literatur des 19. und 20. Jahrhunderts, hg. von Alfred Doppler, Innsbruck 1990 (Innsbrucker Beiträge zur Kulturwissenschaft, Germanistische Reihe 39), S. 59-64, S. 59f.

[114] Roedl: Adalbert Stifter, S. 93. Wittkowski setzt „Hebbels Verachtung für Stifter" an dieser Stelle als bekannt voraus. Wolfgang Wittkowski: Zeitgenossen: Stifter, Hebbel, Grillparzer. In: Jahrbuch des Adalbert Stifter Institutes des Landes Oberösterreich 3 (1996), S. 37-58, S. 37. Friedrich Hebbel, „der größte deutsche Tragiker des 19. Jahrhunderts", beschäftigt sich in seiner Literatur vor allem mit Themen wie Geschlechterkampf und Verhältnis von Ich und Welt. Zu Friedrich Hebbel und seiner Theorie des Tragischen siehe: Herbert Kaiser: Friedrich Hebbel. Geschichtliche Interpretation des dramatischen Werks, München 1983 (Uni-Taschenbücher 1226, Literaturwissenschaft Germanistik), bes. S. 139-165.

[115] Wolfgang Matz: Adalbert Stifter oder Diese fürchterliche Wendung der Dinge, München 1995, S. 301.

bei ihnen vermissen."[116] Aufgrund einer oberflächlichen Betrachtungsweise, so Hubert Lengauer, sei Friedrich Hebbel die Dimension der Stifterschen Prosa verschlossen geblieben:

> Gerade dem näheren Blick und der Langsamkeit erschließt sich diese Dimension, und nur der schnelle oberflächliche Blick aus der Distanz – etwa des Dramatikers Friedrich Hebbel – vermochte bloß Butterblumen und Käfer zu entdecken [...].[117]

In einem Brief an Aurelius Buddeus, Mitarbeiter und Korrespondent der im deutschen Sprachraum erscheinenden Augsburger Allgemeinen Zeitung, gibt Stifter seine Meinung über Hebbel wieder:

> Was <u>Hebbel</u> anlangt, [...] so kann ich gerade über diesen Dichter nicht leicht einen Aufsaz geben, weil ich ihm zu wehe thun müßte; denn nach meiner Individualität und nach meinen Kunststudien muß ich ihn [...] völlig verwerfen, und geradezu häßlich nennen, was, wenn die Kunst das Schöne darstellen soll, gerade das allerärgste ist, was einem Künstler widerfahren kann. Er hat ein bestimmtes auffallendes Geschik in Handhabung rohen Materials, nehmlich der Quadern und Lasten, woraus ein Pallast werden soll, nur der Pallast wird

---

[116] Sagarra: Tradition und Revolution, S. 214. Sagarra stellt fest, dass die Lebensläufe der beiden Autoren erstaunlicherweise gar nicht so verschieden sind. Ähnlich wie Stifter macht auch Hebbel unter dem Eindruck der Revolution einen Wandel von gemäßigten liberalen zu mehr konservativen Ideen durch. Genau wie Stifter hat er sich in den ersten Wochen aktiv an der Revolution beteiligt und sogar Bereitschaft gezeigt, sich als Abgeordneter zur Wahl zu stellen. Stifter selbst ist Wahlmann seines Wohnbezirkes geworden. Beide Autoren berichten außerdem für die Augsburger Allgemeine Zeitung über das Revolutionsgeschehen. Ebd, S. 217.
[117] Hubert Lengauer: Stifter und die Politik. In: Sanfte Sensationen. Stifter 2005. Beiträge zum 200. Geburtstag Adalbert Stifters, S. 113-121, S. 114.

> nie. Darum sind oft große Bilder, scharfe Gedanken, selbst tragische Blize da, die alle umsonst sind, und einem nur bange machen, weil das Lezte und Eine nicht da ist, zu dem sie harmonisch dienen sollen, die Darstellung der objectiven Menschheit als Widerschein des göttlichen Waltens.[118]

Mit seiner Vorrede zu der Erzählsammlung *Bunte Steine* setzt es sich der Dichter zum Ziel, das Kleine und Unauffällige gegen die Größe aufsehenerregender Geschehnisse hervorzuheben. Hier wendet er für den Inhalt seiner bisherigen Schriften den Begriff des „sanften Gesetzes" an. Um seine Vorstellungen anhand praktischer Beispiele näher zu beschreiben, wählt er zunächst den Bereich der Natur. Große Ereignisse stellen hier Unangenehmes dar. So entstünde das Überkochen der Milch oder ein Vulkanausbruch gemäß denselben physikalischen Gesetzen.[119] Nur seien jene Kräfte für die meisten Menschen augenfälliger, da sie das Einzelne nicht zu erkennen vermögen. Für wahrhaft groß hält er „das Wehen der Luft [...] das Wachsen der Getreide [...] das Schimmern der Gestirne"[120]. In *Witiko*[121] gibt es einen signifikanten Dialog, in dem das Getreide als Metapher für das göttliche Wirken auf Erden steht:

---

[118] Stifter: Brief an Aurelius Buddeus: Linz, 21. August 1847. In: ders.: Sämmtliche Werke, Bd. XVII: Briefwechsel. 1. Band, S. 247f.
[119] Ders.: Vorrede. In: ders.: Werke und Briefe, Bd. 2,2: Bunte Steine, S. 10.
[120] Ebd. In seinen *Beobachtungen zum Motiv des Landschaftsgartens bei Stifter* spricht Herwig Gottwald vom „Nützlichkeitsaspekt" was den Garten des Rosenhauses betrifft: Hier präsentiert sich Risach als „Landwirt und Herr über zahlreiche Arbeiter" und kann daher seinem Besucher in eigener Person den Sinn der ländlichen Gutswirtschaft im Gegensatz zu den Ziergärten der Städte vermitteln. Herwig Gottwald: Beobachtungen zum Motiv des Landschaftsgartens bei Stifter. In: Stifter-Studien, S. 125-145, S. 129.
[121] *Witiko* erscheint in drei Bänden in den Jahren 1865 bis 1867. Der Roman über den Anfang der böhmischen Geschichte entsteht vor dem Hintergrund der Revolution von 1848.

> „Seid ihr in jenem Lande bekannt?" fragte der Schaffner.
> „Ich kenne das Land," antwortete Witiko.
> „Getreide ist ein schönes Ding," sagte der Schaffner.
> „Ein schönes Ding und ein Segen Gottes," antwortete Witiko.[122]

Die Wirkung des „sanften Gesetzes" liegt nicht in der Ausübung von Stärke oder Gewalt, sondern in seiner Beständigkeit.
Tielke zieht eine interessante Parallele zu Bertolt Brechts Legende von der Entstehung des Buches Taoteking auf dem Weg des Laotse in die Emigration.[123] Bei Brecht heißt es:

> 'Daß das weiche Wasser in Bewegung
> Mit der Zeit den mächtigen Stein besiegt.
> Du verstehst, das Harte unterliegt.'[124]

Mit dem „sanften Gesetz" wird, so die Aussage Dittmanns,

> [...] [k]eine dumpfe Flucht in den Naturraum [...] verherrlicht [...] [sondern] über detaillierte Beobachtungen wird auf abstrakt formulierte, andauernd wirksame Vorgänge hingewiesen, auf

---

[122] Stifter: Witiko. In: ders.: Werke und Briefe. Historisch-kritische Gesamtausgabe, hg. von Alfred Doppler und Wolfgang Frühwald, Bd. 5: Witiko. 1. Band, hg. von Alfred Doppler und Wolfgang Wiesmüller, Stuttgart, Berlin, Köln, Mainz 1986, S. 84.

[123] Siehe: Tielke: Sanftes Gesetz und historische Notwendigkeit, S. 15.

[124] Bertolt Brecht: Legende von der Entstehung des Buches Taoteking auf dem Weg des Laotse in die Emigration. In: ders.: Ausgewählte Werke in sechs Bänden.
Jubiläumsausgabe zum 100. Geburtstag, Bd. 3: Gedichte 1, Frankfurt/M. 1997, S.296-298, S. 297.

Energien, die laufend für Veränderungen sorgen.[125]

Die Grundlage für Stifters naturwissenschaftlich geprägtes Denken ist im Unterricht am Stiftsgymnasium in Kremsmünster gelegt worden. Neben Religion, Latein und Griechisch gehören Mathematik, Naturgeschichte, Naturlehre, Geographie und Geschichte zum Fächerkanon.[126]
Was das Menschenleben betrifft, stellt Stifter ähnliche Überlegungen an. Die in der Natur beobachteten Vorgänge versucht er auf das menschliche Verhalten zu übertragen. Wutausbrüche und Rachegelüste sind in seinen Augen niedrig:

> ‚[...] Aber wenn ein Übermaß von Wünschen und Begehrungen in uns ist, so hören wir nur diese immer an, und vermögen nicht die Unschuld der Dinge außer uns zu fassen. Leider heißen wir sie wichtig, wenn sie Gegenstände unserer Leidenschaften sind, und unwichtig, wenn sie zu diesen in keinen Beziehungen stehen, während es doch oft umgekehrt sein kann.' (4,1, 217f)[127]

Selbstbeherrschung stellt für ihn „das wahrhaft Große" im Menschen dar. Er fordert für das Zusammenleben der Menschen das „Gesez der Gerechtigkeit das Gesez der Sitte, das Gesez, das will, daß

---

[125] Dittmann: Stifters Dichtung im gesellschaftspolitischen Kontext, S. 14.
[126] Mühlberger: Adalbert Stifter, S. 19. Das Kloster verfügt außerdem über eine Sternwarte und verschiedene Sammlungen zur Naturgeschichte.
[127] Band- und Seitenangaben in Klammern zitiert nach: Stifter: Der Nachsommer. Eine Erzählung. In: ders.: Werke und Briefe. Historisch-kritische Gesamtausgabe, hg. von Alfred Doppler und Wolfgang Frühwald, Bd. 4,1: Der Nachsommer. 1. Band, hg. von Wolfgang Frühwald und Walter Hettche, Stuttgart/Berlin/Köln 1997.

jeder geachtet geehrt ungefährdet neben dem Andern bestehe"[128]. In seiner Vorrede betont er, dass nicht „Tugend und Sitte gepredigt"[129] werden sollen, sondern seine Geschichten „sollen nur durch das wirken, was sie sind"[130]. Pörnbacher fasst das Anliegen Stifters zusammen:

> Nicht Tugend und eine bestimmte zeitgebundene Moral will er predigen; die Gewalt des Rechts- und Sittengesetzes lehrt er. [...] Er will dieses Gesetz nicht etwa als etwas unverrückbar Feststehendes verstanden wissen, und wenn er es 'sanft' nennt, meint er damit keine prästabilierte milde Harmonie.[131]

Bei dem „sanften Gesetz" handele sich um einen universellen „Moralkodex"[132]. Dieses Sittengesetz ist eine „absolute, universale, transzendental verankerte Ordnung, die sich [...] im Irdischen zeigt"[133], so Christian Schacherreiter. Die „Gewalt des Rechts- und Sittengesetzes" beschränkt sich nicht allein auf Natur und Mensch. Das Sittengesetz bringt außerdem „Ordnung und Gestalt"[134] von Staat und Gesellschaft zum Abschluss. Über das Schicksal der Menschheit entscheidet nach Stifter das Befolgen oder das Ableh-

---

[128] Ders.: Vorrede. In: ders.: Werke und Briefe, Bd. 2,2: Bunte Steine, S. 13.
[129] Ebd., S. 9.
[130] Ebd.
[131] Pörnbacher: Literaturwissen Adalbert Stifter, S. 107.
[132] Franz Baumer: Adalbert Stifter, München 1989 (Beck'sche Reihe 614), S. 10.
[133] Christian Schacherreiter: „Ästhetische Modelle sanfter Menschenzähmung". Zu Adalbert Stifters 200. Geburtstag. In: praesent 2006. Das literarische Geschehen in Österreich von Juli 2004 bis Juni 2005, hg. von Michael Ritter, Wien 2005, S. 41-44, S. 43.
[134] Baumer: Adalbert Stifter, S. 11.

nen dieses Gesetzes: „[...] der Mensch trägt die unerbittlichen Konsequenzen seiner absoluten Freiheit und seiner Narrheit"[135]. Deshalb kann die Freiheit nur allmählich durch den Staat verwirklicht werden. Funktion des Staates ist es, der Erziehung des Menschen einen Rahmen zu geben. In seinem Aufsatz *Die oktroyierte Verfassung* formuliert er die Verbindung von Maß und Freiheit:

> Die Freiheit ist also kein unmittelbar bestimmtes Gut, das in seiner gewissen Gestalt immer und allzeit den Menschen gebührt, <u>sondern die Freiheit ist an ein Maß gebunden, und dieses Maß heißt Vernunftentwickelung. Je größer diese Entwickelung, desto größer die Freiheit.</u>[136]

Diese auf den Geschichtsoptimismus der Aufklärung und auf das Erbe des christlichen Humanismus gestützten Betrachtungen seiner Vorrede, die Stifter anschaulich darstellt, lassen sich wie folgt zusammenfassen: Die Geschichte der Menschheit ist ein Bruchstück der umfassenderen Naturgeschichte. Wie in der Naturgeschichte gelten für die Geschichte der Menschheit unveränderte Naturgesetze. Das „sanfte Gesetz" ordnet diese Abläufe und sorgt dafür, dass „die Menschheit in der Geschichte wie ein [...] ruhige[r] Silberstrom einem großen ewigen Ziele"[137] entgegengeht. Dieser Entwicklung hat sich die Menschheit unterzuordnen.[138]

Vergleichbar mit dem Herderschen Bildungsprogramm erhofft Stifter eine auf Bildung und Humanität gestützte Fortentwicklung der

---

[135] Kastner: Die Liebe im Werk Adalbert Stifters, S. 131.
[136] Stifter: Die octroirte Verfassung. In: ders.: Werke und Briefe, Bd. 8,2: Schriften zu Politik und Bildung, S. 58-64, S. 59. [Zuerst erschienen in: *Linzer Zeitung*, 10. März 1849].
[137] Ders.: Vorrede. In: ebd., Bd. 2,2: Bunte Steine, S. 14.
[138] Schoenborn: Adalbert Stifter, S. 371.

Menschen. Das Bildungsprogramm Herders verfolgt ein ähnliches Ziel. Seine Reflexionen und Denkanstöße, hauptsächlich in den Bereichen der Sprach- und Geschichtsphilosophie, der Literatur- und Kulturgeschichte sowie der Anthropologie, sind zukunftsweisend für die Geistesgeschichte Europas.[139] Mängel im Charakter des Menschen sind auf fehlende Erziehung und Bildung zurückzuführen. Das dreifache Ziel seiner Bildungsgedanken beinhaltet die Bildung zur Humanität, die Bildung zur Individualität und die Bildung als geistige Auferweckung des Menschen.[140] In seinem Aufsatz über *Ideen zur Philosophie der Geschichte der Menschheit* schreibt Herder:

> Das menschliche Kind kommt schwächer auf die Welt als keins der Tiere, offenbar, weil es zu einer Proportion gebildet ist, die im Mutterleibe nicht ausgebildet werden konnte. [...] [Der Mensch] war zuerst ein Lehrling der zwei feinsten Sinne; denn der künstliche Instinkt, der ihm angebildet werden soll, ist *Vernunft, Humanität, menschliche Lebensweise*, die kein Tier hat und lernt.[141]

In Herders *Briefen zur Beförderung der Humanität* heißt es in *Über den Charakter der Menschheit* unter Punkt vier weiter:

> Mit dem Leben des Menschen fängt seine *Erziehung* an: denn Kräfte und Glieder bringt er zwar auf die Welt, aber den Gebrauch dieser Kräfte und

---

[139] Zur Biographie Herders siehe: Friedrich Wilhelm Kantzenbach: Johann Gottfried Herder, Reinbek 1970 (Rowohlts Monographien 164).
[140] Heinz Mühlmeyer: Einleitung. In: Johann Gottfried Herder: Bildung zur Menschlichkeit. Eine Auswahl, hg. von Heinz Mühlmeyer, Heidelberg 1970 (Grundlagen und Grundfragen der Erziehung 29), S. 3.
[141] Johann Gottfried Herder: Ideen zur Philosophie der Geschichte der Menschheit. In: Bildung zur Menschlichkeit, S. 4-17, S. 4f.

Glieder, ihre Anwendung, ihre Entwicklung muß er lernen.[142]

Der Aufsatz *Wirkungen der Schulen* von Stifter schildert einen ähnlichen Entwicklungsprozess des Menschen:

> Kein Wesen auf der Welt wird so hülflos geboren, als der Mensch. Diese Erfahrung werden wohl Alle gemacht haben, die diese Zeilen lesen. [...] So arm, so dürftig, so unausgestattet ist der Mensch: <u>und dennoch ist er das erste und herrlichste der sichtbaren Geschöpfe Gottes.</u> Eben darin, daß er sich Alles erwerben muß und kann, liegt sein Vorzug. [...] Der Mensch hat die Vernunft und das Erkennen [...].[143]

Die beiden Ausführungen von Herder und Stifter sind von einer auffälligen Ähnlichkeit. Die Entwicklung des Gedankens und die Aussage stimmen in beiden Aufsätzen überein. Das „hilflose Wesen" bei Stifter beziehungsweise das „schwache Kind" bei Herder entwickelt sich zum „ersten Geschöpf Gottes", indem es lernt, seine „feinsten Sinne" zu benutzen. Durch die Fähigkeit des Lernens ist es allen anderen Lebewesen überlegen und kann durch einen „künstlichen Instinkt" zum Lernen Vernunft und humanes Verhalten erwerben. Der Titel des Aufsatzes von Stifter *Über Wirkungen der Schule* hat Ähnlichkeit mit Herders *Von Notwendigkeit und Nutzen der Schulen*. Wie Stifter ist auch Herder von der besonderen Bedeutung der Schule überzeugt, wobei den Lehrern die bedeutendste Aufgabe zukommt:

---

[142] Ders.: Briefe zur Beförderung der Humanität: Über den Charakter der Menschen. In: ebd., S. 18-32, S. 19.
[143] Stifter: Wirkungen der Schule. In: ders.: Werke und Briefe, Bd. 8,2: Schriften zu Politik und Bildung, S. 129-135, S. 129f. [Zuerst erschienen in: *Der Wiener Bote*, 22. Juli und 1. August 1849].

> Schule ist nämlich, wo wir eine Wissenschaft oder eine Sprache, Kunst oder ein Geschäft gründlich und nach Regeln lernen [...]. Nun versteht sich aber von selbst, daß ein Lehrer die Sache wissen muß, die er lehrt [...]. Er sieht, wenn er seines Namens wert sein will, von seinen Kenntnissen die Gründe ein, folglich besitzt er ein Richtmaß, daß er an meine Übungen legt und diese dadurch verbessert: besitzt er Methode, so kommt dadurch Ordnung in meinen Kopf, und die halbe Wissenschaft ist Ordnung.[144]

Bei Stifter heißt es über die Ausbildung des Lehrers:

> Der Lehrer muß lebendig, klar und dauernd machen, was im Buche todt und unfruchtbar ist; der Umgang muß die heiligste Wirkung thun. [...] wir Alle müssen zur Hebung und Veredelung der Lehrer beitragen, daß sie einen gesicherten Stand haben, daß wir gute, gelassene, weise, wirkungsvolle Männer auf diesem Platze haben.[145]

Über die Rolle der Elternerziehung schreibt Herder: „Das Haus unserer Eltern, ja ich möchte sagen, der Schoß und die Brust der Mutter ist unsere erste Schule."[146] Bei Stifter heißt es zum gleichen Thema, dass „[...] der Mensch gar nicht einmal weiß, was für ihn eßbar ist, sondern er es von seinen Eltern lernen muß [...]."[147]

---

[144] Herder: Briefe zur Beförderung der Humanität: Von Notwendigkeit und Nutzen der Schulen (1783?). In: Bildung zur Menschlichkeit, S. 18-32, S. 40f.
[145] Stifter: Die Landschule. In: ders.: Werke und Briefe, Bd. 8,2: Schriften zu Politik und Bildung, S. 148-155, S. 154. [Zuerst erschienen in: *Der Wiener Bote*, 7. und 12. August 1849].
[146] Herder: Briefe zur Beförderung der Humanität: Von Notwendigkeit und Nutzen der Schulen (1783?). In: Bildung zur Menschlichkeit, S. 39.
[147] Stifter: Wirkungen der Schule. In: ders.: Werke und Briefe, Bd. 8,2: Schriften zu Politik und Bildung, S. 129-135, S. 130.

Trotz dieser Parallelen bleibt der Einfluss Herders auf Stifter Spekulation. Die Bildungsideen von Stifter werden von Herders Gedanken unterstützt, bedingen aber keine völlig andere Sichtweise: „Herder's ideas [...] do [...] not cause a new intellectual picture in Stifter"[148], schreibt Klarner und begründet ihren Standpunkt: „[...] as we know comparatively little of which thinkers he read as an adult, attempts must ultimately remain speculative."[149]

Stifter sieht in Goethe (1749-1832) sein großes Vorbild. Daneben wird er – durch seine Schulzeit in Kremsmünster – von den Ideen Kants beeinflusst: „Kant und Goethe waren also in Österreich die entscheidenden Bildungsmächte gerade in den Jahren, da Adalbert Stifter in Wien allmählich zum Dichter heranreifte."[150] In Stifters Vorrede spiegelt sich der „kategorische Imperativ" wider. Wilhelm Bietak stellt fest, dass daraus „einzigartige und zu Lebzeiten Stifters geradezu revolutionär anmutende pädagogische Grundsatzaufgaben"[151] folgen müssen. In seiner *Grundlegung zur Metaphysik der Sitten* schreibt Kant über das sittliche Gesetz:

> Denn bei dem, was moralisch gut sein soll, ist es nicht genug, daß es dem sittlichen Gesetze gemäß sei, sondern es muß auch um desselben willen geschehen [...]. Denn die reine und mit keinem fremden Zusatze von empirischen Anreizen vermischte Vorstellung der Pflicht, und überhaupt des sittlichen Gesetzes, hat auf das menschliche Herz durch den Weg der Vernunft allein [...] einen so

---

[148] Klarner: Pedagogic Design and Literary Form, S. 19.
[149] Ebd.
[150] Sepp Domandl: Wiederholte Spiegelungen. Von Kant und Goethe zu Stifter. Ein Beitrag zur österreichischen Geistesgeschichte, Linz 1982 (Schriftenreihe des Adalbert-Stifter-Institutes des Landes Oberösterreich 32), S. 86.
[151] Wilhelm Bietak: Probleme der Biedermeierdichtung. In: Neue Beiträge zum Grillparzer- und Stifter-Bild, S. 5-20, S. 131.

> viel mächtigeren Einfluß, als alle anderen Triebfedern [...].[152]

Der kategorische Imperativ von Kant lautet:

> Der kategorische Imperativ ist also nur ein einziger, und zwar dieser: handle nur nach derjenigen Maxime, durch die du zugleich wollen kannst, daß sie ein allgemeines Gesetz werde. [...] Dieser Imperativ mag der der Sittlichkeit heißen.[153]

Ähnlich wie bei den Ausführungen Herders lassen sich anhand der beiden Textstellen die Aussagen von Kant mit denen Stifters vergleichen. Eine entsprechende Aussage über das Sittengesetz und den kategorischen Imperativ vereinigt Stifter in einer Passage seines Aufsatzes *Was ist Freiheit?*:

> Wir sind freilich in einem Stücke alle ganz gleich, aber nur in diesem einzigen Stücke, nämlich wir haben Alle vor Gott die nämliche Pflicht, immer besser, rechtschaffener und sittlicher zu werden. Diese Pflicht hat Arm und Reich, Groß und Niedrig, Mächtig und Schwach. [...] Das aber ist die menschliche Freiheit, daß Keiner den Menschen in der Pflicht der Sittlichkeit und Tugend stören darf. [...] Er darf aber auch zu Erreichung dieser Dinge von keinem Andern etwas fordern, wodurch der Andere dann seine Pflichten nicht erfüllen könnte. Dadurch sind wir dann alle frei, dadurch sind wir dann alle gleich.[154]

---

[152] Immanuel Kant: Kritik der praktischen Vernunft. Grundlegung zur Metaphysik der Sitten, hg. von Wilhelm Weischedel, Frankfurt/M. 1995, S. 14 und 39.
[153] Ebd., S. 51 und 45.
[154] Stifter: Was ist Freiheit? In: ders.: Werke und Briefe, Bd. 8,2: Schriften zu Politik und Bildung, S. 68-70, S. 69f. [Zuerst erschienen in: *Der Wiener Bote*, 22. Mai 1849].

Bei Stifter kommt der religiöse Aspekt hinzu. Auch Kant ist kein „Gegner oder Verächter der Religion"[155]. Bedeutender als eine Übereinstimmung in religiösen Fragen sind die hier beschriebenen pädagogischen Einsichten. Mit dem kategorischen Imperativ hat Kant eine Erkenntnis jener Pädagogik beschrieben, die Stifter für seinen Bildungsgedanken adaptiert: Pädagogik wird in ihrer Absicht nur dann möglich, wenn sie sich von „Dressur und Abrichtung"[156] unterscheidet. Bildung ist als ein auf Lernen und Verantwortung ausgerichtetes Handeln zu verstehen. In seiner Vorrede zu *Bunte Steine* vereinigt Stifter diese philosophischen Gedanken zu einer Richtschnur für das Zusammenleben der Menschen. Seine pädagogischen Ideen sind ein Beispiel für seine idealen Vorstellungen vom Umgang der Menschen miteinander. So wie bei Kant „ein jedes Ding der Natur nach Gesetzen"[157] wirkt, sind es bei Stifter die Naturgesetze, die für die Menschen als Ausschnitt einer umfassenden Naturgeschichte gelten: „So wie es in der äußeren Natur ist, so ist es auch in der inneren, in der des menschlichen Geschlechtes."[158]

Stifters Antwort in Form der Vorrede fällt bei Friedrich Hebbel nicht auf fruchtbaren Boden und auch Stifters Roman *Der Nachsommer*, in dem er seine Gedanken über das „sanfte Gesetz" reflektiert, findet bei Hebbel keinen Anklang. So verheißt Hebbel in der *Illustrierten Zeitung* 1858, ein Jahr nach Erscheinen des *Nachsommers*, dem-

---

[155] Wolfgang Fischer: Die Religion in Kants Begründung der Pädagogik. In: Kanzel und Katheder: zum Verhältnis von Religion und Pädagogik seit der Aufklärung, hg. von Marian Heitger und Angelika Wenger, Paderborn 1994, S. 43-68, S. 55.
[156] Marian Heitger: Einleitung zum Thema: Religion und Pädagogik. In: ebd., S. 7-12, S. 7.
[157] Kant: Kritik der praktischen Vernunft, S. 41.
[158] Stifter: Vorrede. In: ders.: Werke und Briefe, Bd. 2,2: Bunte Steine, S. 12.

jenigen, dem es gelänge, den Roman zu Ende zu lesen, einen besonderen „Lohn": „Drei starke Bände! Wir glauben nicht zu riskieren, wenn wir demjenigen, der beweisen kann, daß er sie ausgelesen hat, ohne als Kunstrichter dazu verpflichtet zu sein, die Krone von Polen versprechen."[159] Er habe den Roman schlichtweg nicht verstanden, so die Bewertung von Mayer über das „hämische Verdikt"[160] Friedrich Hebbels. Eine Schlichtung des Streites rückt in weite Ferne und eine Annäherung kommt zu Lebzeiten der beiden Dichter nicht mehr zustande. Doch selbst diesem vernichtenden Urteil kann Stifter Positives abgewinnen, wie folgender Ausspruch zeigt: „[...] wenn Sie Neider haben, so danken Sie Gott; denn nur die Mittelmäßigkeit hat keinen."[161]

---

[159] Friedrich Hebbel: Literaturbriefe VIII: Illustrierte Zeitung, 4. September 1858. In: Adalbert Stifter im Urteil seiner Zeit. Festgabe zum 28. Jänner 1968, hg. von Moriz Enzinger, Wien 1968 (Sitzungsberichte, Österreichische Akademie der Wissenschaften, Philosophisch-Historische Klasse 256), S. 228-229, S. 229.
[160] Mayer: Adalbert Stifter, S. 150.
[161] Stifter: Brief an Peter J. N. Geiger: Linz, 3. November 1857. In: ders.: Sämmtliche Werke, mit Benutzung der Vorarbeiten von Adalbert Horcicka hg. von Gustav Wilhelm, Bd. XIX: Briefwechsel. 3. Band, Hildesheim 1972 [reprographischer Nachdruck der 2. Auflage Reichenberg 1929], S. 68.

2.3 Literaturhistorische Einordnung Stifters

Die deutschsprachige Literaturgeschichtsschreibung hat sich immer wieder darum bemüht, den Phänomenen des Vormärz und seiner Gegenströmungen gerecht zu werden. Die Zuordnung der vielfältigen literarischen Produktion des 19. Jahrhunderts fällt nicht leicht. Insbesondere bei der Einordnung der Periode von 1815 bis 1849 zeigt sich die Literaturwissenschaft kontrovers. Dafür ist nach außen hin das Zusammentreffen von scheinbar Gegensätzlichem verantwortlich. Idyllische Biedermeierdichtung und radikale Vormärzliteratur werden zeitgleich publiziert und sind doch nicht auf einen Epochenbegriff festzulegen. Im Falle Stifters sei besondere Vorsicht geboten, schreibt Eva Geulen in ihrer Abhandlung über die Problematik der Sprache bei Stifter, da seine Werke in jenem komplizierten Spannungsfeld zwischen Romantik, Biedermeier und Realismus entstanden sind.[162]

Zunächst hinterlässt die Romantik in Österreich keine Wirkung. Erst in den Jahren des vierten Koalitionskrieges gegen Napoleon (1806/07) und nach dem Sieg Frankreichs über die preußischen Truppen flüchten bekannte Romantiker von Berlin nach Wien. Zu ihnen zählen Joseph von Eichendorff, August Wilhelm Schlegel (1767-1845) und Friedrich Schlegel (1772-1829), Ludwig Tieck (1773-1853) und Zacharias Werner (1768-1823). Eine literarische Richtung wie in Berlin oder Heidelberg mit katholischen und politischen Bestrebungen kann sich im josephinisch geprägten Österreich nicht durchsetzen:

---

[162] Eva Geulen: Worthörig wider Willen. Darstellungsproblematik und Sprachreflexion in der Prosa Adalbert Stifters, Phil. Diss., München 1992 (Cursus 7), S. 151.

> In gewisser Weise lässt sich behaupten, dass der Versuch deutscher Romantiker wie der Gebrüder Schlegel und Adam Müllers, in Österreich, dem einzigen ernsthaften Kontrahenten Napoleons im Zentrum Europas, eine romantische Tradition zu begründen und zu etablieren, fehlgeschlagen ist. Aber ihre publizistischen und literarischen Interventionen haben gleichwohl tiefe Spuren hinterlassen [...].[163]

Eine Einordnung Stifters als Romantiker kann literaturhistorisch nicht begründet werden.[164] Der ursprüngliche Spottname „Biedermeier" beschreibt den resignierten, unpolitischen oder restaurativen Teil der Vormärzliteratur. Die für die Erfassung dieser literarischen Strömung überkommene Kategorisierung hat inzwischen an Bedeutung verloren. Bietak argumentiert, dass die Problematik der Biedermeierdichtung auf das Engste mit der Problematik ihrer Erforschung verknüpft sei.[165] Auch Mayer verweist in seiner Interpretation auf die in die Moderne weisenden Züge Stifters.[166] Er spricht von einer „existentiellen Verunsicherung"[167], welche die Generation Stif-

---

[163] Christian Aspalter, Wolfgang Müller-Funk, Edith Saurer, Wendelin Schmidt-Dengler, Anton Tantner: Stichworte zu den Paradoxien der Romantik in Wien (1806-1828). In: Paradoxien der Romantik. Gesellschaft, Kultur und Wissenschaft in Wien im frühen 19. Jahrhundert, hg. von Christian Asphalter, Wolfgang Müller-Funk, Edith Saurer, Wendelin Schmidt-Dengler und Anton Tantner, Wien 2006, S. 7-22, S. 8.
[164] Domandl: Adalbert Stifters Lesebuch, S. 57f. Stifters erste Veröffentlichung stammt aus dem Jahr 1830.
[165] Bietak: Probleme der Biedermeierdichtung. In: Neue Beiträge zum Grillparzer- und Stifter-Bild, S. 5.
[166] Mayer: Adalbert Stifter, S. 9.
[167] Ebd.

ters treffe. Dieser Verunsicherung steht bei Stifter ein großes Ordnungs- und Sicherheitsbedürfnis entgegen.[168] Zu dieser im Schatten der Jahrhundertwende aufwachsenden Generation zählt Mayer Annette von Droste-Hülshoff (1797-1848), Georg Büchner (1813-1837), Eduard Mörike (1804-1875) und den Österreicher Nikolaus Lenau (1802-1850).[169]

Innerhalb der Donaumonarchie sind die Lebens- und Arbeitsbedingungen der Schriftsteller aufgrund der strengen Zensur Metternichs prekär. Der Wunsch nach freierer geistiger Betätigung führt zu einem Rückzug in die Innerlichkeit und die Überbetonung des Gefühlslebens. Dies entspricht, in ausgeprägterer Form, der Entwicklung im übrigen Deutschland. Herbert Zeman beschreibt dieses in einer „allgemeinen Erschöpfung" begründete Rückzugsbedürfnis:

> Nicht nur die reglementierenden Maßnahmen des Metternichschen Regierungssystems lähmen die Öffentlichkeit und den Einzelnen; es ist auch die allgemeine Erschöpfung, die die intimeren, privaten Lebenssphären der ruhesuchenden Bevölkerung zum Zentrum des Alltags werden läßt und [...] zur Natur im Leben und in der Kunst eine besondere Nähe gewinnt: die Einsamkeit, die Ursprünglichkeit und Ungezwungenheit des Daseins wird gesucht und gefunden.[170]

---

[168] Ebd.

[169] Ebd.

[170] Herbert Zeman: Die österreichische Literatur im ausgehenden 18. und im 19. Jahrhundert. Spätaufklärung und Biedermeier. In: Literaturgeschichte Österreichs: von den Anfängen im Mittelalter bis zur Gegenwart, hg. von Herbert Zeman, Graz 1996, S. 303-360, S. 306f.

Es ist nicht länger die „Poesie der Waldeinsamkeit"[171], die die Autoren des Jungen Deutschland während der Zeit des Vormärz bewegt. Vielmehr sind die Problematik des Stadtmenschen und des sozialen Lebens beliebte Themen der neuen Generation.
Stifter lehnt eine Dichtung, die primär auf die Kritik des politischen Zustandes ausgerichtet ist, ab. Er möchte im Gegensatz zu den Jungdeutschen nicht darstellen, wie die Menschen seiner Zeit leben, sondern wie sie leben könnten. Mühlberger betont, dass nicht Abbild, sondern Vorbild zu geben sein Ziel ist.[172] Konfrontiert mit der politischen Entwicklung seiner Zeit, wobei als bestimmendes Ereignis die Revolution von 1848 zu nennen ist, entwickelt Stifter ein eigenes literarisches Programm. In Auseinandersetzung mit den Autoren des Vormärz[173] bemüht er sich um eine neue Einschätzung der historischen Realität. Zu den Autoren des „jungen Deutschland" zählen Heinrich Heine (1797-1856), Karl Gutzkow (1811-1878), Heinrich Laube (1806-1884), Christian Ludolf Wienbarg (1802-1872) und Theodor Mundt (1809-1861). Am 10. Dezember 1835 beschließt der Bundestag, gegen diese Autoren und ihre Schriften vorzugehen, um ihren weiteren Einfluss auf die Bevölkerung zu verhindern.
Stifter grenzt sein Werk gegen das der Jungdeutschen ab. Deren Neigung, politische Tagesfragen mit künstlerischem Schaffen zu verbinden, lehnt Stifter entsprechend seinem Literaturverständnis grundsätzlich ab: Kunst sei Kunst und Politik Politik.[174] So gehe es Stifter lediglich „um die eigene künstlerische Überzeugung [...]; ihr gegenüber hatten Zeitgeschmack und Tageskritik kein Recht und keine

---

[171] Roedl: Adalbert Stifter, S. 59.
[172] Mühlberger: Adalbert Stifter, S. 99.
[173] Genauere Angaben über das „junge Deutschland" siehe: Helmut Koopmann: Das junge Deutschland. Eine Einführung, Darmstadt 1993.
[174] Schoenborn: Adalbert Stifter, S. 326.

Geltung"[175]. Insbesondere bei einem Autor wie Stifter birgt die Tendenz, Dichtung nach dem Maß ihrer Aufgeschlossenheit für soziale Fragen zu beurteilen, die Gefahr der Reduktion literarischer Gehalte. Entsprechend widersprüchlich fällt die literaturwissenschaftliche Einschätzung Stifters aus. In einem Brief an seinen Verleger Heckenast formuliert Stifter seinen Anspruch an Literatur:

> Das junge Deutschland habe ich am meisten gefürchtet, indem ich mit einer Schattirung desselben, die Tagesfragen, und Tagesempfindungen in die schöne Litteratur zu mischen, ganz und gar nicht einverstanden bin, sondern [...] meine, daß das Schöne gar keinen andern Zweck habe, als schön zu sein, und daß man Politik nicht in Versen und Deklamationen macht, sondern durch wissenschaftliche Staatsbildung, die man sich vorher aneignet, und durch zeitbewußte Thaten, die man nachher sezt, seien sie in Schrift, Wort oder Werk.[176]

Stifter ist kein „konservativer Literat"[177], der moderne Strömungen

---

[175] Johann Aprent: Adalbert Stifter. Eine biographische Skizze (1869). Mit Einleitung und Anmerkungen von Moriz Enzinger, Nürnberg 1955, S. 67.
[176] Stifter: Brief an Gustav Heckenast: Wien, 9. Jänner 1845. In: ders.: Sämmtliche Werke, Bd. XVII: Briefwechsel. 1. Band, S. 138.
[177] Friedrich Sengle setzt des Öfteren die „biedermeierliche" Dichtung einer „konservativen" Dichtung gleich. Entsprechend wird auch Stifter als „Konservativer" bezeichnet. Ungerechtfertigt ist auch die Aussage von Hannelore Schlaffer, die Stifter „konservatives Bewußtsein" anhand von „räumlich und geistig beengten Figuren" in seinen Erzählungen unterstellt. Hannelore Schlaffer: Nachwort. In: Adalbert Stifter: Bunte Steine. Erzählungen, 6. Aufl., Augsburg 1998, S. 270-290, S. 270. Spätestens im *Nachsommer* kann aber von einer „geistigen Beengung" nicht mehr die Rede sein. Der Begriff „Konservativer" wird in dieser Arbeit als unzutreffend betrachtet und daher nicht verwendet. Seine Zielsetzungen wie auch seine politischen Überzeugungen rechtfertigen eine solche Einordnung nicht.

nicht verbreitet. Vehement widerspricht Mühlberg in seiner Stifter-Biographie dem Klischee, Stifter sei ein „naturseliger, idyllischer Dichter"[178] gewesen. Als „freisinniger Österreicher"[179] kann Stifter als „Brückenfigur zwischen Österreich, Tschechien und Deutschland"[180] gelten und steht über kleinbürgerlicher Borniertheit. Die Diskrepanz zwischen „österreichischer Milde"[181] und deutschem Widerspruchsgeist bleibt dennoch bestehen, auch wenn sowohl die Autoren des Jungen Deutschland als auch Stifter um eine Verbesserung der Gesellschaft bemüht sind.

Generell ist eines der wesentlichen Charakteristika der österreichischen Literatur die „Milde" im Sinne einer zurückhaltenden Modernität und einer moderaten Übernahme progressiver Elemente. Kennzeichen ist die Ablehnung radikaler Extreme. Die Begriffe wie „Sturm und Drang", „Naturalismus" und „Expressionismus" finden sich im österreichischen Sprachgebrauch wenig.[182] Weiss zufolge bietet es sich an, Abfolgen der österreichischen Literatur zu wählen,

---

[178] Mühlberger: Adalbert Stifter, S. 60.
[179] Roedl: Adalbert Stifter, S. 59.
[180] Mayer: Adalbert Stifter, S. 11.
[181] Das Herrscherhaus der Habsburger, ununterbrochener Träger der Kaiserkrone des Heiligen Römischen Reiches zwischen 1438 und 1806, verfügt über die höchste politische Würde des Abendlandes. Panegyriker haben propagandistisch die besonderen Tugenden der Kaiserfamilie verbreitet: unter anderem „pietas" (Frömmigkeit), „humanitas" (Menschlichkeit), „politica vera et genuina" (aufrichtige und ehrliche Politik), „liberalitas" (Freigebigkeit) und „clementia" (Milde). Die „clementia" bildet dabei die Zentraltugend der österreichischen Herrscher. Edwin Dillmann: Maria Theresia, München 2000 (dtv-Portrait 31028), S. 14f.
[182] Joseph P. Strelka: Mitte, Maß und Mitgefühl. Werke und Autoren der österreichischen Literaturlandschaft, Wien/Köln/Weimar 1997 (Literatur und Leben 49), S. 9. Walter Weiss: Ausblick auf eine Geschichte österreichischer Literatur. In: Literaturgeschichte: Österreich. Prolegomena und Fallstudien, hg. von Wendelin Schmidt-Dengler, Johann Sonnleitner und Klaus Zeyringer, Berlin 1995 (Philologische Studien und Quellen 132), S. 19-28, S. 25.

die eine Leitungsfunktion übernehmen.[183] Entsprechend nennt Schmidt-Dengler Franz Grillparzer, Adalbert Stifter, Hugo von Hofmannsthal (1874-1929), Thomas Bernhard (1931-1989) und Peter Handke (geb. 1942) als diejenigen Autoren, welche eine „gültige Verlaufslinie der österreichischen Literatur zu markieren scheinen"[184]. Strelka spricht von einer deutlichen Tendenz, welche sich von den extremen Enden der Skala weg zur Mitte hinbewege.[185]

Diese Neigung ist nicht mit Gleichgültigkeit oder Desinteresse innerhalb der österreichischen Literatur gegenüber avantgardistischen Literaturformen zu begründen. Im Gegenteil reflektiert diese „Milde" die über Jahrhunderte hinweg erlebte Heterogenität eines Volkes, das ohne die Tendenz „ausgleichender" Kompromissbereitschaft nicht hätte überleben können.[186] Sengle stellt in seinem Standardwerk über die *Biedermeierzeit* fest, dass Stifter „seinen ihm zukommenden Platz unter dem Dutzend großer deutschsprachiger Erzähler zwischen Wieland und Thomas Mann mit dem ihn kennzeichnenden 'Maß' eingenommen hat"[187].

Stifters frühe Erzählungen[188] geben in Sprache und Stil die Richtung

---

[183] Ebd.
[184] Wendelin Schmidt-Dengler: Borderlines. Von der Schwierigkeit, über die österreichische Identität einiger Autoren zu reden. In: ebd., S. 79-90, S. 79.
[185] Strelka: Mitte, Maß und Mitgefühl, S. 9.
[186] Ebd.
[187] Sengle: Biedermeierzeit, Bd. 3, S. 952.
[188] Hierzu gehören: *Der Condor* (1840), *Das Haidedorf* (1840), *Die Mappe meines Urgroßvaters* (1841), *Der Hochwald* (1842) und *Brigitta* (1843). Diese von Stifter als „Studien" bezeichneten Erzählungen erscheinen gesammelt in sechs Bänden zwischen 1844 und 1850. Seit dem Erscheinen der *Studien* ist es in der Stifter-Philologie üblich, zwischen der Journalfassung und der entsprechenden Studien- oder Buchfassung der Erzählungen zu unterscheiden. Die Journalfassungen der späteren Studien-Erzählungen sind zwischen 1830 und

an, die zu Maß und „Milde" und damit zu dem „sanften Gesetz" führen wird. Während der Revolution differenziert sich sein Blick. Er nimmt Abstand von der romantischen Tradition und seinem Jugendideal Jean Paul (1763-1825). Eine sachlich-realistische Erzählweise wird in seinen Erzählungen auf Kosten von Subjektivität und Gefühlsbetontheit zum bestimmenden Merkmal. Bei Rutt ist von einer „Feuerprobe"[189] im Leben des Dichters die Rede, die er bestanden habe. Seine Gesinnung ist neu gefestigt aus einer gewissenhaften Selbstprüfung hervorgegangen.[190] Seine Bildungsideale und deren Umsetzung weiß er schärfer zu umreißen, sein Standpunkt aber ist derselbe geblieben. Anfang 1849 schreibt Stifter:

> [...] im Innern der Gemüther ist eine gewaltige Veränderung vorgegangen. Ich habe viele der menschlichen Freiheit und der menschlichen Entwicklung von Vernunft und Sitte aufrichtig zugethane Menschen gesprochen. [...] Alle diese waren vor dem März von der innigsten Ueberzeugung ausgegangen daß unser Volk mündig sey [...]. Nun, nachdem fast zehn Monate vergangen sind, sprechen sie die betrübende Ueberzeugung aus daß das Volk im allgemeinen den Beweis geliefert hat daß es unmündig sey [...].[191]

1845 entstanden. Der Titel *Studien* stammt aus dem Bereich der Malerei. Mäßige Anfänge eines Malers, die noch Fehler und Unzulänglichkeiten aufweisen, werden als „Studien" bezeichnet.

[189] Rutt: Adalbert Stifter, der Erzieher, S. 109.
[190] Ebd.
[191] Stifter: Wiener Stimmungsbild. In: ders.: Werke und Briefe, Bd. 8,2: Schriften zu Politik und Bildung, S. 50-52, S. 50f. [Zuerst erschienen in: *Augsburger Allgemeine Zeitung*, 10. Januar 1849 unter dem Titel *Rückkehr nach der Revolution*. Dieser Titel stammt vom Herausgeber. Im Erstdruck erscheint der Artikel zunächst ohne Überschrift; erst in der Gesamtausgabe wird er *Wiener Stimmungsbild* genannt].

Zeman vertritt die Ansicht, dass sich mit Stifter und Grillparzer[192] der Beginn des österreichischen Realismus in den frühen siebziger Jahren abzeichne. Kennzeichnend hierfür sei die „Hinwendung zum engeren sozialen Weltausschnitt"[193]. Ein Beispiel ist Stifters *Nachsommer*, in welchem innerhalb eines Kreises weniger Personen die Realisierung einer rückwärtsgewandten Utopie modellhaft nachgezeichnet wird. Thomas L. Buckley bezeichnet in seinem Werk *Nature, Science, Realism* den Realismus als ein Programm, das zur Erziehung der menschlichen Natur beitrage und das Bewusstsein erweitere.[194] Die soziale Fundierung der Moderne ist in einer Bourgeoisie evident, die ihre ideellen und ökonomischen Wurzeln in der liberalen Ära und damit in der Revolution von 1848 hat.[195] Vor allem aber sei Stifter ein großer Schriftsteller am Übergang zur modernen Literatur gewesen, heißt es in dem Programmheft anlässlich des Stifter-Jahres 2005.[196] Diese Definitionen entsprechen dem Bildungsansatz Stifters.

Erst die Zeit nach der Märzrevolution von 1848 gilt als „Blütezeit des Realismus", in die auch das Spätwerk Stifters fällt. Seinen Ausgangspunkt nimmt dieses aber bereits in seinen frühen Erzählungen. Deshalb können die Erzählungen nicht schematisch dem Biedermeier

---

[192] Zu Franz Grillparzer (1791-1872), dem bedeutendsten österreichischen Dramatiker des 19. Jahrhunderts, siehe: Gerhard Scheit: Franz Grillparzer mit Selbstzeugnissen und Bilddokumenten, Hamburg 1989 (Rowohlts Monographien 396), bes. S. 105-133.

[193] Zeman: Die österreichische Literatur. In: Literaturgeschichte Österreichs, S. 308.

[194] Thomas L. Buckley: Nature, Science, Realism. A Re-examination of Programmatic Realism and the Works of Adalbert Stifter and Gottfried Keller, New York/Frankfurt/M. 1995 (Literature and the sciences of man 4), S. 69.

[195] Klaus Amann, Hubert Lengauer und Karl Wagner: Vorwort. In: Literarisches Leben in Österreich, S. 11-18, S. 13.

[196] Sanfte Sensationen. Stifter 2005. Programmheft, S. 5.

zugeordnet werden. Anhand der zahlreichen Überarbeitungen seiner Erzählungen wird die Steigerung der Sprache hin zu einer Ästhetisierung und Objektivierung deutlich.[197]

Wolfgang Lukas spricht von „prärealistischen Strukturen"[198] in Stifters Novellistik. Diese vollzieht zwar die Hinleitung zum Realismus in den vierziger Jahren, entspricht aber keiner „vollwertigen" realistischen Literatur. Fritz Martini geht von einer beständigen Vertiefung der Sprache und Form seiner Dichtung aus:

> Gewiß läßt sich nicht von einer Wandlung sprechen; seine Motive, seine Lebensstimmung und gefühlhafte Weltanschauung, seine künstlerischen Grundformen und seine Sprache waren längst vorgeprägt und haben sich in gesetzmäßig erscheinender Kontinuität entwickelt und vertieft. So begrenzt man [...] zwischen einem Stifter vor und nach 1848 scheiden kann [...], die Jahre 1848/49 haben einen Einschnitt in seiner Biographie und Dichtung bedeutet.[199]

Er habe, fährt Martini fort,

> das Bürgerlich-Biedermeierliche, in dem er sich als in einer Art Schutzwelt sorgfältig beheimatete und das ihn doch zugleich als Enge bedrückte, kraft sei-

---

[197] Die Rolle der Sprache bei Stifter wird in Kapitel 4.3: „Das literarische Modell als Lernprozess des Lesens" genauer besprochen.

[198] Wolfgang Lukas: Novellistik. In: Zwischen Restauration und Revolution 1815–1848, hg. von Gerd Sautermeister und Ulrich Schmid, München/Wien 1998 (Hansers Sozialgeschichte der deutschen Literatur vom 16. Jahrhundert bis zur Gegenwart 5), S. 251-280, S. 271.

[199] Fritz Martini: Deutsche Literatur im bürgerlichen Realismus 1848-1898, Stuttgart 1962 (Geschichtliche Darstellungen V/2), S. 499.

nes Künstlertums, kraft seines Wissens um Gefährdungen und Sprengkräfte aus dem nur Idyllischen zum Humanen geweitet.[200]

Stifter fühlt sich eingebettet in die landschaftliche und künstlerische Tradition Österreichs, wie nachfolgende literarische Beispiele zeigen:[201] Die Gewitterszenen im *Nachsommer* symbolisieren den fortschreitenden Erkenntnisprozess des jungen Heinrich; in der Novelle *Bergkristall*[202] wird die lebensbedrohende Gefahr eines Schneesturms für ein verirrtes Geschwisterpaar gleichzeitig zum Wendepunkt im Verhalten der Dörfler gegenüber den Kindern und ihrer Mutter:

> Die Kinder waren von dem Tage an erst recht das Eigenthum des Dorfes geworden, sie wurden von nun an nicht mehr als Auswärtige sondern als Eingeborne betrachtet, die man sich von dem Berge herab geholt hatte. Auch ihre Mutter Sanna war nun eine Eingeborne von Gschaid.[203]

Doppler sieht in Stifters Literatur einen Ausdruck des gescheiterten Versuchs, in der Natur Geborgenheit zu finden.[204] Hervorgerufen

---

[200] Ebd., S. 505.
[201] Ebd., S. 504.
[202] Die Erzählung wird erstmals 1845 in der Zeitschrift *Die Gegenwart* veröffentlicht und trägt zu diesem Zeitpunkt noch den Titel *Der heilige Abend*. In überarbeiteter Fassung erscheint die Erzählung 1853 in der Sammlung *Bunte Steine*. Erst durch die Rettung der Kinder kann Friede im Dorf einkehren und eine Annäherung und Versöhnung der entfremdeten Parteien stattfinden.
[203] Stifter: Bergkristall. In: ders.: Werke und Briefe. Bd.2,2: Bunte Steine. Buchfassungen, S.181-240, S. 239f.
[204] Alfred Doppler: Schrecklich schöne Welt? Stifters fragwürdige Analogie von Natur- und Sittengesetz. In: Adalbert Stifters schrecklich schöne Welt. Beiträge

durch die Revolutionserfahrung von 1848, werden seine Erzählungen mitbestimmt durch verstörende Elemente; versinnbildlicht im Einbrechen der Natur in ein oberflächlich betrachtet beschauliches Leben. Das Besondere an Stifters „Realismus" ist nach Schacherreiter ein Realismus der äußeren, der sinnlich wahrnehmbaren Welt.[205] Auch wenn Stifter nicht explizit zu den Realisten zählt, schafft er in seinem Roman eine Welt, die den bürgerlichen Traditionen und damit einem bürgerlichen Realismus verhaftet bleibt: „Die [...] liebevolle Darstellung von Einzelheiten", so das Urteil von Sabine Schmidt, „findet sich [...] in den meisten [...] Texten von Adalbert Stifter und wurde von der Forschung [...] als Beleg für die Zugehörigkeit Stifters zu den Autoren des Realismus gewertet"[206].

Diese Einordnung Stifters sollte nur durch eine differenzierte Definition der Epoche des Realismus und unter Berücksichtigung der österreichischen Ausprägung erfolgen. Die Vielschichtigkeit seiner Dichtung lässt eine pauschalisierte Epocheneinordnung nicht zu:

> Stifter hat einen eigenen, sehr persönlichen Ort in der Geschichte der Erzählkunst des Jahrhunderts. Er kann nicht in generalisierenden Formeln wie österreichisch-katholischer Traditionalismus, aufklärerisch-ästhetischer Idealismus, bürgerliches Biedermeier, 'Klassik' des 'Realismus' eingeschlossen werden. Er zeigt gerade in seiner Vielschichtigkeit

---

des internationalen Kolloquiums zur A. Stifter-Ausstellung (Universität Antwerpen 1993), hg. von Roland Duhamel, Johann Lachinger, Clemens Ruthner und Petra Göllner, Brüssel/Linz 1994, S. 9-15, S. 12.

[205] Schacherreiter: „Ästhetische Modelle sanfter Menschenzähmung". In: praesent 2006, S. 41.

[206] Sabine Schmidt: Das domestizierte Subjekt. Subjektkonstitution und Genderdiskurs in ausgewählten Werken Adalbert Stifters, Phil. Diss., St. Ingbert 2004, S. 239.

seine Zugehörigkeit zu diesem Jahrhundert der individuellen Vereinzelungen.[207]

Erst im Rückblick prägt die jeweilige Epoche die Gesamtheit aller Autoren und führt zu einem sie verbindenden unverkennbaren Stil. Dass sich Stifter nur unter Einschränkungen und mit den genannten Kriterien zu den bürgerlichen Realisten zählen lässt, ist nicht als unpräzise Zuordnung zu einer Epoche zu werten. Die Epoche ist vielschichtiger, als es auf den ersten Blick den Anschein hat. Die feinsinnige und komplexe Dichtung Stifters und das mit der österreichischen „Milde" verwurzelte Streben nach Maß und Mitte drückt im Kanon der Realismusdichtung die Vielschichtigkeit des Realismus selbst aus. Anlässlich seines 200. Geburtstags heißt es in einem Artikel über den Dichter: „Oberösterreich feiert einen der vielschichtigsten Erzähler des 19. Jahrhunderts, den Idylliker und tiefen Pessimisten, Naturverherrlicher wie Apokalyptiker, Menschenfreund und großen Einsamen [...]."[208]

Karl Wagner schreibt über den Beitrag Stifters zur Moderne: „Die Moderne beginnt mit der Suche nach der unmöglichen Literatur. Stifter ist an dieser Suche beteiligt; sie konnte nämlich auch von Linz aus unternommen werden."[209]

---

[207] Ebd., S. 505.

[208] Renate Just: Der Waldgänger. Oberösterreich feiert den zweihundertsten Geburtstag von Adalbert Stifter, einem großen Dichter der Natur. Eine Wanderung durch das Mühlviertel auf seinen Spuren. In: Die Zeit 24 (9. Juni 2005), S. 73-74, S. 73.

[209] Karl Wagner: Die Litanei der Phänomene. Zum 200. Geburtstag ist seine Ästhetik keineswegs veraltet – Adalbert Stifters andere Art zu erzählen. In: Neue Zürcher Zeitung (Internationale Ausgabe) 247 (22./23.Oktober 2005), S. 45-46, S. 46.

2.4 Stifter und die Revolution von 1848 in Österreich

> Vom Kaiser Franz an bis hinunter zum kleinen Beamten diente alles einem schlecht funktionierenden, überalterten System. Kein frischer Luftzug durfte aus dem Ausland eindringen. Zensur, Polizei, Spitzelwesen beherrschen den Metternichschen Staatsapparat, und die Bevölkerung, zehrend von einer großen Vergangenheit, nahm alles gleichmütig hin [...], wie es der Obrigkeit zustatten kam.[210]

Die Zeit zwischen dem Wiener Kongress[211] in den Jahren 1814 und 1815 und der Märzrevolution von 1848 ist geprägt durch den Stillstand der Ära Metternich. Die veralteten Staatsstrukturen Österreichs vor 1848 erlebt Stifter in seinen Wiener Studienjahren unmittelbar mit. Seit 1821 ist Metternich als Staatskanzler nicht nur die bestimmende politische Figur in Österreich, sondern auch innerhalb

---

[210] Roedl: Adalbert Stifter, S. 25.
[211] Auf dem Wiener Kongress versammeln sich vom 18. September 1814 bis zum 9. Juni 1815 europäische Fürsten und Staatsmänner. Ihre Aufgabe ist es, nach dem Sturz Napoleons I. über die Umgestaltung Europas zu entscheiden. Den Vorsitz führt der österreichische Außenminister Fürst Metternich. Im Mittelpunkt der Besprechungen steht die Wiederherstellung der vorrevolutionären Ordnung und die territoriale Neuordnung Europas unter dem Aspekt des Gleichgewichts. Österreich erhält seine Besitzungen zurück, außerdem die Lombardei und Venetien. Dafür verliert es die südwestdeutschen Gebiete und die Österreichischen Niederlande (das heutige Belgien), die mit Holland als Königreich der Vereinigten Niederlande zusammengeschlossen werden. An die Stelle des 1806 aufgelösten Heiligen Römischen Reiches tritt der Deutsche Bund, dessen Bundesakte Bestandteil der Wiener Kongressakte wird. Näheres zum Wiener Kongress siehe: Richard Nürnberger: Das Zeitalter der Französischen Revolution und Napoleons. In: Propyläen Weltgeschichte, Bd. 8: Das neunzehnte Jahrhundert, hg. von Golo Mann, Frankfurt/M. 1960, S. 59-191, bes. S. 181-191.

des Deutschen Bundes. Elisabeth Droß spricht in den *Quellen zur Ära Metternich* von der „Symbolfigur"[212] für die Zeit zwischen 1815 und 1848. Anschaulich charakterisiert Lothar Höbelt den österreichischen Kanzler: „Der lebenslustige und elegante Fürst von Metternich aber galt als allgegenwärtiges Symbol der Reaktion, als der 'Fürst von Mitternacht'."[213] Auch Theodor Heuss urteilt: „Ohne ihn wäre vieles früher, leichter und wohl auch anders zu lenken gewesen, und ohne die Bitterkeiten, die seine verbindlich kühle Härte verursacht hat. Es wurde zum Lähmer eines öffentlichen Geistes."[214] Kontrolle und Überwachung kennzeichnen das von ihm entwickelte sogenannte „Metternichsche System": Diese Organisationsform des österreichischen Vielvölkerstaats versucht durch Repressionen Neuerungsversuche im Keim zu ersticken.[215]

Am zweckmäßigsten und zugleich am härtesten ist die Zensur in Österreich geregelt. Es gibt verschiedene Stufen der Zulassung eines Druckerzeugnisses. Diese reicht von *admittitur* (uneingeschränkte Verbreitung) bis zu *damnatur* (höchster Grad des Verbotes). Die Zensur verfolgt neben politischen Aussagen auch kritische oder ironische Artikel zu kirchlichen Fragen. Meinungsäußerungen zur europäischen Politik, die nicht der außenpolitischen Linie Metternichs

---

[212] Elisabeth Droß: Einleitung. In: Quellen zur Ära Metternich, hg. von Elisabeth Droß, Darmstadt 1999 (Ausgewählte Quellen zur deutschen Geschichte der Neuzeit 23a), S. 1-34, S. 1.
[213] Lothar Hobelt: 1848. Österreich und die deutsche Revolution, Wien/München 1998, S. 19.
[214] Theodor Heuss: 1848. Die gescheiterte Revolution. Neuausgabe mit einem Geleitwort von Richard von Weizsäcker, Stuttgart 1998, S. 38.
[215] Uwe-Karsten Ketelsen: Adalbert Stifter: Der Nachsommer. In: Interpretationen. Romane des 19. Jahrhunderts, Stuttgart 1992 (Universal-Bibliothek 8418), S. 321-349, S. 25.

folgen, werden bestraft, österreichische Autoren dürfen ihre Schriften nicht im Ausland veröffentlichen, Studenten ist das Studium außerhalb Österreichs nur mit behördlichem Einverständnis erlaubt.[216] „Metternichs Polizei- und Zensurdiktatur legte sich wie ein Reif über die liberalen Bestrebungen, für welche die Zeit reif geworden war"[217], lautet eine Beschreibung der politischen Situation von Mühlberger. Ein Bundesbeschluss aus dem Jahr 1832 veranschaulicht das restriktive Vorgehen des Kanzlers zur Einschränkung der freien Meinungsäußerung:

> Keine in einem nicht zum deutschen Bunde gehörigen Staate in deutscher Sprache im Druck erscheinende Zeit- oder nicht über zwanzig Bogen betragende sonstige Druckschrift politischen Inhalts darf in einem Bundesstaate, ohne vorgängige Genehmhaltung der Regierung desselben, zugelassen und ausgegeben werden; gegen die Uebertreter dieses Verbots ist eben so, wie gegen die Verbreiter verbotener Druckschriften, zu verfahren.[218]

In Frankreich hat Metternich als junger Student die „Zuckungen eines Staates"[219] kennen gelernt, wo er eine „tiefe Abneigung gegen autoritätslose Massenbewegungen"[220] entwickelt. Im September 1849 schreibt Stifter in einem Brief an Heckenast:

---

[216] Ulrich Schmid: Buchmarkt und Literaturvermittlung. In: Zwischen Revolution und Restauration, S. 60-93, S. 74.
[217] Josef Mühlberger: Tschechische Literaturgeschichte. Von den Anfängen bis zur Gegenwart, München 1970, S. 83.
[218] Bundesbeschluss zur „Aufrechterhaltung der gesetzlichen Ordnung und Ruhe im Deutschen Bunde" – Die zehn Artikel. In: Quellen zur Ära Metternich, S. 184.
[219] Heinrich Ritter von Srbik: Metternich, München 1956, S. 6.
[220] Ebd.

> Könnte ich Ihnen nur zum zehnten Theile schildern, was ich seit März 1848 gelitten habe. Als ich sah, welchen Gang die Dinge nehmen, bemächtigte sich meiner die tiefste und düsterste Niedergeschlagenheit um die Menschheit, ich folgte den Ereignissen mit einer Aufmerksamkeit und Ergriffenheit, die ich selber nie an mir vermuthet hatte. Als die Unvernunft, der hole Enthusiasmus, dann die Schlechtigkeit die Leerheit, und endlich sogar das Verbrechen sich breit machten und die Welt in Besiz nahmen: da brach mir fast buchstäblich das Herz [...].[221]

Wie ist diese Stellungnahme mit Stifters liberalen Anliegen, besonders was das Schulwesen betrifft, zu vereinbaren? Tielke äußert sich über die Haltung Stifters während der Revolution:

> [...] unter den bedeutenderen österreichischen Dichtern des Vormärz war allein er es, der dem Metternichschen System gegenüber unkritisch blieb. Keiner seiner Kollegen von Rang [...], der nicht irgendwie seine Kritik an Metternich geäußert hätte. Dessen alles erfassende Zensur verschonte lediglich Stifter. Kein Wunder, daß eine am Realismus orientierte Literaturwissenschaft den Autor des Sanften Gesetzes umgeht.[222]

Mit seiner Kritik erkennt Tielke weder das politische Engagement zu Beginn der Revolution noch die idealistische Arbeit an einer Verbesserung der Gesellschaft in der restaurativen Phase des Neoabsolutismus an.

---

[221] Stifter: Brief an Gustav Heckenast: Linz, 4. September 1849. In: ders.: Sämmtliche Werke, mit Benutzung der Vorarbeiten von Adalbert Horcicka hg. von Gustav Wilhelm, Bd. XVIII: Briefwechsel. 2. Band, Hildesheim 1972 [reprographischer Nachdruck der Ausgabe Reichenberg 1941], S. 10f.
[222] Tielke: Sanftes Gesetz und historische Notwendigkeit, S. 5.

1845 unterschreibt Stifter die *Denkschrift über die gegenwärtigen Zustände der Zensur in Österreich*. Es ist nicht richtig, dass Stifter als einziger von der Zensur verschont geblieben ist. Im Februar 1847 reicht er bei der Zensurhofstelle in Wien eine Bitte um Genehmigung öffentlicher Vorlesungen über Ästhetik ein. Obwohl seine Probelesung mit Wohlwollen aufgenommen wird, lehnt die Zensurhofstelle den Antrag ab. Im Gegensatz zu Tielke bewertet Fischer Stifters politische Aktivität positiv. Er hebt dessen Mitarbeit am Aufbau eines neuen Staates hervor:

> Stifter [...] tritt als politisch und sozial aktiver Mensch auf; das unterscheidet ihn von der Mehrzahl der literarischen Prominenten des vormärzlichen Österreich. Mehr noch: Stifter wird und bleibt zugunsten des Fortschrittes unter schwierigsten Umständen aktiv. Das hebt ihn geradezu aus der Gruppe der bürgerlichen Intellektuellen seines Landes heraus.[223]

Als „konservativ"[224] kann Stifter nicht bezeichnet werden. Zwar hat er sich in der Zeit des Vormärz „politisch zurückgehalten", wie Roedl darstellt; doch ist er „stets für den politischen und sozialen Fortschritt ein-

---

[223] Fischer: Die Pädagogik des Menschenmöglichen, S. 131.
[224] Konservatismus ist eine Grundhaltung, die im Staat eine organisch gewachsene Einheit sieht. Die beharrenden und stabilisierenden Kräfte des politischen und gesellschaftlichen Lebens werden betont. Konservatismus ist als politische Gegenbewegung zu den Ideen der Französischen Revolution entstanden. In seinen radikalsten Ausprägungen zielt der Konservatismus zu Beginn des 19. Jahrhunderts auf Restauration oder wird zur „Reaktion". Ende des 19. Jahrhunderts tritt er im Gegensatz zum Liberalismus als „revolutionärer Konservatismus" auf. Herder Lexikon Politik, 7., aktual., erw. Aufl., Freiburg/Br./Basel/Wien 1995, S. 128.

getreten, und der Sturz des verhassten reaktionären Systems begeisterte ihn wie alle anderen"[225]. Er hängt somit nicht an der althergebrachten Staatsform, sondern befürwortet im Gegenteil deren Veränderung, verabscheut aber die Radikalisierung der Revolution. Sein Ziel ist der Aufbau eines konstitutionellen Staatswesens, in dem jeder die gleichen Rechte und Pflichten hat. Er erklärt den Grund seines Schweigens zum aktuellen politischen Geschehen:

> Ich bin ein Mann des Maßes und der Freiheit – beides ist jezt leider gefährdet, und viele meinen, die Freiheit erst recht zu gründen, wenn sie nur sehr weit von dem früheren Sisteme abgehen, aber da kommen sie an das andere Ende der Freiheit an. Nicht in Alleingewalt, sondern in der Vertheilung liegt sie. So lange die Leidenschaft forthastet, und nie genug gegen den Gegner gethan zu haben meint, ist meine Stimme nicht vernehmlich, und sind Gründe nicht zugänglich. Deßhalb bin ich stumm, bis man Meinungen überhaupt sucht, nicht mehr blos Meinungsgenossen. Das Wenige, was ich mir durch manigfaltige Staats- und Geschichtsstudien eigen gemacht habe, möchte ich gerne als Gabe auf den Altar des Vaterlandes nieder legen [...].[226]

Wie ist sein Verhalten gegenüber Metternich zu erklären? Muss man Stifter zwangsläufig als opportunistisch einstufen? Adalbert Langer geht davon aus, dass durch Stifters persönliche Berührung mit dem Staatskanzler „die Ordnung der Dinge und dergleichen in seinen

---

[225] Roedl: Adalbert Stifter, S. 94.
[226] Stifter: Brief an Gustav Heckenast: Linz, 25. Mai 1848. In: ders.: Sämmtliche Werke, Bd. XVII: Briefwechsel. 1. Band, S. 284.

Wortschatz kamen"[227]. Allerdings hat sich Stifter sich bislang nicht politisch betätigt. Das ändert sich im März 1847. Er ist im Kreis des juridisch-politischen Lesevereins zu finden, einer Gemeinschaft von Politikern, Industriellen, Gelehrten, Künstlern und Schriftstellern, die sich regelmäßig im Haus der Stände bei Anton Freiherr von Doblhoff treffen. Die politischen Verhältnisse innerhalb der Habsburger Monarchie werden heftig kritisiert. Im Revolutionsjahr 1848 ist er an Unterredungen und Versammlungen als Redner beteiligt und fungiert als Wahlmann bei den Vorbereitungen für die Frankfurter Nationalversammlung seines Wohnbezirks Innere Stadt in Wien. Wie das gesamte Bürgertum[228] erfasst auch Stifter zu Beginn der Revolution die Begeisterung. Er bemerkt die Dringlichkeit einer Veränderung:

> Es war wohl schon längst die Nothwendigkeit anerkannt – nicht bloß in Oesterreich, sondern ich meine fast in der ganzen Welt – daß man in dem Erziehungs- und Unterrichtswesen Verbesserungen einführe. Es war eine tausendjährige Sünde daß man ganze Schichten der menschlichen Gesellschaft in einem Zustande ließ in welchem sie, menschlich unfrei und unentwickelt, die Opfer ihrer Leidenschaften waren und in bewegten Zeiten dem Staate, der besseren Gesellschaft und sich

---

[227] Adalbert Langer: Zu den Quellen des Rechtsdenkens bei Adalbert Stifter. Eine geistesgeschichtliche Studie, Linz 1968 (Schriftenreihe des Adalbert Stifter-Institutes des Landes Oberösterreich 25), S. 32.
[228] Näheres über das Verhältnis von nationalem Verfassungsstaat und bürgerlicher Gesellschaft siehe: Dieter Hein: Die Revolution von 1848/49, 2., durchges. Aufl., München 1999 (Beck'sche Reihe 2019), bes. S. 100-111. Hein vertritt die These, dass gerade die Ausstrahlung der Revolution auf weite Bereiche der Gesellschaft sowohl die revolutionäre Dynamik als auch die Spannungen innerhalb der Bewegung erkläre. Ebd., S. 10.

selber die Gefahr des Untergangs bereiteten
[...].[229]

Stifter schreibt Artikel für die neugegründete *Constitutionelle Donau-Zeitung*. Doch bald lastet der Druck der politischen Arbeiten auf ihm. Im Laufe der zunehmenden Radikalisierung nimmt er Abstand von den Freiheitskämpfen. Als „Gegner aller Leidenschaften und Gewalttätigkeit"[230] erschüttert ihn die Zuspitzung der Revolution als Vorzeichen einer drohenden Katastrophe. „Den Ruck zur Radikalität und Gewalt hat Stifter nicht mitvollziehen können"[231], schreibt Neugebauer. Auch den Freiheitskampf der Tschechen seines Heimatlandes für einen eigenständigen Staat kann Stifter nicht gutheißen.[232] Traumatisiert von den revolutionären Ausschreitungen reagiert er am 6. Mai 1848 mit seiner Abreise aus Wien. Er begrüßt die Gewaltmaßnahmen zur Niederschlagung der Unruhen im Habsburger Reich. In seinem Artikel *Rückkehr nach der Revolution* schreibt Stifter im Januar 1849:

> Ich bin nach einer 8monatlichen Abwesenheit wieder hieher zurückgekehrt, um mich ein wenig über die hiesige Stimmung und das politische Leben Wiens in seiner neuen Entwicklungsepoche zu unterrichten. Wenn jemand, der Wien in der größten Aufregung verlassen hat, nun nach längerer Abwesenheit die Stadt wieder sieht, so hat ihr äußerer Zustand den Anblick der größten Ruhe; denn daß Patrouillen gehen, daß Kanonen an manchen Stel-

---

[229] Stifter: Reformen im Unterrichtswesen. In: In: ders.: Werke und Briefe, Bd. 8,2: Schriften zu Politik und Bildung, S. 53-57, S. 53.
[230] Roedl: Adalbert Stifter, S. 95.
[231] Neugebauer: Selbstentwurf und Verhängnis, S. 107.
[232] Mühlberger: Tschechische Literaturgeschichte, S. 83.

> len der Basteien stehen, kann doch wohl nur diejenigen beunruhigen, die vor solchen äußeren Zeichen den innern Zusammenhang und die Größe der Verhältnisse nicht zu sehen vermögen.[233]

Die Annahme, Stifter sei spontan von den Schrecknissen der Revolution geflohen, ist nicht richtig. Otto Jungmair kann in seinem Kalendarium über Stifters Linzer Jahre nachweisen, dass verschiedene Stifter-Briefe aus Linz Aufschluss über dessen Gefühlslage geben.[234] Vor den heiklen Märztagen im Februar 1848 klagt er in einem Brief an seinen Bruder Anton:

> So lebten wir wie Einsiedler, ich kam kaum zu meinen nächsten Freunden, und sehne mich ungemein nach freier Luft und nach Sonnenschein. Du erhältst keinen Brief mehr von mir, wenn es nicht in Geschäften ist; denn ich denke schon im April bei Dir zu sein. Ich will heuer die Baumblüthen in Oberösterreich sehen, es thut noth, daß ich Frische und Heiterkeit zur Arbeit bekomme [...].[235]

Die „Flucht aus Wien" hat verschiedene Gründe – als gesichert kann gelten, dass die Ausschreitungen der Revolution den letzten Anstoß zum Verlassen Wiens gegeben haben. „Grauenhaftes für das Fassungsvermögen des 19. Jahrhundert hat er [...] erlebt"[236], bringt Lily Hohenstein die von Stifter traumatisch erfahrenen Umwälzungen

---

[233] Stifter: Wiener Stimmungsbild. In: ders.: Werke und Briefe, Bd. 8,2: Schriften zu Politik und Bildung, S. 50-52, S. 50.
[234] Jungmair: Linzer Jahre, S. 24f.
[235] Stifter: Brief an Anton Stifter: Wien, 20. Februar 1848. In: ders.: Sämmtliche Werke, Bd. XVII: Briefwechsel. 1. Band, S. 276.
[236] Das sanfte Gesetz. Ein Adalbert-Stifter-Brevier, hg. v. Otto Schrader und eingel. v. Lily Hohenstein, Wiesbaden 1946, S. 43.

auf den Punkt. Die Erlebnisse in Wien muss er verarbeiten. So entsteht die Novelle *Der Pförtner im Herrenhaus*[237] im Sommer 1848 in seinem neuen Zuhause. Stifter erzählt die Geschichte eines großmütigen, aber in sich gekehrten Familienvaters, der von seiner weltoffenen Frau wegen eines anderen Mannes verlassen wird und daran nicht nur selbst zugrunde geht, sondern auch seine Tochter körperlich wie seelisch verwahrlosen lässt. In dieser Geschichte spiegelt sich Stifters Frage nach dem Schuldigen der Revolution. Wie ist es möglich, dass Menschen sich roher Gewalt hingeben? Ist dies nicht die Schuld des Staates, der seine erzieherische Pflicht gegenüber seinem Volk vernachlässigt hat?

Die Revolution beschränkt sich im deutschsprachigen Teil Österreichs auf Wien und Graz, kleine Provinzstädte wie Linz bleiben unbeteiligt am historischen Geschehen.[238] So kann Stifter Ruhe und Erholung in der Beschaulichkeit des Provinzlebens finden. Erst nach einem knappen dreiviertel Jahr kehrt er wieder nach Wien zurück, um sich „ein wenig über die hiesige Stimmung und das politische Leben Wiens in seiner neuen Entwicklungsepoche zu unterrichten"[239]. Stifters Ziel ist es, am Aufbau einer neuen Staatsform mitzuarbeiten, in der jeder die gleichen Rechte einfordern kann. Neugebauer charakterisiert die politische Gesinnung Stifters:

> Freilich war Stifters Ziel in den Märztagen weniger die totale Revolution als Zerstörung des alten

---

[237] Erstdruck 1852 in dem Jahrbuch *Libussa*. Die Erzählung wird 1853 unter dem Titel *Turmalin* in die Novellensammlung *Bunte Steine* mit aufgenommen.
[238] Linz zählt gerade einmal 26 000 Einwohner, wogegen Wien zu jener Zeit nach Berlin mit 440 000 Einwohnern die zweitgrößte deutschsprachige Stadt ist. Wolfgang Matz: Adalbert Stifter, S. 272.
[239] Stifter: Wiener Stimmungsbild. In: ders.: Werke und Briefe, Bd. 8,2: Schriften zu Politik und Bildung, S. 50-52, S. 50.

Staatsapparates. Ihm ging es mehr um den Entwurf einer neuen Staatsform, die im Schutz der bürgerlichen Rechte ihre eigentliche Aufgabe sah. Der einzelne Bürger wird von ihm als gesellschaftliches Wesen begriffen, mit einem Anspruch auf die Schutzfunktion des Staates.[240]

Stifter fordert, dass der Einzelne entsprechend charakterlich gebildet werden müsse:

> [Das Volk vermag] als Opfer seiner eigenen Leidenschaften nur Stürme und Verwirrung herbeizuführen [...]. Wenn diese Ansicht richtig ist, dann ist es auch der Satz, daß es keine absolute Freiheit gibt, sondern nur eine der [...] sittlichen Entwicklung entsprechende, und daß es die heiligste Pflicht des menschlichen Geschlechts, namentlich seiner Regierungen ist, diese sittliche Entwicklung [...] zu erweitern und [...] unser Geschlecht jener Freiheit entgegenzuführen, die ihm im höchsten Gipfel seiner Vollendung gebührt.[241]

Stifter versucht einen Beitrag zur Neuordnung des Staatssystems zu leisten. Zahlreiche Aufsätze über die Aufgaben des Staates, über Bildung und Schule geben Einblick sowohl in seine politische Gesinnung als auch in die damit zusammenhängende und für ihn bedeutende sittliche Ausbildung. Sein Ziel ist es, ein „geistiges Fundament für eine grundlegende österreichische Bildungsreform"[242] zu schaffen. Folgerichtig erkennt Fischer den Zusammenhang zwischen der politischen Position Stifters und seinen Bildungsgedanken:

---

[240] Neugebauer: Selbstentwurf und Verhängnis, S. 106.
[241] Ebd.
[242] Schacherreiter: "Ästhetische Modelle sanfter Menschenzähmung". In: praesent 2006, S. 42.

> Stifters politische Position muß im Zusammenhange der Frage nach dem Pädagogen Stifter eruiert werden; dies um so mehr, als Stifter die Beziehung zwischen Staat und Bildung in aller Deutlichkeit durchschaute und, ehe er journalistisch zugunsten einer Bildungsreform tätig wurde, gleichsam volksaufklärerisch politisch bildsame Artikel geschrieben hatte.[243]

Im *Wiener Boten* werden 40 seiner Artikel abgedruckt. Die neugegründete Zeitung ist eine Plattform für Meinungen aus dem Volk und erscheint in den Jahren 1849 und 1850. Stifter tritt als Chefredakteur auf, kündigt aber im Februar 1850 die Stelle, da er die von dem Blatt eingeschlagene politische Richtung nicht länger verantworten kann. In der für ihn typischen gemäßigten Ausdrucksweise diskutiert Stifter allgemeinverständlich über die aktuellen Themen der Zeit. In einem Aufsatz über *Die octroirte Verfassung* erläutert er seine Gründe für die Zustimmung zu der am 4. März 1849 von oben auferlegten Konstitution:

> Das Land ist im Zustande des Ueberganges [...]. Zudem ist jeder Uebergangszustand der eigentliche Boden der Staatsexperimente: jeder versucht am Staate zu ändern, zu verbessern, neu zu gestalten, daher in solchen Zeiten Umstürze, Umtriebe, Aufstände und dergleichen zu befürchten sind, welche die ungewisse Lage wieder verlängern und Gewaltmaßregeln nöthig machen, die der Freiheit nicht förderlich sind. [...] Nehmen wir daher das auf einem andern Wege Gekommene freudig an, lassen wir das Vaterland durch neues Andringen gegen eine verliehene Verfassung (die wir nicht

---

[243] Fischer: Einleitung. In: Documenta paedagogica austriaca, Bd. 1, S. LXXI.

selbst gemacht haben) nicht neuerdings in Stürme und Unglück gehen [...].[244]

In einem Brief an den befreundeten Joseph Türck entschuldigt er sich dafür, dass er nur von Staatsdingen schreibe und nicht von persönlichen, „aber jene sind ja wichtiger als wir beide"[245], so seine kurze Begründung. Im schnellen und unüberlegten Vorgehen der aufgestachelten Volksmassen erkennt er den größten Fehler der missglückten Revolution. Freiheit ist für Stifter nur mit einer Ordnung, die durch die Verfassung garantiert wird, möglich. Die erste Pflicht des Bürgers ist es, diese Ordnung aufrechtzuerhalten und nicht zu gefährden. In folgendem Plädoyer Stifters für eine allmähliche Umstrukturierung des Staates erkennt man seine Abneigung gegen die Radikalität eines Umsturzes:

> Die Störung der Ordnung bringt also große Uebel in einem großen Umfange herbei, und würde, wenn sie lange dauerte, die Menschheit gänzlich

---

[244] Stifter: Die octroirte Verfassung. In: ders.: Werke und Briefe, Bd. 8,2: Schriften zu Politik und Bildung, S. 58-64, S. 62f. Im Hinblick auf diesen Aufsatz stellt Peter A. Schoenborn einen interessanten Vergleich an. Er entdeckt Parallelen in der historischen Beschreibung bei Golo Mann und Adalbert Stifter. Schoenborn: Adalbert Stifter, S. 365. Entsprechend schreibt Golo Mann: „Notwendig ist in der Geschichte Veränderung, Reform, Anpassung des Rechts an neue wirtschaftliche und moralische Bedingungen. Revolutionen als blutige Dramen, plötzliche gewalttätige Gesamtumstürze sind weder notwendig noch wünschenswert. Sie führen auch nie zu dem, wozu sie nach der Idee ihrer Antreiber führen sollten." Golo Mann: Deutsche Geschichte des 19. und 20. Jahrhunderts, Frankfurt/M. 1958, S. 235. Die Verfassung des Deutschen Bundes wird drei Wochen nach Erscheinen des Aufsatzes, am 28. März 1849, von der deutschen Nationalversammlung in Frankfurt am Main verabschiedet. Nachdem die Abgeordneten monatelang über eine groß- oder kleindeutsche Lösung bei der Einigung Deutschlands debattiert haben, sieht diese Verfassung eine konstitutionelle Monarchie mit einem erblichen Kaiser vor.

[245] Stifter: Brief an Joseph Türck: Linz, 28. Juni 1848. In: ders.: Sämmtliche Werke, Bd. XVII: Briefwechsel. 1. Band, S. 293.

> zu Grunde richten. Daher ist es eine alte Regel, daß man dort, wo man die eingeführte Ordnung umändern und verbessern will, nur allmählich verfahren müsse [...] und in keinem Augenblicke das Gefühl der Ordnung und Sicherheit wanke. So kann man über große Strecken der Aenderungen ungefährdet hinüberkommen.[246]

Die Aufgabe des Staates ist es, Sitte und Ordnung zu gewährleisten und zu sichern. Erst durch die „Ordnung" kann ein friedliches Zusammenleben garantiert werden.
In den Artikeln für den *Wiener Boten* entwickelt er seine Ansichten über die Notwendigkeit von Erziehung und humaner Bildung. Die „Ausbildung des Geistes" hält er für mindestens ebenso wichtig wie die Befriedigung physiologischer Grundbedürfnisse. Daneben muss außerdem das individuelle Verlangen nach geistiger Bildung erfüllbar sein, um ein lebenswertes Dasein zu ermöglichen. Im Gegensatz zum instinktiv handelnden Tier verfügt der Mensch über einen freien Willen und über die Gabe eines vernunftgemäßen und sittlichen Bewusstseins. Deshalb muss in der Kindheit der verantwortungsbewusste Umgang mit der Freiheit erlernt werden. Ein entsprechender Unterricht ist nach Stifter Voraussetzung für die Erlangung von Mündigkeit. Intensiv setzt er sich mit der geplanten Bildungsreform auseinander: „Besonders bereiten sich, was nicht genug zu wünschen und zu beschleunigen ist, im Unterrichtsministerium organische und humanistische Entwürfe vor, die wirklich in unserm Oesterreich sehr wohlthätig werden können [...]."[247]

---

[246] Ders.: Der Staat: In: ders.: Werke und Briefe, Bd. 8,2: Schriften zu Politik und Bildung, S. 27-39, S. 29. [Zuerst erschienen in: *Constitutionelle Donau-Zeitung*, Wien, 13. und 18. April 1848].
[247] Ders.: Wiener Stimmungsbild. In: ebd., S. 50-52, S. 52.

Im Verlauf der folgenden zwei Jahre werden die Regierungen in Österreich und Preußen, bestärkt durch die erfolgreiche Niederschlagung des Aufstandes, ihre Kompromisse wieder zurücknehmen. Das Habsburger Reich bleibt absolutistisch und zentralistisch regiert. In der Zeit des Neoabsolutismus kommt es zu einem erneuten Aufschwung der restaurativen Epoche. Erste Ansätze eines demokratischen Lebens werden unterdrückt. Mit der kurzen Unterbrechung durch die Revolution wird das Metternichsche System noch bis zum Sieg des Liberalismus im Jahr 1867 bestehen bleiben.[248] Stifters Engagement ist trotz seiner Enttäuschung über Verlauf und Methoden der Revolution nicht geschmälert: Das Jahr 1848 bewirkt nicht nur politische Veränderungen, an denen Stifter leidenschaftlich Anteil nimmt, sondern auch die Festigung einer beruflichen Absicht, die für den Rest seines Lebens bestimmend wird.[249]

Die Revolution gibt Stifter den nötigen Anstoß, sich am Aufbau eines neuen Schulwesens zu beteiligen. Becher stellt fest: Die Entstehungsgeschichte des *Witiko* ist ebenso in den Spannungen des Jahres 1848 begründet wie das Bildungsprogramm des *Nachsommers* und die Tätigkeit des künftigen k.u.k. Schulrates Adalbert Stifter in Linz.[250]

---

[248] 1867 kann Österreich den Ausgleich mit Ungarn erzielen. Auch wird die Sonderverfassung Ungarns von 1848 wiederhergestellt. Die Gründung der Österreichisch-Ungarischen Doppelmonarchie (auch k.u.k. Monarchie oder Donaumonarchie) beruht auf diesem Ausgleich.
[249] Becher: Adalbert Stifter, S. 158.
[250] Ebd.

3 Adalbert Stifter als Schulrat (1850-1865)

3.1 Auswirkungen der Revolution auf das Schulwesen

> Dieses Jahrhundert zeigt in allen Staaten Mitteleuropas eine vorher in dieser Intensität nicht vorhandene und nicht thematisierte Wechselwirkung zwischen Politik, sozialer Entwicklung und Erziehungswesen vor dem Hintergrund einer weitgehend gemeinsamen, neuen Bildungskonzeption.[251]

Im Gegensatz zu den nationalen Ausschreitungen in Ungarn, Böhmen und Italien kommt es 1848 in Wien zu Unruhen mit liberal-demokratischen Zielsetzungen. Auch die Bildungspolitik ist betroffen. Daran ist zu erkennen, so Josef Scheipl und Helmut Seel in ihrem Werk über die Entwicklung des österreichischen Schulwesens, dass es unter der Oberfläche des Metternichschen Systems gärt und neue Ideen diskutiert werden.[252] Werner Michler beschreibt die Situation des Umbruchs im österreichischen Bildungswesen:

> Das Jahr 1848 ist als Zäsur für die Geschichte der österreichischen Literaturgeschichtsschreibung insofern geeignet, als in der Unterrichts- und Univer-

---

[251] Karl-Ernst Jeismann: Bildungsbewegungen und Bildungspolitik seit der Mitte des 18. Jahrhunderts im Reich und im Deutschen Bund. Wechselwirkungen, Übereinstimmungen und Abweichungen zwischen den deutschen Staaten. In: Zur Geschichte des österreichischen Bildungswesens, S. 401-426, S. 401.

[252] Josef Scheipl und Helmut Seel: Die Entwicklung des österreichischen Schulwesens von 1750-1938, 2., erg. u. erw. Aufl., Graz 1987 (Studientexte für die pädagogische Ausbildung der Lehrer höherer Schulen 1), S. 39.

sitätsreform der Bildungssektor in einer für heutige Verhältnisse nur schwer vorstellbaren Radikalität neu begründet wurde.[253]

Österreich gehört zu denjenigen Staaten, die sich auf eine lange Bildungstradition berufen können. Diese hat ihre Wurzeln in der Zeit des aufgeklärten Absolutismus unter Maria Theresia (1717-1780)[254]. Ein „jahrhundertelanges dramatisches Ringen"[255] um den Gehalt der österreichischen Schulen prägt den Inhalt der Bildungsideologien Österreichs. Seit 1848 stehen sie erstmals umfassender auf dem Prüfstand. Im Gegensatz zur offiziellen Gesellschaftspolitik bewirkt die Revolution im Schulwesen Reformen, die die Bildungspolitik im Habsburger Reich nachhaltig beeinflussen. Die für die damalige Gegenwart unmittelbaren „Weichenstellungen"[256] in inhaltlichen und organisatorischen Belangen erfolgen nach 1848. Schul- und Hochschulreformen sollen Kindern aus dem aufsteigenden Mittelstand zu einer angemessenen Ausbildung verhelfen, um deren Berufsaussichten innerhalb des Staatsdienstes zu verbessern. Diese liberale Ära der Schulpolitik ist in zwei Abschnitte geteilt; die zweite Phase ist gekennzeichnet durch die Periode des Neoabsolutismus.[257] Der erste Abschnitt beginnt mit dem „Entwurf der Grundzüge des öffentlichen Unterrichtswesens in Österreich" im Juli 1848.

---

[253] Werner Michler: „Das Materiale für einen österreichischen Gervinius". Zur Konstitutionsphase einer „österreichischen Literaturgeschichte" nach 1848. In: Literaturgeschichte: Österreich, S. 181-212, S. 186.
[254] Maria Theresia regierte als Erzherzogin von Österreich und Königin von Ungarn und Böhmen von 1740 bis 1780.
[255] Hermann Schnell: Die österreichische Schule im Umbruch, Wien 1974 (Pädagogik der Gegenwart 113), S. 18.
[256] Ralph Grossmann und Rudolf Wimmer: Schule und Politische Bildung I. Die historische Entwicklung der Politischen Bildung in Österreich, Klagenfurt 1979 (Klagenfurter Beiträge zur bildungswissenschaftlichen Forschung 6), S. 12.
[257] Scheipl und Seel: Die Entwicklung des österreichischen Schulwesens, S. 39.

Das liberale neuhumanistische Bildungsprogramm [258] wird zur Grundlage der Schulentwicklung in Österreich bis zum Ende der Monarchie. Erst mit der Berufung von Leo Graf von Thun-Hohenstein zum Minister für Kultus und Unterricht am 28. Juli 1849 wird der Großteil des programmatischen Entwurfs umgesetzt. Der Plan für die Neugestaltung der Realschulen erhält 1851 Gesetzeskraft. Drei Jahre später folgt die Umsetzung des Reformplanes für Gymnasien. Dies geschieht zu einer Zeit, in welcher der erste liberale Abschnitt zu Ende geht und der Staat sich auf dem Weg in den Neoabsolutismus befindet. Zwar ist die Zeit des Neoabsolutismus als eine Epoche restriktiver und unbeweglicher Politik zu verstehen, doch ist die Bildungspolitik davon weitgehend ausgenommen. Die fortschrittliche liberale Bildungsidee kann nicht mehr rückgängig gemacht werden. Der Gedanke der Lehr- und Lernfreiheit als Ergebnis der Märzrevolution bleibt erhalten.[259] Folgerichtig erkennen Scheipl und Seel die Neuerungen im Schulwesen an: „Ungeachtet seiner sonstigen Schwächen hat der Neoabsolutismus im Bereich des mittleren Schulwesens die Initiativen der liberalen Bildungspolitik großteils akzeptiert und umgesetzt."[260] Die systematische Weiterentwicklung der vorliegenden Grundkonzepte schreibt Helmut Engelbrecht der politischen Geschicklichkeit und den klugen Personalentscheidungen Thun-Hohensteins zu.[261] Die Verknüpfung von Forschung, Lehre und

---

[258] Der Bildungsbegriff des Neuhumanismus geht davon aus, dass alle Menschen den gleichen Anspruch auf Bildung besitzen. Julius Mende, Eva Staritz und Ingrid Tomschltz: Schule und Gesellschaft. Entwicklung und Probleme des österreichischen Bildungssystems, Wien 1980 (Schriftenreihe des Instituts für sozioökonomische Entwicklungsforschung der Österreichischen Akademie der Wissenschaften 1), S. 75.
[259] Ebd., S. 91.
[260] Scheipl und Seel: Die Entwicklung des österreichischen Schulwesens, S. 40.
[261] Engelbrecht: Erziehung und Unterricht im Bild, S. 289.

Berufsausbildung geht auf dessen Initiative zurück. Die Realschule, ursprünglich eine Vorbereitungsschule für technische Fachinstitute im Primarbereich, wird zum „Prototyp einer lateinlosen Sekundarschule"[262], deren Schwerpunkt auf den modernen Sprachen und den mathematisch-naturwissenschaftlichen Disziplinen liegt. Gemäß dem Organisationsentwurf der Linzer Realschule soll sie die Stellung einer „Mittelschule zwischen der Volksschule und zwischen den höheren Gymnasial-, Universitäts- und technischen Schulen"[263] einnehmen. Von ihrer Umstrukturierung verspricht man sich den Anschluss der österreichischen Industrie an die westlichen Nachbarländer. Die Tradierung der antiken Sprachen erhält durch die Aufnahme moderner Literatur und moderner Fremdsprachen in den Lehrplan eine Absage.[264]

Die Neuformierung des Deutschunterrichts an Realschulen wird Grundlage des von Stifter in seiner Funktion als Schulrat ausgearbeiteten Lesebuchs. Der „Entwurf der Grundzüge des öffentlichen Unterrichtswesens" von 1848, der „Organisationsentwurf für Gymnasien und Realschulen" von 1849 und das „Reichsvolksschulgesetz"[265]

---

[262] Ebd., S. 263.
[263] Stifter: Entwurf der Organisation einer vollständigen Realschule zu Linz für Oesterreich ob der Enns. In: ders.: Werke und Briefe, Bd. 10,1: Amtliche Schriften zu Schule und Universität. Teil 1, S. 47-91, S. 47.
[264] Helmut Engelbrecht: Innovationen in der österreichischen Bildungsgeschichte. In: Innovationen in der Bildungsgeschichte europäischer Länder, hg. von Winfried Böttcher, Elmar Lechner und Walter Schöler, Frankfurt/M. 1992 (Bildungsgeschichte und europäische Identität 1), S. 409-432, S. 420.
[265] Durch das „Reichsvolksschulgesetz" wird die Schule wie zur Zeit Maria Theresias ein „Politicum", das Schulrecht wird damit Teil des Staatsrechts. Die Schulaufsicht übernehmen Unterrichtsministerium, Landes- und Bezirksschulräte. In den folgenden Jahren kämpft vor allem die Kirche gegen die Schulreform. Daraufhin wird 1883 das Gesetz abgeändert: unter anderem müssen die Schulleiter von nun an dem Glaubensbekenntnis der Mehrzahl ihrer Schüler angehören. Ebd., S. 326.

von 1869 haben Richtlinien der Schulpolitik in Österreich festgelegt, die bis heute gelten. Die Forderungen des Neuhumanismus werden nur für das höhere Schulwesen berücksichtigt; die Mehrheit der Bevölkerung, deren Schulbildung sich auf den Besuch der Grundschule beschränkt, ist davon ausgenommen: Einer umfassenden Bildung im humanistischen Sinn wird keine größere Bedeutung zugeschrieben. Die Volksschule, so Fischer, schneidet von allen Bereichen des Bildungswesens am ungünstigsten ab.[266]

Verschiedene Bildungsreformen in den 1850er und 1860er Jahren tragen zu einer Korrektur der pädagogischen Ausbildung bei. Die auch von Stifter eindringlich geforderte finanzielle Situation der Lehrer wird verbessert, die Schulpflicht ausgedehnt und die Lehrpläne werden an den wissenschaftlichen und technischen Fortschritt und an neue pädagogische Einsichten angepasst. Mit dem „Reichsvolksschulgesetz" von 1869 erfolgt die konsequente Trennung von Kirche und Staat. Ungeachtet dieser positiven Veränderungen bleiben die Bildungsziele von den Reformen ausgespart: „Staat und Kirche [bilden] [...] auch weiterhin eine feste Koalition zur Reproduktion eines Bewusstseins, das die jeweils bestehenden Verhältnisse akzeptiert"[267].

---

[266] Fischer: Einleitung. In: Documenta paedagogica austriaca, Bd. 1, S. LI. Die Situation der Volksschulen wird in Kapitel 3: „Adalbert Stifter als Schulrat (1850-1865)" genauer beschrieben.
[267] Mende, Staritz und Tomschitz: Schule und Gesellschaft, S. 101.

3.2 Beginn der Amtsgeschäfte: Ernennung zum Schulrat

Stifters Erziehungsziele sind an keine bestimmte Schulform gebunden. Lernen ist für Stifter dort möglich, wo der Mensch sich frei entfalten und bilden kann. Die Schulen sollen zu solchen idealen Orten des Lernens werden:

> Alle Veranlassung, wodurch der Mensch etwas lernet, kann man eine Schule heißen. Solche Schulen hat Gott in unermeßlicher Fülle um uns her überall ausgebreitet, ja der Mensch thut keinen Schritt, wo er nicht an eine Lehre stößt, und aus dem er nicht Nutzen schöpfen könnte. Die ganze Welt und das ganze Leben ist voll Lehrer und Ermahner.[268]

Nur dichtend und leidend an den öffentlichen Angelegenheiten teilzunehmen, schreibt Roedl, könne Adalbert Stifter nicht genügen.[269] In den Jahren nach der Revolution gilt der von Zeitschriften und Almanachen als Lieblingsautor hochgelobte Stifter als gänzlich „aus der Mode gekommen"[270], so Jungmair. Durch die Politisierung des öffentlichen Lebens finden Stifters tiefgründige, meist in der Heimat verwurzelte Erzählungen nur noch wenig Beachtung.
In dieser Zeit bietet sich ihm die Gelegenheit, nach Kärnten umzusiedeln. Sein alter Freund aus Wiener Zeiten, Friedrich Simony[271],

---

[268] Stifter: Wirkungen der Schule. In: ders.: Werke und Briefe, Bd. 8,2: Schriften zu Politik und Bildung, S. 129-135, S. 135.
[269] Roedl: Adalbert Stifter, S. 98.
[270] Jungmair: Linzer Jahre, S. 35.
[271] Friedrich Simony (1813-1896) hat zeitgleich mit Stifter eine Stellung als Hauslehrer bei den Söhnen des Staatskanzlers Metternich inne. Der Geograph und Alpenforscher ist Vorbild für Stifters Romanfigur Heinrich im *Nachsommer*. Auch in der Namensgebung „Simmy-Eis" für den Dachsteingletscher setzt er ihm ein Denkmal.

versucht ihn nach Klagenfurt zu holen. Obwohl ihn seit der Revolution eine finanzielle Notlage belastet, will er sich nicht von seiner oberösterreichischen Heimat trennen.[272] Von der Verschuldung, die aus der Zeit der Revolution herrührt, wird sich Stifter Zeit seines Lebens nicht mehr erholen. Der Versuch, nochmals eine Existenz aufzubauen, die es ihm ermöglicht hätte, von einem Einkommen als freischaffender Autor zu leben, ist zum Scheitern verurteilt.[273] Er muss sich beruflich neu orientieren.

In der kritischen Zeit nach der Revolution gilt Stifters Interesse der Reform des Bildungswesens. Er lobt den jungen Kaiser Franz Joseph, dessen Beliebtheit in der Hauptstadt er mit „Erstaunen" wahrnimmt:

> Zu meinem Erstaunen vernahm ich hier von unserm jungen Herrscher allgemein bekannte gute Züge, von denen man in der Provinz gar nichts weiß. Er ist sehr ernst, für seine Jahre zu ernst, […] er arbeitet sehr angestrengt, bekümmert sich um alles und wendet den wichtigsten Dingen seine größte Aufmerksamkeit zu. Hiebei ist er sehr bescheiden und erinnert sich gerne seiner geringen Jahre und bittet um den Rath bewährter edler Männer.[274]

Um auf die Gegenwart zu reagieren, begegne Stifter der blutigen

---

[272] Eine Erinnerung an Kärnten wird Stifter behalten: der „Historische Verein für Karnthen, Krain und Steiermark" ernennt ihn 1848 zum Ehrenmitglied.
[273] Diese Illusion, so die Feststellung Dopplers, sei für Stifter unentbehrlich gewesen. Sein ganzes Leben wird er von einer angemessenen Lebenshaltung träumen. Alfred Doppler: Formen und Möglichkeiten der Stifter-Rezeption. In: Geschichte im Spiegel der Literatur, S. 39-46, S. 43.
[274] Stifter: Wiener Stimmungsbild. In: ders.: Werke und Briefe, Bd. 8,2: Schriften zu Politik und Bildung, S. 50-52, S. 52.

Niederschlagung der Revolution im Oktober mit zunehmendem pädagogischen Engagement, so Meyer.[275] Abgestoßen von den Ausschreitungen der Revolution gelangt Stifter zu dem Schluss, dass das Volk nur durch sittliche Erziehung zu innerer Freiheit und Reife gelangen kann. Diese Aufgabe fällt dem Staat zu. Obgleich die Regierung Erziehungsaufgaben zum Großteil der Familie überlässt, wird eine ernsthafte Diskussion über Stellung und Aufgaben der Schulen geführt. In einem Brief an Heckenast vom 6. März 1849 erwähnt er die Ausarbeitung einer Schulreform: „Ich habe einen ganzen Plan über Volksschulen (Unterricht – (Fachschule) und Erziehung – (Humanitarschule)) ins Detail ausgearbeitet."[276] Anfang Januar 1849 wird er vom Unterrichtsminister, dem Grafen Stadion und von Unterstaatssekretär Franz Exner nach Wien eingeladen.

Nach Ausführung seiner Reformvorschläge wird ihm eine feste Anstellung in Aussicht gestellt. Einflussreiche Freunde in Wien und der Statthalter von Oberösterreich, Alois Fischer[277], engagieren sich für seine Anstellung. Der Erwerb aus der schriftstellerischen Arbeit reicht nicht aus, um seinen Lebensunterhalt und den seiner Frau zu sichern. Ernsthafter als in seinen Jugendjahren sucht er einen festen

---

[275] Mayer: Adalbert Stifter, S. 17.
[276] Stifter: Brief an Gustav Heckenast: Linz, 6. März 1849. In: ders.: Sämmtliche Werke, Bd. XVII: Briefwechsel. 1. Band, S. 524.
[277] Dr. Alois Fischer (1796-1883) wird am 18. Dezember 1848 zum provisorischen Landeschef von Oberösterreich und Salzburg (beide Kronländer stehen damals unter einer Verwaltung) und nach dem Ausscheiden Salzburgs aus der ob der Ennsischen Regierung am 8. Dezember 1849 zum Statthalter von Oberösterreich ernannt. Er ist der einzige Landeschef bürgerlicher Herkunft. Anderthalb Jahre später wird er, angeblich wegen Erkrankung, infolge der erneut geänderten politischen Verhältnisse auf eigenes Ansuchen vom Dienst enthoben und 1853 in den Ruhestand versetzt. Fischer, „allem Bürokratismus und Formalismus abhold", befreundet sich bald mit Stifter und überträgt ihm journalistische Arbeiten für den *Wiener Boten*. Jungmair: Linzer Jahre, S. 31f.

Beruf. Im Oktober kündigt er seine Wohnung in Wien, eine Rückkehr ist für ihn ausgeschlossen. Stifter muss auf seine Berufung warten. Zwar scheinen alle Voraussetzungen für eine Anstellung Stifters als Schulrat erfüllt, aber das Ministerium in Wien lässt sich mit seiner Entscheidung Zeit. Erst im November 1849 wird ihm eine Stellung als Schulrat für die Gymnasien in Niederösterreich angeboten. Der Vorschlag des Ministeriums ernüchtert Stifter. Er möchte in Linz sesshaft werden; die Überschaubarkeit der Provinzstadt zieht er dem großbürgerlichen Flair Wiens vor. Im oberösterreichischen Linz kann er sich in Ruhe seinen literarischen Arbeiten widmen. In dem geräumigen zweistöckigen Haus an der Donaulände[278] wird er das letzte Drittel seines Lebens verbringen. Er trifft alte Freunde aus Jugendtagen wieder und gewinnt neue, auch Geldgeber und Mäzene, hinzu. Der Kreis aus bürgerlichen und adligen Persönlichkeiten, mit denen er Umgang pflegt, erweitert sich stark, ehe er sich in späteren Jahren fast ganz aus dem gesellschaftlichen Leben zurückziehen wird.

Die oberösterreichische Landschaft ist Stifter vertraut. In den Jahren vor der Revolution hat er die Sommermonate in Linz verbracht, von wo aus er Ausflüge in das Mühlviertel und das Salzkammergut unternehmen konnte. Diese Reiseeindrücke verarbeitet er in seinem Roman *Der Nachsommer*. Für Linz spricht außerdem seine Bevorzugung der Volksschulen. Für ihn haben diese „Landschulen"[279] einen höheren Stellenwert als die Gymnasien:

---

[278] Da Adalbert Stifter nach seinem Tod für Jahrzehnte in Vergessenheit geraten ist, hat es gewissenhafter Recherchen bedurft, um dessen Wohnung im Hartlschen Hause Nr. 1313, heutige Adresse Untere Donaulände Nr. 6, in Linz zu lokalisieren. Aldemar Schiffkorn: Zum Geleit! In: Jungmair: Linzer Jahre, S. 3.
[279] Eigentlich „Volksschulen", werden diese von Adalbert Stifter als „Landschulen" bezeichnet.

> Weil die meisten Menschen nach dem Austritte aus der untersten Schule keinen weiteren Unterricht mehr bekommen, so leuchtet der Nutzen und die Wichtigkeit guter Landschulen von selber ein. [...] Wenn [d]er [Mensch] nun nach der Landschule nicht mehr weiter lernt, so soll dieselbe Alles liefern, was er bedarf.[280]

Stifter reist nach Wien, um seiner Bitte persönlich Nachdruck zu verleihen, doch mehr als ein Versprechen auf die Stelle als Schulrat in Oberösterreich erreicht er nicht. Stifter muss wieder warten. Doch seine Geduld zahlt sich aus: Am 3. Juni 1850 wird Stifter per Dekret zum Inspektor der oberösterreichischen Volksschulen mit einem Jahresgehalt von 1.500 Gulden ernannt – als Hauslehrer und Vorleser hat er mit 65 Gulden auskommen müssen. Zwei Wochen später findet die Vereidigung statt. Von nun an darf sich Adalbert Stifter „k.u.k. Schulrat" nennen und zählt zu den Staatsbeamten, der größten Gruppe des Bürgertums.[281] Er ist, so Schacherreiter, „von der Höhe seiner Bildungsutopie, die ihn nach 1848 zu Bewerbung um ein Amt im Schulwesen motiviert hatte, in die Niederungen der Schulverwaltung geraten [...]"[282].

---

[280] Stifter: Nutzen der Landschule. In: ders.: Werke und Briefe, Bd. 8,2: Schriften zu Politik und Bildung, S. 156-159, S. 156. [Zuerst erschienen in: *Der Wiener Bote*, 17. August 1849].
[281] Eda Sagarra fällt ein vernichtendes Urteil über den Berufsstand der Staatsbeamten: „Sie waren ziemlich schlecht besoldet und übten einen geringeren Einfluss auf das öffentliche Leben aus, als man das nach ihrer Bildung und Tüchtigkeit erwarten durfte." Siehe: Eda Sagarra: Tradition und Revolution, S. 15.
[282] Schacherreiter: Adalbert Stifter und die Pädagogik. In: Kein Wesen wird so hülflos geboren, S. 9-20, S. 16.

3.3 Inspektionsreisen und pädagogische Zielsetzungen

Stifter beginnt sein neues Amt als Inspektor für Volksschulen mit Eifer und Freude: „Der Mittvierziger hatte nun einen Beruf, zum ersten Mal in seinem Leben einen fundierten Beruf, und für diesen Beruf spürte er seine Berufung."[283] Sein Amtsbereich umfasst etwa 600 Schulhäuser, ständig kommen Neugründungen hinzu. Mit den Schulräten als beratenden und inspizierenden Beamten gewinnt „die staatliche Schulaufsicht allmählich wieder an Terrain"[284]. Stifter befasst sich daneben mit dem Gedanken, ein ABC- und Lesebüchlein für Volksschulen sowie ein Physiklehrbuch für Realschulen herauszugeben. Beide Vorhaben hat er nicht mehr in die Tat umgesetzt.[285] Neben der Unterrichts- und Erziehungsaufsicht gehört die „Aufarbeitung der Amtsschriften"[286] zu seinen Aufgaben. Dazu zählen sowohl das Ordnen, Aufsetzen und Verfassen von Berichten über die abgeleisteten Inspektionsreisen als auch die Ausarbeitung von „Besetzungsgutachten". In diesen Gutachten stuft der Schulrat die Bewerber auf freie Stellen im Lehramt hinsichtlich ihrer Qualifikation ein. Daneben obliegt ihm die regelmäßige Besichtigung und die allgemeine Aufsicht der Schulbauten. Vor acht Uhr morgens taucht Stifter in seinem Amt auf, um die Ruhe vor Arbeitsbeginn für das

---

[283] Leo Leitner: Spuren des Lernens. Adalbert Stifter als Pädagoge und Schulpolitiker, Graz 2005, S. 53.
[284] Scheipl und Seel: Die Entwicklung des österreichischen Schulwesens, S. 44.
[285] Kapitel 5.1: „Ursachen des Scheiterns der pädagogischen Zielsetzungen" geht genauer auf die Gründe für Stifters erlahmenden Arbeitseifer ein.
[286] Stifter: Inspektionsreisen vom September 1850 bis März 1851. In: ders.: Werke und Briefe, Bd. 10,1: Amtliche Schriften zu Schule und Universität, S. 108-139, S. 109.

Dichten zu nutzen. Danach erledigt er die Ausarbeitung seiner Inspektionsberichte. Kommen Besuche und Anfragen von Bewohnern seines Amtsbezirkes hinzu, geht diese Besprechungszeit auf Kosten seiner Freizeit.

Die Arbeit gefällt ihm.[287] Die erste Amtsreise führt ihn im September 1850 in das südlich von Linz gelegene Ennstal, wo er die ersten Schulinspektionen antritt. Hinsichtlich seiner Amtsreisen hegt er folgenden Plan:

> [Ich bin] [...] zu der Ansicht gelangt, daß ich nach Kenntnisnahme der Schulen der Hauptstadt des Kronlandes nach und nach die Hauptpunkte des Landes besuchen und über den dortigen Zustand [...] mich unterrichten solle, weil diese Hauptpunkte [...] dem Lande seinen Charakter aufdrücken [...]. Von den Hauptpunkten sollte sich meine Einsicht [...] auf die Nebenpunkte erstrecken, bis ich endlich ein sistematisches Bild des Zustandes des Schulwesens [...] erhalten hätte.[288]

Nach einer umfassenden Besichtigungsreise der Schulen seines Amtsbereichs legt er im April 1851 den ersten Inspektionsbericht vor. Der Amtsweg der Inspektionsberichte läuft wie folgt: Sämtliche Materialien werden an die Landesschulbehörde weitergeleitet, von wo aus die Akten an die Statthalterei gehen – deshalb die Bezeich-

---

[287] Akribisch inspiziert er die einzelnen Schulen, so die Einschätzung Engelbrechts über den Arbeitseifer Stifters. Helmut Engelbrecht: Geschichte des österreichischen Bildungswesens. Erziehung und Unterricht auf dem Boden Österreichs, Bd. 4: Von 1848 bis zum Ende der Monarchie, Wien 1986, S. 109.
[288] Stifter: Inspektionsreisen vom September 1850 bis März 1851. In: ders.: Werke und Briefe, Bd. 10,1: Amtliche Schriften zu Schule und Universität, S. 108-139, S. 110.

nung „Statthalterei-Akten". Diejenigen Aktenstücke, die dem Statthalter vorgelegt werden, heißen „Präsidial-Akten".[289] In seinem ersten Bericht führt Stifter die Aufgaben während einer Schulvisitation auf:

> Die Gegenstände meines Augenmerkes waren hauptsächlich [...]: 1. Klimatische u örtliche Verhältniße [...], Bildungsgrad Lebensweise u Erwerbszweige der Bevölkerung, weil von diesen Dingen mit Einschluß der [...] Eigenschaften der Lehrer [...] der Schulbesuch abhängt. 2. Theilnahme der Bevölkerung an dem Wohle u Wehe der Schule [...]. 3. Schulbesuch. 4. Lehrgegenstände u ihre Behandlung. 5. Unterrichtsfähigkeit religiöse u moralische Beschaffenheit des Lehrkörpers [...]. 8. Einkünfte der Lehrer gegenwärtiger Stand der Flüssigkeit derselben, u Möglichkeit, wo sie nicht hinreichen, sie zu heben. 9. Schulgebäude ihre Beschaffenheit u Ausmittlung der Verpflichteten, die sie im Stande erhalten sollen. [...][290]

Fragen hinsichtlich der Wetterverhältnisse, des Bildungsgrads und der Infrastruktur haben bei Stifter Priorität. Die Begründung lautet: „[...] weil von diesen Dingen mit Einschluß der gewinnenden oder abstoßenden Eigenschaften der Lehrer im Ganzen der Schulbesuch abhängt."[291] Bei seinen Inspektionsreisen legt Stifter Wert darauf,

---

[289] Fischer: Einleitung. In: Documenta paedagogica austriaca, Bd. 1, S. LX.
[290] Stifter: Inspektionsreisen vom September 1850 bis März 1851. In: ders.: Werke und Briefe, Bd. 10,1: Amtliche Schriften zu Schule und Universität, S. 108-139, S. 111.
[291] Ebd, S. 110f.

nicht nur den Schulbezirksaufseher, sondern auch den Bezirkshauptmann[292] zu besuchen und sich mit diesem über die Schulangelegenheiten zu besprechen. Folgendes Schema macht er sich bei dem Besuch einer Schule zur Regel: Zuerst besucht er den geistlichen Ortsschulaufseher, dessen Aufgabe es ist, den Zustand des Schulhauses und der dazugehörigen Einrichtungen zu überwachen, um von diesem Näheres über die Gegebenheiten der Schule in Erfahrung zu bringen. Stifter betont in seinem Bericht die Notwendigkeit, bei jeder Schule, soweit dies möglich sei, die oben aufgeführten neun Punkte zu überprüfen. Mit dem Direktor oder dem Oberlehrer der Schule bespricht er sich über:

> [...] die in seinen Wirkungskreis einschlagenden Dinge, namentlich über die einheitliche Leitung der Schule, über Verwendbarkeit seines Lehrkörpers, über die Methode, nach welcher die Gegenstände beigebracht würden, u über die sittliche Haltung, der Lehrer u Schüler.[293]

Auch Bürgermeister, Gemeinderäte[294] und den weltlichen Ortsschulaufseher bezieht er in das Gespräch mit ein. Er setzt es sich zum

---

[292] Im Jahr 1850 werden Bezirkshauptmannschaften als allgemeine Verwaltungsbehörde in allen Kronländern eingerichtet. Es gibt keine gewählten, sondern nur beamtete Organe. Der oberste Beamte ist der Bezirkshauptmann, welcher von der Landesregierung ernannt wird.
[293] Stifter: Inspektionsreisen vom September 1850 bis März 1851. In: ders.: Werke und Briefe, Bd. 10,1: Amtliche Schriften zu Schule und Universität, S. 108-139, S. 112.
[294] Was die Gemeindebehörden betrifft, ist Stifter auf diese nicht gut zu sprechen. So macht er in dem ersten Inspektionsbericht seinem Ärger Luft: „Von Gemeindebehörden habe ich mehr unerfreuliche als erfreuliche Resultate erfahren. Gewöhnlich mischen sie sich anmaßend u verlangend in die Schulsachen, verschaffen sich hiebei keine Einsicht in die Sachlage, bringen beliebige, [...] unwahre Gründe vor, oder begehren [...], daß man ihnen willfahre, u haben

Ziel, „das Interesse der Schule u Erziehung bei der Bevölkerung durch Unterredungen u Belehrungen zu erhöhen"[295].

Für den Besuch in der Klasse hat Stifter sich ebenfalls einen Plan zurechtgelegt. Er macht „den Anfang mit der lezten Klasse, aus welcher die Mehrzahl der Schüler in das Leben u zu ihren Berufsgeschäften hinaustretten"[296]. Folgenden Grund gibt er an:

> Ich wollte mir nehmlich eine Einsicht in das Resultat verschaffen, das in der fraglichen Schule durchschnittlich erreicht würde. Darum widmete ich dieser Klasse auch vorerst die größte Aufmerksamkeit, u ging von ihr in die niederen Klassen über.[297]

Die Grundprinzipien seiner Philosophie des „sanften Gesetzes" weiß er auf den Unterricht der Volksschulklassen zu projizieren. Das „sanfte Gesetz" beinhaltet die Zielsetzung, Kleines und Einfaches gegen die Größe aufsehenerregender Ereignisse hervorzuheben. Nach diesem Prinzip ist seine Vorstellung eines idealen Bildungsganges aufgebaut. Er geht von folgender Überzeugung aus:

> [...] daß die Elemente der Bildung, wo überhaupt Bildung, sei sie groß oder klein, eintreten soll, nirgends fehlen dürfen, widmete ich diesen Elementen immer die erste Sorgfalt, u suchte dahin zu wirken, daß man diese Elemente gut beibringe, u nicht mit Vernachlässigung derselben zu höheren Gegenständen übergehe, die dann in der Luft

---

fast ohne Ausnahme [...] eigennützige auf Geld sich beziehende [Beweggründe]. Vorzüglich verweigernd sind sie, wenn sie für die Schule [...] auch nur die kleinste Auslage machen sollen. Ebd., S. 116f.

[295] Ebd., S. 112.
[296] Ebd.
[297] Ebd.

schweben, u ohne Unterbau u Übereinstimmung eher schädlich als nützlich wirken.[298]

Die Textstelle zeigt die prägende Erfahrung der Revolution und deren Einfluss auf Stifters pädagogische Gesinnung. Das „sanfte Gesetz" dient als Leitfaden für einen Unterricht, der zu Mäßigung und verantwortungsbewusstem Handeln führen soll. Die oben genannten „Elemente der Bildung" dienen dem auf diesen Grundlagen aufgebauten Unterricht. Zu den Bildungselementen zählt Stifter nicht nur flüssiges Lesen, sondern auch Verstehen des Gelesenen, leserliches Schreiben und die Fähigkeit, Gedanken ohne gravierende Fehler darlegen zu können. Daneben ist das „richtige und feste Rechnen"[299] ein Anliegen Stifters. Er betrachtet es als „schädlich"[300], zugunsten höherer Fächer wie Geographie, Naturlehre oder Geschichte diese grundlegenden Disziplinen zu vernachlässigen.

In diesem Inspektionsbericht merkt man Stifter das bessere Verständnis des Volksschulwesens an. Inzwischen hat er sich einen Überblick verschaffen können und weiß, wo Mängel bestehen. Es geht ihm nicht nur darum, die Lage der Schulen zu überprüfen und primäre Möglichkeiten der Abhilfe zu unterbreiten, sondern er macht sich auch Gedanken über die Ursache der Missstände. Eigene pädagogische Überlegungen fließen in seine Schilderungen mit ein. Die Emotionalität der Texte Stifters fällt auf; eine in der Behördensprache unübliche Ausdrucksweise prägt seine Inspektionsberichte. Seine Beschreibungen über die missliche Lage der Lehrer, mangelhafte Schulbauten und die dürftige Ausstattung der Klassenzimmer prägen sich ein. Anhand seiner formulierten Anliegen bezeichnet

---

[298] Ebd., S. 112f.
[299] Ebd., S. 113.
[300] Ebd.

Leitner ihn als „Kinder-Anwalt"[301]: „Die Akten über Schulwege, Erreichbarkeit von Schulen, Auflassung bestehender oder Gründung neuer Schulen sind von einem Hauch der Sprache eines Kinder-Anwalts durchzogen."[302] Warum er allerdings vor manchen Missständen, besonders vor der Kinderarbeit in Fabriken, die Augen verschließt, wird noch besprochen werden.[303]

Mit der Zeit nehmen die Inspektionsreisen ab. Die Anzahl der Schulen wächst von Jahr zu Jahr, und deren gründliche Kontrolle kann eine verantwortliche Person alleine nicht mehr gewährleisten. Im Jahre 1865, zum Zeitpunkt von Stifters Pensionierung, gibt es in Oberösterreich 467 Volksschulen. Dazu kommen über 100 Volksschulen des angeschlossenen Herzogtums Salzburg, die ebenfalls zu bereisen sind.

---

[301] Leitner: Spuren des Lernens, S. 60.
[302] Ebd.
[303] Siehe: Kapitel 3.7: „Mängel im Schulbetrieb".

3.4 Aufbau und Gründung der Linzer Realschule (1850/51)

Stifters Berufung zum Schulrat ist nicht unumstritten. Es ist als Zugeständnis an die Revolution zu werten, dass ein dreiundvierzigjähriger Schriftsteller ohne Studienabschluss zum Schulrat und damit zu einem höheren Beamten ernannt wird. Das Amt verdankt er seinem Protektor Alois Fischer, dem liberalen Statthalter von Oberösterreich.[304]

Adalbert Stifter ist ein ehrgeiziger Schulinspektor, der es sich zur Aufgabe gemacht hat, die Verwaltung und damit das Schulwesen seines Amtsbezirkes zu erneuern. Seine reformerischen Tätigkeiten beinhalten neben den Dienstreisen und deren Auswertung seit dem Jahre 1851 auch die Vorarbeiten zum Aufbau der Realschule in Linz. Abgesehen von der Aufsicht über die Volksschulen muss er sich um ein weiteres Aufgabenfeld kümmern. Im Mai 1850 legt Stifter seinen Plan zur Gründung einer Realschule dem Statthalter vor. Dieser „Entwurf der Organisation einer vollständigen Realschule zu Linz für Oestereich ob der Enns" umfasst 81 Folioseiten. Der Reorganisationsplan des Unterrichtsministeriums sieht für die Realschule einen zweifachen Auftrag vor. Die neue Schulart soll sowohl auf ein tech-

---

[304] „Stifter schien ihm hiefür der geeignete Mann zu sein, und daher berief er ihn in das Schulamt." Domandl: Adalbert Stifters Lesebuch, S. 88. „Der oberösterreichische Statthalter Alois Fischer und sein Volksschulinspektor Adalbert Stifter verdanken ihr öffentliches Amt dem Umstand, dass sie als kaisertreue, gemäßigte Liberale dem Hof und der damaligen Regierung in der ersten Phase der Revolution als geeignet erschienen, das revolutionäre Feuer in Schach zu halten." Schoenborn: Adalbert Stifter, S. 367.

nisches Hochschulstudium vorbereiten als auch dem Gewerbe Nachwuchs mit fachlichem Verständnis zuführen.[305]
Stifter beklagt die „betrübende Thatsache", dass „das Land im Allgemeinen das Bedürfniß der Schulbildung nicht fühlt"[306]. Diese Feststellung zeigt seine Enttäuschung über den Ausgang einer Abstimmung, ob die Realschule auf Gemeindekosten gegründet werden solle oder nicht. Von 397 Gemeinden, so die Aussage Stifters, hätten sich lediglich 13 unbedingt dafür erklärt, 57 seien dagegen gewesen, 296 hätten gar keine Antwort abgegeben.[307] Für Stifter ist es eine „Tatsache", dass die „Realschule für das Kronland Österreich ob der Enns ein Bedürfniß sei"[308] – als Grund nennt er den Eintritt von 126 neuen Schülern in die Unterrealschule, „eine Zahl, die alle bisher dagewesenen weit übersteigt"[309].
Die Fertigstellung seiner unter dem Eindruck der 48er-Revolution entstandenen Erzählsammlung *Bunte Steine* stellt er hintan. Die

---

[305] Die Anfänge der Realschule reichen bis in das 18. Jahrhundert zurück. 1847 wird die erste „ökonomisch-mathematische" Realschule von Johann Julius Hecker in Berlin gegründet. Die Ideen zur Begründung dieser Schulform sind im 18. Jahrhundert noch eng mit den merkantilistischen Auffassungen des ausgehenden Absolutismus verknüpft. Erst im 19. Jahrhundert werden sie entsprechend den Vorstellungen des sich entwickelnden Standes des Bürgertums umgewandelt. 1832 findet die Realschule zwischen dem humanistischen Gymnasium und der Elementarschule (Volksschule) mit der Vergabe von Berechtigungen für mittlere Laufbahnen ihre staatliche Anerkennung. Siehe: Horst Wollenweber: Die Realschule in Geschichte und Gegenwart, Köln/Weimar/Wien 1997 (Studien und Dokumentationen zur deutschen Bildungsgeschichte 66), S. 9 und Wörterbuch: Realschule, S. 1. In: Digitale Bibliothek Band 65: dtv-Wörterbuch Pädagogik, S. 1750 (vgl. WB Päd., S. 451).
[306] Stifter: Inspektionsreisen vom September 1850 bis März 1851. In: ders.: Werke und Briefe, Bd. 10,1: Amtliche Schriften zu Schule und Universität, S. 108-139, S. 115.
[307] Ebd., S. 116.
[308] Ebd.
[309] Ebd.

morgendlichen Mußestunden, bisher der Dichtung gewidmet, stehen im Dienste der neuen Realschule. Für sämtliche Vorbereitungsarbeiten trägt Stifter die Verantwortung. Die Statthalterei überantwortet ihm nicht allein die Erstellung von Instrumenten- und Lehrmittelsammlungen, sondern auch die Ausarbeitung der Lehrpläne.[310] Zudem sitzt er einem Auswahlgremium vor, dessen Aufgabe es ist, geeignete Lehrer für die neue Schule auszuwählen. Die Eignung muss mangels einer geregelten Ausbildung für Realschullehrer teilweise durch praxisbezogene Arbeiten belegt werden, was einen erhöhten Arbeitsaufwand mit sich bringt. Bei dieser Gelegenheit stößt er zum ersten Mal auf die Problematik der Lehrerbildung, die ihn lange Zeit danach beschäftigen wird. Im selben Jahr macht Stifter in einer amtlichen Eingabe auf den Bedarf eines eigenen Lehrkörpers für die Ausbildung der künftigen Realschullehrer aufmerksam. Bisher ist dies Aufgabe der nicht eigens dafür ausgebildeten Normalhauptschullehrer[311] gewesen.

Am 3. Dezember 1851 finden die Einweihungsfeierlichkeiten für die neugegründete Anstalt in Linz statt. Fünf Jahre nach Einweihung der Realschule wird Stifter deren Inspektion per Ministerialerlass entzogen. Die Affäre um den Realschuldirektor Josef Zampieri, in die Stifter wegen Befangenheit gegenüber seinem Freund Johann Aprent[312]

---

[310] Jungmair: Linzer Jahre, S. 59.
[311] Als Normalschule (auch Haupt- oder Normalhauptschule) wird die auf Trivial- bzw. Volksschulen folgende Schulstufe bezeichnet.
[312] Johannes Aprent (1823-1893) tritt 1851 mit einem Lehrauftrag in die neugegründete Linzer Realschule ein. Dort lernt er Stifter kennen und bald entwickelt sich eine Freundschaft zwischen beiden: „Seine pädagogischen Neigungen und Grundsätze gingen mit denen Stifters parallel und so fühlte sich Stifter von Aprent verstanden, würdigte ihn seiner Freundschaft, gewährte ihm das brüderliche ‚Du' und ersah ihn sich zum Biographen aus [...]." Moriz Enzinger: Einleitung. In: Johann Aprent: Adalbert Stifter, S. 7-22, S. 17.

mithineingezogen worden ist, mögen der ausschlaggebende Grund gewesen sein. Stifter selbst wird keine Begründung gegeben. Für ihn bedeutet dieser Amtsentzug eine herbe Zurückweisung. In der Präsidial-Erinnerung vom 30. September 1856 an die kaiserlich-königliche Statthalterei in Linz heißt es dazu wie folgt:

> Zufolge Erlasses vom 24. d. M. [...] hat der Herr Minister für Kultus und Unterricht sich bewogen gefunden, den hierländischen k.k. Volksschuleninspektor und Schulrat Herrn Adalbert S t i f t e r der Inspektion der Linzer k.k. Realschule zu entheben und dieselbe dem k.k. oberösterr. und salzburgischen Gymnasial- und salzburgischen Volksschuleninspektor Johann K u r z in Salzburg zu übertragen.
> Hievon setze ich die k.k. Statthalterei in die erforderliche Kenntnis.[313]

Stifter kann sich den Verlust der Inspektion für Realschulen nicht erklären. Er muss Vermutungen anstellen, um sich die Amtsenthebung begreiflich zu machen:

> Erstens hat mir der Minister die Inspection der hiesigen Oberrealschule abgenommen, ohne einen Grund anzugeben. Es waren Zerwürfnisse zwischen Direction und Lehrkörper, und wahrscheinlich glaubt er, daß ich hiebei etwas verschuldet habe. Mein Ehrgefühl ist durch dieses Verfahren sehr tief verletzt worden. Eine Anfrage an die hiesige Statthalterei ist nicht ergangen; hier habe ich

---

[313] Präsidial-Erinnerung. An die kaiserlich-königliche Statthalterei in Linz: Linz, 30. September 1856. In: Schulakten, S. 253.

die vollste Anerkennung gefunden. An Gehalt verliere ich nichts, an Arbeit habe ich die Hälfte weniger.[314]

Obwohl er der Unterstützung sowohl der Linzer Schulbehörde als auch der Statthalterei sicher sein kann, fühlt er sich öffentlich bloßgestellt. In einem Brief an Heckenast merkt man ihm die Ehrverletzung an:

> Fünf Jahre habe ich ohne Entgelt für die Realschule nach besten Kräften gesorgt, (mein nächster Chef unser Statthalter[315] hat es sehr warm anerkannt) und im 6ten wird mir die Inspection abgenommen. Weniger die persönliche Kränkung als vielmehr der Gedanke, daß man so schnell und leichthin in der wichtigen Sache des Unterrichtes verfährt ist tief in meine Seele gedrungen. [...] Alle diese Dinge trübten mir Geist und Herz.[316]

Stifters Motivation lässt nach. Die Arbeit wird zur Last, seine idealen pädagogischen Vorstellungen scheitern an einem Behördendenken, das diese Konzepte nicht weiter umsetzen will.

---

[314] Stifter: Brief an Gustav Heckenast: Linz, 20. Oktober 1856. In: ders.: Sämmtliche Werke, Bd. XVIII: Briefwechsel. 2. Band, S. 336f.
[315] Hiermit ist der Stifter gegenüber wohlgesonnene Eduard Freiherr von Bach gemeint.
[316] Stifter: Brief an Gustav Heckenast: Linz, 22. Dezember 1856. In: ders.: Sämmtliche Werke, Bd. XVIII: Briefwechsel. 2. Band, S. 348f.

3.5 Ausbildung und Lebensstandard der Volksschullehrer

Theodor Heuss schreibt in seiner Monographie über die Revolution von 1848:

> [...] die Volksschullehrerschaft stand erst im Beginn ihrer beruflichen Organisation und geistigen Emanzipation. Der Stand war noch gedrückt und im früheren Kampf um die eigene und fremde Achtung. Aber gerade die Bewegung von 1848 gab ihm, wenn auch selbst die bescheidene Zielsetzung der Grundrechte einstweilen nichts anderes blieb als Prophetie, die stärksten seelischen Impulse.[317]

Stifter, ein „enthusiastischer Pädagoge mit vernünftigen Reformvorstellungen"[318] kritisiert, dass die Gesellschaft den Wert der Schulen so wenig anerkennt. „Den geistigen Nutzen der Schule als Wachsen u Emporblühen menschlicher Bildung sehen die Meisten gar nicht ein u werden ihn noch recht lange nicht einsehen"[319], schreibt Stifter im Jahre 1851. Besonders missfallen ihm die Unterrichtsmethoden, extrem überfüllte Klassenräume und die finanzielle Situation der Lehrer[320]. Während der Inspektionsreisen im ersten Amtsjahr setzt Stifter sich mit der Misere auseinander. In dem Gutachten spiegelt sich seine Hilflosigkeit wider:

---

[317] Heuss: Die gescheiterte Revolution, S. 157.
[318] Just: Der Waldgänger. In: Die Zeit 24 (9. Juni 2005), S. 74.
[319] Stifter: Inspektionsreisen vom September 1850 bis März 1851. In: ders.: Werke und Briefe, Bd. 10,1: Amtliche Schriften zu Schule und Universität, S. 108-139, S. 115.
[320] Ein Volksschullehrer verdient 150 Gulden pro Jahr.

> Unsere Schulmänner haben muthig gelitten, aber mit dem Steigen der Preise steigt die Rathlosigkeit. Ich berichte dies, weil mir wirklich betrübende streng erwiesene Fälle vor die Augen gekommen sind. Es sind neben meinem Arbeitstische bittere Thränen vergossen worden, u mancher Mann, wenn er seine Noth klagte, ist in eigentliches Schluchzen ausgebrochen. Und ich konnte nicht helfen![321]

Manche Volksschullehrer übernehmen den Messnerdienst in der Gemeinde, da das Lehrergehalt zur Deckung des Lebensbedarfs nicht ausreicht. Dies „thut allerdings der Schule Abbruch"[322], so Stifters Feststellung. Da der Messnerdienst eine „hervorragende Einnahmequelle" sei, fällt ihm auch nur ein, „die nicht dringlichen Kirchfunctionen in Stunden [zu] verleg[en] [...], die nicht Schulstunden sind, u daß der Lehrer zu den dringlichen Funktionen, die eben in die Schulzeit fallen, einen Vertreter habe"[323]. Auch als Gemeindeschreiber verdienten sich einige Lehrer ein Zubrot, und sogar „das Aufspielen zum Tanze"[324] sei in früherer Zeit vorgekommen – doch sei „bisher kein Fall bekannt geworden"[325]. Stifters Empathie für den Lehrerstand mag aus den eigenen Erfahrungen als Hauslehrer herrühren: „In Wien erfährt er die Bitterkeit des geringen sozialen Standes und der gesellschaftlichen Ratlosigkeit."[326]

---

[321] Stifter: Inspektionsreisen vom September 1850 bis März 1851. In: ders.: Werke und Briefe, Bd. 10,1: Amtliche Schriften zu Schule und Universität, S. 108-139, S. 126.
[322] Ebd., S. 120.
[323] Ebd.
[324] Ebd., S. 121.
[325] Ebd.
[326] Fischer: Vorwort. In: Adalbert Stifters Leben und Werk, S. 13.

Stifter ruft zur Bekämpfung der weitverbreiteten Armut unter Landschullehrern auf und fordert die Abschaffung des Schulgelds sowie eine staatliche Besoldung. Diese „revolutionäre Forderung"[327] zeigt „Stifters unerschütterte Überzeugung von der Notwendigkeit einer umfassenden und tiefgreifenden Volksbildung, damit aber auch sein Gegensatz zu restaurativen, insbesondere klerikalen Kreisen [...]"[328]. Ähnlich wie er es in seinem Aufsatz *Über Stand und Würde des Schriftstellers* fordert, setzt er sich in verschiedenen pädagogischen Schriften für die Anerkennung des Lehrerberufs ein. Er erkennt die prekäre Lage, in der sich ein Großteil der Lehrer befindet, und beschreibt diesen Notstand mit großer Anteilnahme:

> Ich kann hier nicht unterdrüken, auszusprechen, wie wehe mir das Herz tut, wenn die Lehrer vom Lande mit ihren fadenscheinigen Röken u den blassen abgekümmerten Zügen zu mir hereinkommen, die deutlicher ihren Nothstand aussprechen, als es Klagen im Stande wären [...]. Wenn ich dagegenhalte den feinen Rok unseres Bauers (den kleinsten) seinen neuen Hut sein glänzendes Angesicht, so ist der Abstand ein wahrhaft tief schmerzlicher. Und doch ist der arme Mann derjenige, der die Kinder des Bauers erziehen sie erst zu Menschen machen hilft.[329]

Stifter hebt die Diskrepanz zwischen Lehrerberuf und Dorfbevölkerung hervor. Gaben von reicheren Bauern im Dorf an die Lehrer führen zu einem bedrückenden Abhänglgkeitsverhältnis:

---

[327] Ebd.
[328] Ders.: Einleitung. In: Documenta paedagogica austriaca, Bd. 1, S. LXXXVIII.
[329] Stifter: Inspektionsreisen vom September 1850 bis März 1851. In: ders.: Werke und Briefe, Bd. 10,1: Amtliche Schriften zu Schule und Universität, S. 108-139, S. 121.

> Es ist beschämend zu sehen, wie mancher Schulmann sich winden muß, um gewisse Kinder vortheilhaft erscheinen zu lassen, damit das Geschenk nicht entgehe. <u>Und doch wohnt bei unseren Lehrern troz dieser Umstände noch mehr Gerechtigkeit u Selbstständigkeit des Karakters als man erwarten durfte.</u>[330]

Die Stellung des Lehrers soll gewürdigt werden, da sich eine „auf Bettel angewiesene Stellung"[331] auf das Ansehen von Schule und Bildung auswirken muss. Dies sei

> eine der Hauptursachen [...], daß das Volk an der Schule so wenig Antheil nimmt, ja sie verachtet, weil im Volke ein Bettler das Unterste ist, sowie ein vermöglicher selbständiger Mann etwas sehr Geachtetes, u daß daher die Mißachtung des Bettlers auf alles mit ihm in Verbindung stehende übergeht, also auch auf die Schule [...].[332]

Die Aufgabe der Schule und des Lehrers wird auf dem Land zwar nicht entsprechend gewürdigt; dennoch hängt am Beruf des Lehrers die Bildung des Volkes:

> Daher ist kein Stand schwieriger, keiner wichtiger, als der des Lehrers. <u>Nur weise, einfache, würdige [...] Männer sollten diese Stelle bekleiden, und der Staat und die ganze menschliche Gesellschaft sollten mit Eifer dafür sorgen, daß solche Männer entstehen, daß sie sich mit Liebe zu dem Fache wenden und mit Ehren und Auskommen dabei bestehen können.</u> Wenn wir bis jetzt solche Männer nicht haben, so liegt die Schuld [...] an uns: ‚<u>Wie

---

[330] Ebd., S. 122.
[331] Ebd., S. 123.
[332] Ebd.

> kann ein Volk, das sich selber ehrt und Kenntniß und Sittlichkeit als ein Gut ansieht, die [...] Erzieher seiner Kinder in einer Lage lassen, wo sie mit Hunger kämpfen und [...] ein Gefühl des Bedauerns und des Mitleides einflößen. Man muß einen schlechten Begriff von dem Volke selber bekommen, das [...] dem Uebel [nicht] abhilft, man muß es für unwissend, für roh und wenig sittlich erkennen [...].[333]

Stifter erhofft sich durch seinen Vorschlag einer Aufwertung des Lehrergehalts einen Zustrom von „besseren Talenten"[334]. Doch es geht ihm nicht allein um die materielle Besserstellung der Lehrer – aus den Amtsakten wird ersichtlich, dass er ebenfalls das Umfeld des Lehrers berücksichtigt. So setzt er sich für die Einstellung des Lehrers mit der längeren Dienstzeit ein:

> Da aber der Lehrzwek nicht erreicht werden kann, wenn der Lehrer wegen öfteren Fehlbitten um Beförderung traurig, gekränkt, u zur Pflichterfüllung ungeneigt ist, da ferner für lange Dienstleistung auch eine Belohnung mittelst Vorrükung zu beanspruchen erscheint: so ist nicht nur bei gleicher Lehrfähigkeit die längere Dienstzeit zu bevorzugen, sondern auch bei nicht zu sehr verschiedener Lehrfähigkeit.[335]

Außerdem schätzt er bei Lehrern eine „durchgängig [...] liebevolle

---

[333] Ders.: Nutzen der Landschule. In: ders.: Werke und Briefe, Bd. 8,2: Schriften zu Politik und Bildung, S. 156-159, S. 157.
[334] Stifter: Äußerung des Schulrats Stifter zu Zl. 949/1853, den Präparandenunterricht in Linz betreffend. In: Schulakten, S. 61-68, S. 63.
[335] Stifter: Besetzung des Schul- und Meßnerdienstes zu Pucking. In: ders.: Werke und Briefe, Bd. 10,1: Amtliche Schriften zu Schule und Universität, S. 92-94, S. 92.

Behandlung der Kinder"[336]. Die Vorstellungen Adalbert Stifters von einem guten Lehrer, die ihn in seinen Inspektionstätigkeiten leiten, können in seinen literarischen Figuren wiederentdeckt werden.[337] Dies wird sich in dem Kapitel über Stifters Roman *Der Nachsommer* zeigen.

Im Jahre 1852 arbeitet Stifter einen Plan zur Umgestaltung des Präparandenunterrichts aus. Der Kurs für die Lehramtskandidaten ist vorwiegend in zwei beziehungsweise vier Klassen unterteilt. In den meisten Fällen ist der Kurs den Normalhauptschulen unterstellt. Ein Schlagwort, das bei Stifter in Bezug auf die Ausbildung der Präparanden immer wieder auftaucht, ist die „formale Bildung"[338]. Stifter kritisiert den „Mangel an formaler Bildung" in den von ihm besuchten Schulen:

> Nicht nur bei den Besuchen der Präparanden Schule sondern auch bei den Prüfungen [...] zeigte sich als hervorragendstes Gebrechen der Mangel an formaler Bildung. [...] [I]hre geistige Unbehol-

---

[336] Ebd., S. 93.
[337] Schacherreiter: Adalbert Stifter und die Pädagogik. In: Kein Wesen wird so hülflos geboren, S. 11.
[338] Formale Bildung im traditionellen Sinne ist Kräftebildung, Verstandesbildung, Denkschulung. Als gebildet gilt, wer vom Standpunkt der funktionalen Bildung aus die in ihm angelegten und/oder erworbenen körperlichen, seelischen und geistigen Dispositionen entfaltet hat oder im Sinne der methodischen Bildung über instrumentelle Fertigkeiten und methodische Fähigkeiten für lebenslanges Lernen verfügt. Die Ausprägungen der formalen Bildung unterscheiden sich von der materialen Bildung und der kategorialen Bildung. In: Digitale Bibliothek Band 65: dtv-Wörterbuch Pädagogik, S. 858 (vgl. WB Päd., S. 215).

fenheit u die Unfähigkeit, ihren Verstand auf vorkommende Dinge anzuwenden (oft bei den leichtesten Übergängen) fiel sehr stark auf.[339]

Bedeutender als „formale Bildung" ist für Stifter „die Erziehung zu einem religiösen sittlichen u anständigem Karakter"[340]. Ihm fällt negativ auf, dass die Präparanden großteils „von armen Eltern her[stammen]" – das bedeutet, die Lehramtsanwärter müssen „billige Wohnungen in entlegneren Stadttheilen beziehen, u eignen sich dort, ohne die Unbildung ihres Geburtsortes abzulegen, leicht die üblen Sitten jener Stadttheile an"[341]. Hier soll Abhilfe geschaffen werden:

> Der hiesige [...] Schulenoberaufseher u der Gefertigte [Stifter selbst, Anm.] sind im Begriffe, die Mittel aufzubringen, um ein Haus u einen Garten zu miethen, u den Präparanden darin unter leichteren Bedingungen, als ihnen jezt gegeben sind, Unterkunft zu geben. Sie würden da unter der unmittelbaren Aufsicht des Directors der Normalschule stehen, dem eine Wohnung in dem Hause angebothen würde.[342]

Die „politische Schulverfassung" von 1805, die bis zur Errichtung eines „Ministeriums des öffentlichen Unterrichts" im Jahre 1848[343] volle Gültigkeit hat, sieht lediglich einen drei Monate umfassenden Kurs zur Ausbildung der Volksschullehrer vor. Erst nach 1848 kann

---

[339] Stifter: Umgestaltung des Präparanden-Unterrichtes nach Abtrennung der Unterrealschule von der Normal-Hauptschule in Linz. In: ders.: Werke und Briefe, Bd. 10,1: Amtliche Schriften zu Schule und Universität, S. 219-234, S. 224.
[340] Ebd., S. 226.
[341] Ebd.
[342] Ebd.
[343] Ab 1849 „Ministerium für Cultus und Unterricht".

diese unbefriedigende Ausbildungssituation durch längere Lehr- und Lernzeiten zumindest teilweise verbessert werden. Für Hauptschullehrer wird eine Ausbildung von sechs Monaten gefordert, für Elementar- und Volksschullehrer bleibt es bei den vorgesehenen drei Monaten. Erst 1850 wird die Ausbildungszeit für Lehrer auf ein Jahr angehoben, zuvor werden die Präparanden zwei Jahre lang gemeinsam mit den Unterrealschülern unterrichtet. Diese Regelung ruft bei Stifter „größere Bedenken"[344] hervor, da die Schüler den Unterricht der Realschule nicht als „ein Ganzes"[345] durchmachen, sondern nur „einen Theil eines Ganzen bekommen"[346]. Eine Einheit sei nicht vorhanden; nach Stifter dienen die „gewerbliche[n] Zweke"[347] der Realschule nicht dem späteren Lehrerberuf. „Einheit" ist für ihn die Grundlage „menschlicher Dinge":

> Wie sehr Einheit der Lehre, Erziehung u Disciplin den Erfolg sichert, ja allein nur möglich macht, weiß jeder, der mit Erziehung u Unterricht zu thun hat, im Grunde wird jedes menschliche Ding nur durch Einheit des Planes u der Ausführung zu Stande gebracht.[348]

Stifters Ansprüche reichen noch weiter: Er plädiert für die Einrichtung eines

> Schullehrerseminarium[s], [...] in dem die Präparanden nach dem Austrite aus der dritten Klasse der

---

[344] Stifter: Umgestaltung des Präparanden-Unterrichtes nach Abtrennung der Unterrealschule von der Normal-Hauptschule in Linz. In: ders.: Werke und Briefe, Bd. 10,1: Amtliche Schriften zu Schule und Universität, S. 227.
[345] Ebd.
[346] Ebd.
[347] Ebd.
[348] Ebd., S. 230.

> Hauptschule oder nach abgelegter Prüfung darüber die ganze für ihren Stand nothwendige Bildung durch <u>wenigstens vier Jahre</u> erhalten.[349]

Weiter spricht er sich für eine eigene Schulleitung aus, um die Bedeutung der Präparandenschule auch nach außen hin zu demonstrieren:

> In Hinsicht der Einheit dann der Sicherheit zur Erreichung des Zwekes u der Wichtigkeit der Schule (denn auf ihr beruhen alle Schulen des Landes) wäre noch zu wünschen, daß sie unter einem eigenen Lehrkörper u einer eigenen Direction stände.[350]

Den Einwand, „bessere Bildung würde den Aufenthalt auf dem Dorfe unleidlich machen u zu Unzufriedenheit u ihren Folgen Veranlassung geben"[351], lässt Stifter nicht gelten. Priester, so seine Argumentation, „[...] [wohnen] in der Regel mit dem Schullehrer auf demselben Dorfe [...] und doch wird man kaum behaupten können, daß den Priestern ihr geregelter Bildungsgang und ihr Seminariumleben zu Schaden gereiche"[352].

Am 1. Juni 1854 kann Stifter einen Teilsieg erringen. In Linz wird ein Präparandenhaus eröffnet, in dem die Lehramtsanwärter zwar wohnen können, gleichzeitig aber immer noch der Kontrolle des Direktors der Normalhauptschule unterstehen.

Sein Engagement lässt nicht nach. Erst drei Jahre vor seiner Pensionierung stellt Stifter den fortschrittlichen Antrag auf Einführung von Turnunterricht in der Linzer Lehrerbildungsanstalt. Obwohl der

---
[349] Ebd., S. 226f.
[350] Ebd., S. 227.
[351] Ebd.
[352] Ebd.

Turnlehrer des Linzer Turnvereins ohne Entgelt zu unterrichten bereit gewesen wäre, lehnt das bischöfliche Konsistorium Stifters Ansinnen ab.[353] Die Begründung lautet, der Lehrstoff sei umfangreich genug und das Turnen könne die Hausdisziplin gefährden. Stifters moderner Ansatz nach Vorbild eines „Turnvater Jahn"[354] kommt damit nicht zur Ausführung.

An Stifters Einsatz für die Einführung des Turnunterrichts lässt sich dessen liberale und fortschrittliche Denkweise belegen. Für Heinrich im *Nachsommer* ist körperliche Betätigung eine Pflicht: „Ich mußte meine körperlichen Übungen fortsezen. Schon als sehr kleine Kinder mussten wir so viele körperliche Bewegungen machen, als nur möglich war." (4,1, 21) Er geht diesen „Leibesbewegungen" in einer „Anstalt" (4,1, 21) nach. Für die Schwester Klothilde lässt der Vater „so viele Vorrichtungen machen, als er und unser Hausarzt, der ein Begünstigter dieser Dinge war, für nothwendig erachteten". (4,1, 21) Stifters Interesse als Schulrat gilt nur den männlichen Lehrern – die Förderung von Lehrerinnen lehnt er ab. Die Einstellung Stifters geht aus seinem Gutachten „über die Notwendigkeit der Errichtung einer

---

[353] Jungmair: Linzer Jahre, S. 201.
[354] Der Berliner Gymnasiallehrer Friedrich Ludwig Jahn (Turnvater Jahn, 1778-1852) ist der Vorkämpfer einer nationalen Erziehung, die er besonders im Rahmen des Turnens fördert. 1811 lässt er einen Turnplatz errichten. Er wird später wegen seines Einsatzes für die deutsche Einheit als Demagoge verfolgt und 1848 in die Nationalversammlung gewählt. Sein Werk „Die deutsche Turnkunst" erscheint 1816. Hierzu ein amüsanter Nachsatz von Arnold Stadler: „Während er seinen Helden wie Heinrich im ‚Nachsommer' ein Ertüchtigungsprogramm verordnet, als hinge Stifter dem alten Irrglauben *mens sana in corpore sano* an, mußte der unglaublich fleißige, in ganz verschiedenen Bereichen […] produktive Stifter immer wieder seine Arbeit seiner Freßlust zuliebe unterbrechen, als wäre er ein Triebtier." Arnold Stadler: Ich gebe den Schmerz nicht her. Von einem, der zeitlebens hungerte und darüber immer dicker wurde: Über Adalbert Stifter und vier Fotografien aus einem glücklosen Leben. In: Frankfurter Allgemeine Zeitung 48 (26. Februar 2005), S. 46.

Lehranstalt zu Bildung von Lehrerinnen" hervor. Hierin gibt er im Rahmen seiner „langjährigen Erfahrung"[355] kund, dass „in Mädchenschulen Lehrer bei Weitem ersprießlichere Dienste thun, als Lehrerinnen, während allerdings die häusliche u moralische Erziehung von Mädchen besser in die Hände von Frauen gegeben wird"[356]. Stifter spricht sich gegen die Lehranstalt aus: „Es sind [...] für öffentliche Schulen keine Laienlehramtscandidatinen nothwendig."[357] Eine Begründung für seine Einstellung gibt weder Stifter selbst ab noch wird diese von ihm eingefordert. Der österreichische Statthaltereirat Johann von Fritsch[358], der Einblick in die Akten nimmt, teilt Stifters Meinung: „Uebrigens werden dieselben [die Lehramtskandidatinnen, Anm.] vielmehr für den Zweck der Erziehung denn für den Unterricht aufgenommen, u ihre Zöglinge erhalten den Unterricht meistens von Lehrern."[359] Versöhnlicher klingt dagegen die Schlussbemerkung Stifters, in der er das vorher Gesagte teilweise wieder rückgängig zu machen sucht:

> [...] so glaubt er [Stifter selbst, Anm.] doch dem etwa vereinzelt sich vorfindenden Wunsche von weiblichen Individuen, sich Lehrfähigkeiten zu erwerben, nicht geradezu entgegen treten zu müs-

---

[355] Stifter: Ausbildung von MädchenlehrerInnen bei den Ursulinerinnen in Linz. In: ders.: Werke und Briefe, Bd. 10,1: Amtliche Schriften zu Schule und Universität, S. 102-103, S. 102.
[356] Ebd.
[357] Ebd.
[358] Johann Nepomuk Ritter von Fritsch (1791-1872) steigt 1854 zum Statthaltereirat in Linz auf und ist für die Angelegenheiten des Unterrichts-Referats verantwortlich. Die Zusammenarbeit mit Stifter führt zu einem engeren Kontakt auch nach der Pensionierung Fritschs.
[359] Handschriftliche Handbemerkung. Linz, 4. Februar 1851. In: Documenta paedagogica austriaca, Bd. 1, S. 10.

> sen, sondern glaubt folgenden Mittelweg vorschlagen zu sollen: da für Bildung von Lehrerinen in dem Kloster der Urselinerinen allhier eine Anstalt besteht, so erweitere man dieselbe dahin, daß <u>ohne besondere Einrichtungen</u> auch Laiinen in Zukunft sofort an dem Unterrichte theilnehmen dürfen.[360]

Das Projekt ist zum Scheitern verurteilt: Die Landesschulbehörde muss aus Gründen der „Finanzknappheit für Schulzwecke in Oberösterreich"[361] der Einrichtung einer solchen Laienlehranstalt eine Absage erteilen.

Zwar hat Stifter mit seinen Forderungen tatsächlich eine Besserstellung des (männlichen) Lehrstandes und eine Erhöhung der Zahl an Lehramtsstudenten erreicht, doch ein Erlass des Unterrichtsministeriums macht dieses Engagement wieder zunichte. Mit dem Schuljahr 1855/56 dürfen in der Präparandenschule nur noch zwei Klassen ab der vierten Schulstufe unterrichtet werden.

---

[360] Stifter: Ausbildung von Mädchenlehrerinnen bei den Ursulinerinnen in Linz. In: ders.: Werke und Briefe, Bd. 10,1: Amtliche Schriften zu Schule und Universität, S. 102-103, S. 103.
[361] Handschriftliche Randbemerkung. Linz, 4. Februar 1851. In: Documenta paedagogica austriaca, Bd. 1, S. 12.

3.6 Der Begriff der „Sittlichkeit" bei Adalbert Stifter

„Für Grillparzer, Mörike und Stifter war die gewissenhafte künstlerische Durchformung ihrer Dichtungen eine sittliche Verpflichtung", so die Feststellung Sagarras.[362] Wie versteht sich diese „sittliche Verpflichtung" bei Stifter?

Auffallend oft fällt in seinen Schriften der Begriff der „Sittlichkeit". In dem Gesuch um die Bewilligung der Vorträge über Ästhetik aus dem Jahre 1847 definiert Stifter den Begriff folgendermaßen: „Sittlichkeit ist also das der Menschheit Zusagendste, sie ist das immer und allzeit selbst bei unendlicher Wiederholung unbedingt Gefallende, also das erste Merkmal des Schönen."[363] An dieser Stelle sei Georg Wilhelm Friedrich Hegel (1770-1831) und dessen System des absoluten Idealismus als System aus subjektivem und objektivem Idealismus erwähnt. Anders als bei Hegel findet sich bei Stifter keine explizite Trennung von Vernunft und Gefühl. Sittliches Handeln ist bei Stifter per se „gut", auf die einzelnen Beweggründe sittlichen Handelns geht er nicht näher ein. Grundlage von Hegels System ist der dialektische Dreischritt These – Antithese – Synthese. Synthese bedeutet, dass beide Seiten des Widerspruches aufgehoben sind. Diese Synthese kann erst gefunden und auf eine höhere Stufe gehoben werden, wenn Gesetze auf der Vernunft begründet und realisiert worden sind. Dies entspricht bei Hegel der „Sittlichkeit". Die Synthese wird erneut zur These, wenn die „Sittlichkeit" nicht gemäß der Vernunft, sondern gemäß dem Gefühl handelt. Aufgrund dieser „dialektischen Bewegung" entsteht eine neue „Erfahrung":

---

[362] Eda Sagarra: Tradition und Revolution, S. 164.
[363] Stifter: An das Vicedirektorat der philosophischen Studien an der Universität Wien. In: Pädagogische Schriften, S. 8.

> Diese dialektische Bewegung, welche das Bewusstsein an ihm selbst, sowohl an seinem Wissen als an seinem Gegenstande ausübt, insofern ihm der neue wahre Gegenstand daraus entspringt, ist eigentlich dasjenige, was Erfahrung genannt wird.[364]

Sowohl das Verhalten des Lehrers gegenüber seinen Schülern als auch die Unterrichtsabsicht soll sittlichen Ansprüchen genügen. Die Sittlichkeit impliziert objektives und verantwortungsbewusstes Handeln. Hierbei spielt das Verhalten des Lehrers bei seinen Schulvisitationen eine bedeutende Rolle: „Ich gab ihm [dem Lehrer] Gelegenheit, in meiner Gegenwart zu fragen, damit ich seine Methode seine Kenntniße u die Art seiner sittlichen Behandlung der Kinder in Erfahrung bringen könnte."[365]

Stifter erkennt, wie wichtig es für das Lernverhalten der Schüler ist, ein respektvolles Miteinander im Unterricht zu schaffen. Nur ein Lehrer, der den sittlichen Anforderungen entspricht, kann diese Eigenschaften an seine Schüler weitergeben: „Hiezu muß ein Lehrerstand gebildet und ernährt werden, der unterrichtet, edel, gemäßigt und weise ist."[366] Die „Liebe der Kinder zu dem Lehrer" habe oberste

---

[364] Georg Wilhelm Friedrich Hegel: Einleitung zur Phänomenologie des Geistes. Kommentar von Andreas Graeser, Stuttgart 2015, S. 17. Die *Phänomenologie des Geistes* mit dem Untertitel *Über die Bildung des Bewußtseins zur Wissenschaft* gilt als wichtigste Schrift Hegels. Daneben gehört sie auch zu den schwierigsten Werken der Philosophie. Sie ist als eine Einführung in die philosophische Lehre durch die Geschichte der Erkenntnisse des Verstandes angelegt.

[365] Stifter: Inspektionsreisen vom September 1850 bis März 1851. In: ders.: Werke und Briefe, Bd. 10,1: Amtliche Schriften zu Schule und Universität, S. 108-139, S. 114.

[366] Ders.: Mittel gegen den sittlichen Verfall der Völker. In: ders.: Werke und Briefe, Bd. 8,2: Schriften zu Politik und Bildung, S. 111-113, S. 113.

Priorität und fördere dessen Ansehen:

> Ich glaube, den guten Schulbesuch, außer der guten Behandlung der Gegenstände, besonders der Liebe der Kinder zu dem Lehrer u dem Ansehen in welchem der Lehrer bei den Bewohnern steht, zuschreiben zu müßen, und wenn der Raum größer wäre, würden gewiß noch viel mehr Kinder diese Schule besuchen.[367]

Stifter ist seinen Schülern mehr väterlicher Förderer als Erzieher gewesen. Diese Zuneigung beruht auf Gegenseitigkeit. Rutt beschreibt die Ausstrahlung Stifters auf seine Schüler:

> Der Privatlehrer in Wien verwertete mit Erfolg seine vielfachen Kenntnisse der Natur- und Geisteswissenschaften, er gab den Schülern sein Bestes, und wenn sie ihn achteten und bewunderten, galt das gewiß in erster Linie seiner persönlichen Ausstrahlung noch mehr als seinem Wissen. Wie hätte sich auch ein dem Höheren aufgeschlossener Zögling ihm entziehen können, der sein Leben lang sich liebend an den anderen anzuschließen suchte![368]

Stifter fordert bei seinen Schulbesuchen einen respektvollen oder in seinen Worten „sittlichen" Umgang des Lehrers mit seinen Schülern ein. Er beschreibt, wie dankbar die Kinder sein Lob und seine Freundlichkeiten aufnehmen und versteht es, die Schüler zu motivieren und deren Interesse am Unterricht zu wecken, anstatt sie durch Strafen oder stupide Anweisungen zum Lernen zu bewegen:

---

[367] Ders.: Bericht vom 26. 2. 1857 über eine Amtsreise nach St. Florian, Steyr, Garsten und Christkindl. In: ders.: Werke und Briefe, Bd. 10,2: Amtliche Schriften zu Schule und Universität. Teil 2, S. 409-442, S. 429.
[368] Rutt: Adalbert Stifter, der Erzieher, S. 52.

> Von den Kindern belobte ich die, die Genüge leisteten, u richtete am Ende gewöhnlich ein paar aufmunternde u belobende Worte an alle, was meistens einen sehr guten Eindruk machte; denn die Kinder sind für Freundlichkeit u Spendung gerechten Lobes in der Regel sehr empfänglich.[369]

Nicht die herausragende Leistung des einzelnen Schülers steht für Stifter im Vordergrund. Ihm reicht es aus, wenn die ihm anvertrauten Kinder „genüge leisteten", was seinen mehr humanen als leistungsorientierten pädagogischen Ansatz verdeutlicht.

In einem Bericht über eine Schulvisitation aus dem Jahre 1857 hebt er hervor: „In der Religion sowie im religiösen und sittlichen Verhalten sind die Kinder sehr lobenswerth."[370] Erst danach geht er auf die schulischen Leistungen ein: „[...] im Buchstabiren fand ich nur 6 Kinder sehr gut, die übrigen fast mittelmäßig."[371] Schlechte Leistungen nennt er keine. Wichtiger als das Lernen von Allgemeinwissen im Unterricht ist die Charakterbildung des Einzelnen, die in der Jugend einsetzen muss und nicht versäumt werden darf:

> Aber Lesen, Schreiben und Rechnen sind doch nur Mittel, seine Erfahrungen und Einsichten aufzubewahren und geltend zu machen. Was nützt aber Einem sein Lesen, sein Schreiben, sein Rechnen, wenn er keine Erfahrungen und Einsichten hat, die er aufschreiben, keine Dinge, die er ausrechnen,

---

[369] Stifter: Inspektionsreisen vom September 1850 bis März 1851. In: ders.: Werke und Briefe, Bd. 10,1: Amtliche Schriften zu Schule und Universität, S. 108-139, S. 114.
[370] Ders.: Bericht über eine Amtsreise 3.-6.2.1857 nach Neufelden, St. Johann und Oberneukirchen. In: ders.: Werke und Briefe, Bd. 10,3: Amtliche Schriften zu Schule und Universität. Teil 3, S. 46-60, S. 57.
[371] Ebd.

> und keine Urtheilskraft, die er aus dem Buche herauslesen kann. [...] Endlich ist es noch ein Bedürfniß Des Menschen, und zwar das <u>menschlichste</u>, daß er gut gesittet und rechtschaffen sei, daß er nicht ein Opfer seiner Begierden, Neigungen und Leidenschaften werde [...].[372]

Die Persönlichkeit kann sich nur entfalten, wenn der Mensch sich des eigenen sittlichen Benehmens bewusst ist. Nach Einschätzung Engelbrechts weiß Stifter sowohl um den Segen als auch um die Gefahr des Wissens.[373] Während der Revolution hat Stifter erkannt, wohin der zügellose Drang nach Veränderung führen kann. Es ist daher sein Anliegen, mit voranschreitendem Lernprozess die Entwicklung sittlichen Verhaltens und die Persönlichkeit zu fördern:

> Es sollen in dem Staate Schulen in allen Abstufungen sein, wo die Dinge gelehrt werden, die alle Stände bedürfen, von dem einfachsten bis zu dem zusammengesetztesten. In allen Schulen müssen nebstbei auch die Dinge, die den Menschen veredeln und heben, in die Herzen der Kinder gebracht werden.[374]

Die Revolutionserfahrung ist für Stifter so prägend gewesen, dass er nunmehr all seine Erziehungsbestrebungen darauf verwendet, „gesittete" Menschen heranzubilden, die das leidenschaftliche Ausufern einer Revolution ablehnen. 1847 definiert Stifter „Leidenschaft" und betont deren „Heilbarkeit": „Leidenschaft, selbstthätige Ueberordnung des niederen Strebens über das höhere. Sie ist immer

---

[372] Ders.: Die Landschule. In: ders.: Werke und Briefe, Bd. 8,2: Schriften zu Politik und Bildung, S. 148-155, S. 152ff.
[373] Engelbrecht: Geschichte des österreichischen Bildungswesens, S. 51.
[374] Stifter: Mittel gegen den sittlichen Verfall der Völker. In: ders.: Werke und Briefe, Bd. 8,2: Schriften zu Politik und Bildung, S. 111-113, S. 113.

unsittlich [...]. [Doch es besteht die, Anm.] Heilbarkeit derselben."[375] Stifter habe den Mangel an Bildungsanstrengungen erkannt, so der Erklärungsversuch Schacherreiters.[376] Er hat es sich zum Ziel gesetzt, der jungen Generation verantwortungsvolles Handeln beizubringen als notwendigen „Grundpfeiler für ein stabiles gesellschaftliches Gerüst, einen Garanten für eine sich ins Positive entwickelnde Gemeinschaft"[377]. In seinen Aufsätzen über *Die Schule des Lebens*, *Die Schule der Familie* und *Die Landschule* erwähnt er die Bedeutung des Lernens innerhalb der Familie: „Sobald [d]er [Mensch] geboren ist, beginnt das Lernen."[378] Hier könne ebenfalls die Grundlage für eine misslungene Erziehung gelegt werden: „[...] jedem Wunsche, jeder Laune der Kleinen wird nachgegeben, so daß das Kind, oft da es noch in Windeln liegt, schon der Tirann des Hauses ist [...]."[379] Dennoch sorge die „angeborne Liebe"[380] der Eltern zu ihren Kindern dafür, dass diese nicht nur auf das körperliche Wohlbefinden ihres Nach-

---

[375] Ders.: An das Vicedirektorat der philosophischen Studien an der Universität Wien (Beilage zu dem Gesuche um Bewilligung öffentlicher Vorträge über Ästhetik (1847). In: Pädagogische Schriften, S. 5-9, S. 8.
[376] Christian Schacherreiter: Was der k.k. Schulrat Stifter über Bildung und Erziehung sagte. In: Adalbert Stifter, hg. von Herwig Gottwald u.a., S. 54-62, S. 61.
[377] Ingeborg Stahlová: Der Nachsommer – utopischer Traum oder Verallgemeinerungen philosophischer Ideen. In: Adalbert Stifter 2000. „Grenzüberschreitungen". Tschechisch-Österreichisch-Deutsches Adalbert Stifter-Symposion Český Krumlov/Krumau 2000, hg. von Johann Lachinger und Ivan Slavík, Linz 2004 (Jahrbuch des Adalbert Stifter Institutes des Landes Oberösterreich 7/8), S. 47-52, S. 49.
[378] Stifter: Die Schule des Lebens. In: ders.: Werke und Briefe, Bd. 8,2: Schriften zu Politik und Bildung, S. 136-139, S. 139. [Zuerst erschienen in: Der Wiener Bote, 3. August 1849].
[379] Ders.: Die Schule der Familie. In: ders.: Werke und Briefe, Bd. 8,2: Schriften zu Politik und Bildung, S. 140-143, S. 142. [Zuerst erschienen in: Der Wiener Bote, 4. August 1849].
[380] Ebd, S. 140.

wuchses schauten, sondern diesem auf geistiger Ebene das mitgeben, was sie selbst können und wissen. Stifter bezeichnet die Familie als „älteste Schule dieser Art"[381]. Diese idealistische Sichtweise ist auf Stifters Vorstellung von Lehrern und Eltern als Pädagogen zurückzuführen: „Man sieht also, wie heilig, wie wichtig der Stand der Eltern für die sittliche Größe und Schönheit der Menschen, und wie außerordentlich Einfluß nehmend er auf den Staat ist!"[382] Die „Schule im eigentlichen Sinne" hat die Aufgabe, die Versäumnisse und die Unkenntnis der Eltern zu beheben. Die Schüler sollen in der Schule die Gelegenheit erhalten, sich im sittlichen wie im geistigen Sinne zu vervollkommnen: „[...] Unterricht und Erziehung [ist] die einzige menschliche Grundlage des Staates und die einzige Stufe zum Glücke und zur Vollkommenheit des menschlichen Geschlechtes [...]."[383]

---

[381] Ebd.
[382] Ebd., S. 141.
[383] Ders.: Die Landschule. In: ebd., S. 148-155, S. 149.

3.7 Mängel im Schulbetrieb

Als eine „bedeutende und zeitraubende Aufgabe"[384] schätzt Fischer die Mitwirkung des Schulrates Stifter beim Bau von neuen und bei der Instandhaltung der bisherigen Schulen ein. Dies gilt umso mehr, da Stifter „den Räumlichkeiten große Bedeutung"[385] beimisst. Auf seinen Reisen sorgt er für eine Verbesserung der Beschaffenheit von Schulen und Lehrerwohnungen, informiert sich über existierende Mängel, notiert diese sorgsam und gibt die Missstände samt den Änderungsvorschlägen weiter an den Statthalter Freiherr Eduard von Bach.
Stifter muss auf vielen Gebieten Unvollkommenheiten feststellen. Meist sind es die Gemeinden, die im Gegensatz zu den Kirchen ihre Pflichten gegenüber den Schulen vernachlässigen. So wird die Durchsetzung der Schulpflicht äußerst lax gehandhabt. Er erkennt die Kluft zwischen den Ständen:

> Die höheren Stände haben fast ausnahmslos großen Anteil an der Schule, sie sind es auch, welche ihre Kinder noch privatim unterrichten lassen, den Lehrern ihre Achtung und ihren Dank bezeigen und ihnen ihre schwierige Lage erleichtern.[386]

Auch zwischen Stadt und ländlichem Raum besteht ein Unterschied im Schulbesuch: „Wesentlich fleißiger drückten die Bauernkinder auf dem Land – unter dem strengen Blick von Pfarrer und Dorflehrer

---

[384] Fischer: Einleitung. In: Documenta paedagogica austriaca, Bd. 1, S. XCI.
[385] Ebd.
[386] Ebd., S. 22.

– die Schulbank."[387] Im dörflichen Milieu kennt jeder jeden, eine Flucht in die Anonymität ist, anders als in der Stadt, nicht möglich. Auch wird bei Mädchen weniger streng auf den regelmäßigen Schulbesuch geachtet als bei Jungen. In neun von 20 Kronländern liegt der Schulbesuch 1858 unter dem niedrigen Durchschnittswert von 68 Prozent. Eine Erhebung anlässlich einer Musterung von 1865 ergibt, dass in Tirol nur 37 Prozent und in Kärnten sogar nur 20 Prozent aller Wehrpflichtigen lesen und schreiben können. In Preußen sind es 96 Prozent, in Frankreich 71 Prozent.[388] Zu den Wiener Analphabeten im 19. Jahrhundert zählen vor allem Frauen, daneben Handwerker und Tagelöhner.[389] Das unstete Leben und die Arbeit in den Webereien und Seidenmanufakturen, so Gartner, lässt wenig Zeit für den Schulbesuch.[390] Schulpflichtig sind Kinder zwischen dem sechsten und dem zwölften Lebensjahr. Bis zur Vollendung des 15. Lebensjahres müssen die Jugendlichen an einer Sonntagsschule teilnehmen, wo ein „Wiederholungsunterricht"[391] abgehalten wird. Fischer spricht von einer „geistigen Bauernbefreiung"[392], die Stifter in seinen Amtsjahren durchzuführen versucht habe. Stifter erkennt, dass es in manchen Gegenden um den Schulbesuch „gut bestellt"[393]

---

[387] Bettina Gartner: Unterschreiben Sie hier: xxx. Auch Analphabeten müssen offizielle Dokumente beglaubigen. Eine Wiener Forscherin untersucht ihre fantasievolle Zeichensprache. In: Die Zeit 2 (5. Januar 2005), S. 28.
[388] Scheipl und Seel: Die Entwicklung des österreichischen Schulwesens, S. 45.
[389] Gartner: Unterschreiben Sie hier: xxx. In: Die Zeit 2 (5. Januar 2005), S. 28.
[390] Ebd.
[391] Ludwig Battista: Die pädagogische Entwicklung des Pflichtschulwesens und der Lehrerbildung von 1848-1849. In: 100 Jahre Unterrichtsministerium. Festschrift des Bundesministeriums in Wien, Wien 1948, S. 141.
[392] Fischer: Einleitung. In: Documenta paedagogica austriaca, Bd. 1, S. XXXVIII.
[393] Stifter: Inspektionsreisen vom September 1850 bis März 1851. In: ders.: Werke und Briefe, Bd. 10,1: Amtliche Schriften zu Schule und Universität, S. 108-139, S. 117.

sei, das aber nur mit Einschränkungen:

> Freilich gegenüber dem Wunsche, die Menschen nach ihrer Möglichkeit auszubilden u zu erziehen, wäre er viel besser zu wünschen, aber mit Einrechnung der Hindernisse kann man das Ergebniß als ein gutes erklären, natürlich mit Hinblik auf die Mittel, die Hinderniße allmählich auf ihr natürliches Minimum zu reduziren.[394]

Zu diesen Hindernissen zählt Stifter die Armut, „die theils den Kindern nicht die nöthige Winterkleidung geben kann, theils sie zum Bettel verwendet, theils die gewöhnliche Entsittlichung u daher Nichtbeachtung der Schule im Gefolge hat"[395].
Erneut zeigen sich die Erfahrungen der Revolution in der Denkweise Stifters. Es geht ihm nicht um eine momentane Linderung der größten Not, sondern um die Verbesserung der Situation von Staat und Volk im Sinne eines freiheitlichen und verantwortungsvollen Zusammenlebens:

> Wenn die (freilich riesenhafte) Aufgabe gelöst wäre, daß es keine eigentlichen Armen, sondern höchstens nur momentan Nothleidende gäbe, so wäre nicht blos der Schule sondern dem Staate u der Menschheit ein unermesslicher Dienst geleistet.[396]

Daneben erkennt Stifter den Bedarf der „Kinderkräfte zu häuslicher Arbeit"[397] als Ursache für den geringen Schulbesuch. Durch Stiftung von Geldprämien für verarmte Familien und durch Unterweisung

---

[394] Ebd.
[395] Ebd., S. 217f.
[396] Ebd., S. 218.
[397] Ebd.

seitens der Seelsorger möchte er Abhilfe schaffen. Diese „Belehrung" komme für jene Familien in Frage, die die Arbeit der Kinder höher als den Nutzen der Schulen einschätzten.[398]

Trotz seines Engagements bleibt Stifter mit seinem Denken und Handeln dem Bürgertum verhaftet. Auf das menschliche Elend, das ihm während seiner Inspektionsreisen begegnet, geht er nur in Zusammenhang mit dem Schulbesuch der Kinder ein. Bei der Schilderung der Verelendung eines Dorfes bleibt er an der Oberfläche und kann das Elend als drängende Zeitfrage einordnen. Euphemistisch spricht er von „besonderen Umständen":

> Der Schulbesuch dürfte besser sein. Es wirken hier besondere Umstände zusammen, daß der Schulbesuch schwächer ist als in anderen Gegenden. Viele Bewohner sind Weber u geriethen in neuerer Zeit in mißliche Umstände, so daß sie häufig jezt nur grobe Leinwand zu Einpaktüchern machen, daher der Bettel einreißt, u dem Schulbesuch Eintrag thut.[399]

Im 19. Jahrhundert wird für sozialpolitische Themen, unter denen die Arbeiterfamilien als Ergebnis der industriellen Revolution leiden, der Ausdruck „Soziale Frage"[400] geprägt. Stifter geht der Ursache der „Sozialen Frage" nicht auf den Grund. Einem kritischeren Nachdenken über Kinderarbeit in Fabriken und der damit verbundenen Ausbeutung und Verwahrlosung verschließt er sich: In einem Bericht aus dem Jahre 1858 verlangt der Schulrat lediglich, der Unterricht möge

---

[398] Ebd.
[399] Ders.: Amtsreise vom 2. bis 10. November 1853. In: ders.: Werke und Briefe, Bd. 10,1: Amtliche Schriften zu Schule und Universität, S. 321-335, S. 325.
[400] Dazu zählen besonders Kinderarbeit, lange Arbeitszeiten und miserable Wohnverhältnisse. Zur Problematik der sozialen Frage siehe: Günter Brakelmann: Die soziale Frage des 19. Jahrhunderts, 7. Aufl., Bielefeld 1981.

nicht zur gleichen Zeit wie die Arbeitsstunden der Kinder stattfinden. Er empfindet es als „beruhigend", dass nur wenige Kinder in Fabriken arbeiten müssen:

> Aus dem innen enthaltenen Berichte über in Fabriken von Oberösterreich arbeitende Kinder geht die beruhigende Überzeugung hervor, daß entweder gar keine schulpflichtigen Kinder in Fabriken arbeiten oder daß, wo dies geschieht, die Arbeitszeit der Kinder nicht mit den Schulstunden zusammenfällt.[401]

In seiner Stifter-Biographie spricht Aprent über das Nicht-Wahrhaben-Wollen des engen Freundes:

> [...] besonders gern sprach er über Geschichte und Naturwissenschaften. Bei Gegenständen der letzteren Art zeige sich sogleich die Eigentümlichkeit, die man auch an Goethe bemerkt hat, daß Naturgesetze sich ihm immer in einer konkreten, oft ganz nahe liegenden, aber eben darum von andern kaum beachteten äußeren Anschauung darstellten. Weniger gern folgte er in das Bereich [sic!] der Politik und der sozialen Fragen. Alles Verworrene und Verwirrende war ihm verhasst; er wollte das Walten des Sittengesetzes sehen, und wo er es nicht zu erblicken vermochte, wandte er am liebsten den Blick ganz ab.[402]

In der Industrie nutzt man die Fingerfertigkeit der Kinder in Spinnereien und setzt sie rücksichtslos unzumutbaren Arbeitsvorgängen

---

[401] Stifter: Fabrikarbeit von Kindern. In: ders.: Werke und Briefe, Bd. 10,3: Amtliche Schriften zu Schule und Universität, S. 80f, S. 80.
[402] Aprent: Adalbert Stifter, S. 78f.

aus. Im Jahre 1839 wird im Hinblick auf die Volksgesundheit, besonders was künftige Soldaten angeht, in Preußen ein Gesetz zur Beseitigung der gravierendsten Folgen der Kinderarbeit erlassen. Erst zu diesem Zeitpunkt erfolgt das Verbot der Arbeit für Kinder bis zum neunten Lebensjahr und die Einführung des Zehn-Stunden-Tags ab dem neunten Lebensjahr. Da Kinderarbeit für den Lebensunterhalt vieler Familien erforderlich ist, werden die Gesetze umgangen – mangelnder Schulbesuch ist eine Folge davon. Erst im Jahre 1903 wird innerhalb des Kinderschutzgesetzes der Arbeitsschutz auf alle gewerblichen Betriebe ausgedehnt.

Welche geringe Bedeutung man der Erziehung generell beimisst, zeigt sich an den katastrophalen Lebensbedingungen vor Ort. Im Schulwesen wird am Notwendigsten gespart. Der Zustand der Klassenzimmer gibt Aufschluss über das Vermögen einer Gemeinde. In ländlichen Gegenden teilen sich oft über 150 Schüler ein Klassenzimmer, ein weiterer Klassenraum ist meist nicht vorhanden. Folge dieses Raummangels ist der Abteilungsunterricht: Verschiedene Abteilungen von Schülern werden in einem gemeinsamen Klassenzimmer von einem Lehrer unterrichtet. Diese Unterrichtsform setzt ein hohes Maß an Konzentrationsvermögen sowohl bei Schülern als auch bei Lehrern voraus. Stifter fordert den Neubau ordentlicher Schulen, da „sonst ihr Zwek nur sehr mangelhaft erreicht werden könnte [...]"[403]. Die Ausstattung der Schulen weist extreme Mängel auf; der Schulrat versucht im Gespräch mit den Verantwortlichen Abhilfe zu schaffen. Mehrmals betont er den verwahrlosten Zustand der Toiletten, was verdeutlicht, wie engagiert er sich für die Beseitigung aller Mängel einsetzt:

---

[403] Stifter: Neubau eines Schulhauses in Hörsching. In: ders.: Werke und Briefe, Bd. 10,1: Amtliche Schriften zu Schule und Universität, S. 180-181, S. 181.

> [...] bei meiner Anwesenheit [gaben] die Aborte für die Gänge einen sehr üblen Geruch, der bei stark besetzten Schulen überhaupt leicht eintritt. Ich erklärte dem H. Dechante die in der neuen Linzer-St. Josephschule eingeführte ganz erfolgreiche Ventilation, u empfahl ihm, auf geeignetem Wege den Versuch mit solchen einzuleiten.[404]

Er fürchtet um die Gesundheit von Lehrern und Schülern und bemängelt in einem Bericht aus dem Jahre 1852 neben Größe und Zustand auch die Form des Klassenzimmers:

> Meine wiederholte Anwesenheit in Hörsching in Folge der dort herrschenden Übelstände bezüglich der Schule hat mir von pädagogischer Seite her die Überzeugung der dringlichen Nothwendigkeit eines andern zwekmäßigen Schullokales beigebracht. Das Schulhaus hat nur ein Schulzimmer, welches nicht nur zu klein ist, sondern auch die fast lächerliche Form eines rechten Winkels hat, so daß der Lehrer nur vom Scheitel dieses Winkels aus die Schule, deren eine Seite unverhältnismäßig lang u schmal ist, übersehen kann, nebstbei ist das Zimmer so feucht, dass den Eintretenden der üble dumpfe Geruch überfällt, u die Gegenstände sich mit Schimmel überziehen. [...] Es erscheint daher im Interesse der Schule als solcher, da sonst ihr Zwek nur sehr mangelhaft erreicht werden könnte, u dann auch im Interesse der Gesundheit der Schüler u des Lehrers, welche in dem feuchten niederen Lokale sehr gefährdet ist, kaum anders möglich, als daß die Schullokalitäten ohne Aufschub ihrem Zweke gemäß hergestellt werden [...].[405]

---

[404] Ders.: Amtsreise vom 2. bis 10. November 1853. In: ebd., S. 321-335, S. 324.
[405] Ders.: Neubau eines Schulhauses in Hörsching. In: ebd., S. 180-181, S. 180f.

Nicht nur die Klassenzimmer unterliegen seiner Inspektion, auch das Lehrerzimmer wird von dem Schulrat begutachtet:

> In Bezug der gesundheitlichen Verhältnisse sind die Lehrerzimmer zu niedrig u die Fenster zu klein. In dem südlichen Lehrerzimmer muß im Sommer eine sehr große Hitze herrschen. Es sind in Hinsicht dieses Gebäudes Verhandlungen im Zuge.[406]

Detailliert listet Stifter die bestehenden Mängel auf und setzt sich für die Verbesserung der Gebäude ein. Er kann in seiner Amtszeit den Neubau und die Erweiterung von 133 Schulen bewirken. Neu- und Umbauten von Schulen überwacht er persönlich durch mehrmalige Visiten der Baustelle. Ihm liegt daran, Möglichkeiten der Baufinanzierung vor Ort aufzuzeigen. Auch der Ausbau der oft mittelmäßig ausgestatteten Schulbibliotheken ist – bereits vor Inkrafttreten des Konkordats von 1855 – ein Anliegen Stifters, deren Begutachtung er bei seinen Inspektionsreisen nicht außer Acht lässt.[407]
Im Jahre 1856 wird der unter dem früheren und Stifter wohlgesonnenen Statthalter Eduard Freiherr von Bach begonnene Bau moderner und funktioneller Schulhäuser im Rahmen des neuen, unter der Aufsicht der Kirche stehenden Schulsystems fast völlig eingestellt. Die Rückschritte und Demütigungen summieren sich zu einer für ihn unerträglichen Last, die in eine Lebenskrise mündet. Der Ausbruch von Stifters depressivem Leiden ist somit fast absehbar.

---

[406] Ders.: Amtsreise vom 2. bis 10. November 1853. In: ebd., S. 321-335, S. 327.
[407] Seit dem Jahre 1811 gibt es in Österreich sowohl für Lehrer als auch für Schüler zugängliche Bibliotheken, die im Jahre 1827 flächendeckend eingeführt werden. Die Schulaufsicht hat über deren Bestand zu wachen.

3.8 Schule als Institution: Didaktik und Methodik

Das Hauptaugenmerk der Schulpädagogik des 19. Jahrhunderts liegt auf den Gebieten der Disziplin und der Methode. Methode steht nach Oelkers für professionelles Können; „Disziplin" für institutionelle Tugend und Moral.[408]

Auch wenn hier nicht alle Berichte methodisch ausgewertet und klassifiziert werden können, sollen doch der Grundtenor von Stifters Äußerungen herausgearbeitet und seine Hauptanliegen dargestellt werden. Stifter ist den Ansichten seiner Zeit voraus. In seinem ersten Schulbericht vom April 1851 bemängelt der Schulrat den an Schulen unterrichteten Lehrstoff:

> Überhaupt liegt das tiefer, es scheint bezeichnet werden zu können: <u>Anlernung abstrakter männlicher u oft unfruchtbarer Dinge statt Entwiklung des gesamten Innern der Kinder aus ihrem in die Schule mitgebrachten Vorstellungs-</u> und <u>Empfindungskreise</u>.[409]

Die Ideen Johann Heinrich Pestalozzis[410] (1746-1826) mögen für die

---

[408] Jürgen Oelkers: Die große Aspiration. Zur Herausbildung der Erziehungswissenschaft im 19. Jahrhundert, Darmstadt 1989, S. 7.

[409] Stifter: Inspektionsreisen vom September 1850 bis März 1851. In: ders.: Werke und Briefe, Bd. 10,1: Amtliche Schriften zu Schule und Universität, S. 108-139, S. 139.

[410] Der Schweizer Pädagoge und Sozialreformer Johann Heinrich Pestalozzi gründet 1774 bei Birr im Aargau eine Erziehungsanstalt für bedürftige Kinder, die bis 1779 bestehen bleibt. Nach einer Schulgründung 1800 in Burgdorf und dem gemeinsamen Wirken mit dem Sozialpädagogen Philipp Emanuel von Fellenberg arbeitet er 1804-25 in Yverdon-les-Bains. Von dort kann er eine europäische Erziehungserneuerung großen Ausmaßes bewirken. Siehe: Peter Stadler: Pestalozzis Geschichtliche Biographie, 2 Bde, Zürich 1988-1993; Max Liedtke: Johann Heinrich Pestalozzi, 13. Aufl., Reinbek 1995 und Gerd-Bodo

Ausprägung seiner Bildungsgedanken formgebend gewesen sein. Stifter fordert sowohl eine Besserstellung der Lehrerschaft als auch einen auf die Bedürfnisse des Kindes ausgerichteten Schulunterricht. Es geht ihm bei der Ausbildung der Lehrer nicht nur um eine didaktische und methodische Vorbereitung. Stifter setzt durch Einbeziehung der Charakterbildung der Schüler hohe Maßstäbe und fordert von den Lehrern Hingabe an den Beruf ein:

> <u>Eine</u> Eigenschaft fast aller Lehrer müssen wir hier noch anführen, ohne die alle übrigen nutzlos sind: <u>die höchste Liebe zu dem Amte</u>. Der Lehrer muß sich auf jede Unterrichtsstunde freuen, sie muß sein Glück ausmachen, er darf nicht sagen: 'dürfte ich nur nicht mehr herein gehen, ihr Schüler seid nicht bildbar, ihr seid zu nichts etc ...'.[411]

Stifter definiert zwei Dimensionen der Bildung: eine pädagogische und eine politische. Pädagogische Inhalte sollen im Elementarunterricht wiedergegeben werden; die politische Zielsetzung Stifters konzentriert sich auf die allgemeine Menschenbildung.

Pestalozzi wird als Schöpfer der modernen Volksschule angesehen, der das Fundament der Erziehung auf einem Dreigestirn aus Liebe, Glauben und Anschauung als einem den Menschen innewohnenden Zusammenhang für die Weltordnung begründet. Von ihm stammt die Einsicht der individuellen Betrachtung jeden Schülers. Der Schwerpunkt liegt bei Pestalozzi in der Einheit von geistiger, sittlicher und körperlicher Entfaltung, die er mit den Begriffen „Kopf",

---

Reinert und Peter Cornelius: Johann Heinrich Pestalozzi. Anthropologisches Denken und Handeln. Ein pädagogisches Konzept über die Zeiten, 2. Aufl., Donauwörth 1996.

[411] Stifter: Bildung des Lehrkörpers <V.-VII.>. In: ders.: Werke und Briefe, Bd. 8,2: Schriften zu Politik und Bildung, S. 204-212, S. 207.

„Herz" und „Hand" symbolisiert. Pestalozzi und Stifter sprechen im Gegensatz zu Rousseau, der Natur und Sittlichkeit miteinander aussöhnen will, eine gemeinsame Sprache. Bei Pestalozzi wie auch bei Stifter ist die „Sittlichkeit" das Ergebnis pädagogischer Einflüsse. Diese Erkenntnis ist bei Stifter auf seine Erfahrungen während der Revolution zurückzuführen. In den *Nachforschungen* schreibt Pestalozzi:

> Der Mensch muß auf den Trümmern seines Instinkts durch die Anstrengung seiner verdorbenen Tierkraft die Erfahrungen sammeln, die ihn von dem Irrtum und dem unwert seiner tierischen Natur allgemein überzeugen und dadurch zur Anerkennung des sittlichen Rechts hinführen.[412]

Das kann nur Erfolg haben, wenn der menschliche Wille den Trieb eindämmt. Ähnlich wie Stifter sieht Pestalozzi eine gesellschaftliche Rechtsordnung als einzige Möglichkeit, die menschliche Natur vor der stets denkbaren Rebellion zu schützen. Diese neuen Ordnungen benötigen die allgemeine Zustimmung, ihre Gültigkeit darf nicht willkürlich diktiert werden. Richtschnur für die Zustimmung sind weder Natur noch Gesellschaft, sondern die „Sittlichkeit".
Stifters und Pestalozzis Hauptaugenmerk gilt der Familie. Die pädagogischen Überlegungen Stifters sind – wie Regina Pintar in ihrem Aufsatz über *Adalbert Stifter und die Pädagogik* ausführt – in der Auffassung begründet, dass der Mensch, hilflos geboren, vom ersten

---

[412] Johann Heinrich Pestalozzi: Meine Nachforschungen über den Gang der Natur in der Entwicklung des Menschengeschlechts, hg. von Arnold Stenzel, Bad Heilbrunn 1962, S. 79.

Tag seines Lebens an dazu gezwungen ist zu lernen[413]: „Es ist eben der Mensch, der nichts kann und vermag und Alles lernen muß."[414] Dies unterscheidet ihn vom Tier, das für seine Instinkte lebt und diesen folgt:

> Das Säugethier geht meistens mit seiner Mutter schon wenige Augenblicke nach der Geburt über die Fluren dahin, der Vogel [...] fliegt nach ein paar Wochen mit den Eltern davon [...]. So sorgt die Vorsicht für die Thiere, nicht für den Menschen. [...] Und wenn er so weit ist, daß er gehen, daß er laufen, springen und sich regen kann: wie viel fehlt ihm noch, was er erst zum Menschen bedarf, wie wenig ist er geistig entwickelt, wie wenig weiß er, was er beginnen soll [...].[415]

Aufgabe von Erziehung und Bildung ist es – „Bildung ist für Stifter nur ein Teil der Erziehung"[416] –, den Menschen ganzheitlich zu formen und seine Anlagen zu entwickeln. In seinen im Zuge der Revolution entstandenen Aufsätzen spricht er nicht nur von der Schule im Allgemeinen, sondern er bezieht *Die Schule des Lebens, Die Schule der Familie, Die Kunstschule, Die Wissenschaftsschule, Die Bürgerschule* und *Die Landschule* (Titel der Aufsätze) in seinen pädagogischen Bildungsanspruch mit ein.

---

[413] Siehe: Regina Pintar und Christian Schacherreiter: Adalbert Stifter und die Pädagogik. In: Sanfte Sensationen. Stifter 2005. Beiträge zum 200. Geburtstag Adalbert Stifters, S. 135-142, S. 135.
[414] Stifter: Nutzen der Landschule. In: ders.: Werke und Briefe, Bd. 8,2: Schriften zu Politik und Bildung, S. 156-159, S. 156.
[415] Ders.: Wirkungen der Schule. In: ebd., S. 129-135, S. 129f.
[416] Pintar und Schacherreiter: Adalbert Stifter und die Pädagogik. In: Sanfte Sensationen. Stifter 2005. Beiträge zum 200. Geburtstag Adalbert Stifters, S. 136.

Stifter ist außerdem ein Befürworter der „Lautiermethode"[417], die er erfolgreich in den von ihm betreuten Volksschulen umsetzen kann. Fischer weist darauf hin, dass einzelne Fakten, wie das Einführen der Lautiermethode, allein noch keinen Beweis seiner Modernität hinsichtlich pädagogischer Anschauungen liefern können.[418] Stifters „humanistisches Menschenbild"[419] sieht die Schule nicht allein als fachliche Erziehungsanstalt vor, denn diese habe „vorrangig der Menschenbildung zu dienen"[420]. Sein didaktisches Konzept unterscheidet sich nach Schacherreiter inhaltlich von dem des humanistischen Gymnasiums des 19. Jahrhunderts: „Vor allem sprach Stifter – im Gegensatz zu Wilhelm von Humboldt – der Mathematik und den Naturwissenschaften einen überaus hohen Bildungswert zu."[421] Im Jahre 1856 reicht Stifter im Ministerium ein Exposé über das *Rechnen in den obderennsischen Volksschulen*[422] ein, dem ein Beispielkatalog beiliegt. Ein „ähnlicher Bericht über das Lesen"[423] ist nicht mehr erhalten. Dieses Exposé, welches zuerst im Jahre 1854 im *Österreichischen Schulboten* veröffentlicht wird, findet noch heute im

---

[417] Erfinder der Lautiermethode ist der Theologe und Pädagoge Heinrich Stephani (1761-1850), der das umständliche Buchstabieren zur Erlernung eines Wortes durch Wiedergabe der einzelnen Silben in Lauten ersetzte und damit die Zeit des Lesenlernens erheblich verkürzte. Zuvor war sie bereits 1527 von dem Erfurter Lehrer Valentin Ickelsamer in seiner Schrift *rechte weis auffs kürtzist lesen zu lernen* beschrieben worden.
[418] Siehe: Fischer: Einleitung. In: Documenta paedagogica austriaca, Bd. 1, S. XCII.
[419] Schacherreiter: Adalbert Stifter und die Pädagogik. In: Kein Wesen wird so hülflos geboren, S. 9-20, S. 16.
[420] Ebd.
[421] Ebd., S. 17.
[422] Stifter: Bericht über das Rechnen in den Volksschulen. In: ders.: Werke und Briefe, Bd. 10,2: Amtliche Schriften zu Schule und Universität, S. 282-310.
[423] Ebd., S. 282.

Rahmen didaktischer Überlegungen für den Aufbau des Mathematikunterrichts Beachtung.

Stifter unterteilt seinen Bericht in die beiden Aufgabenkreise „Kopfrechnen" und „Tafelrechnen", wobei er das Verfahren des Tafelrechnens als „zwekmäßiger"[424] bezeichnet. Für die fehlenden Kenntnisse im „Kopfrechnen" nennt er folgende Ursachen: „Auswendiglernen der Beispiele von Seiten der Kinder"[425], „Zu viel Mitrechnen des Lehrers"[426], „Zu gekünstelte Theilwerte bei der Rechnung"[427], „Zu große Vertheilung derselben Rechnung auf viele Schüler"[428] und „Zu bequeme Zurichtung der Fälle zu Schulbeispielen"[429]. Dieser Bericht ist aufgrund der Mängel entstanden, die Stifter beim Rechenunterricht in den von ihm besuchten Schulen feststellt. Er beanstandet, „<u>daß im Durchschnitte von den in ihrem lezten Schuljahre sich befindenden Kindern die ihnen gegebenen Rechnungsbeispiele aus dem gewöhnlichen Leben nur in der Minderzahl ohne Beihilfe richtig gelöst werden</u>"[430]. Die genannten Ursachen, die er als Schwächen des Rechenunterrichts erkennt, versucht er durch praktische und lebensnahe Rechenbeispiele zu lösen. Er betont die Bedeutung einiger „einfacher Schlüssel"[431], der dem Verstand des Schülers entspreche und „zum Lösen aller Aufgaben"[432] diene. Gemeint ist ein unkomplizierter Rechenweg, den der Schüler logisch nachvollziehen kann.

---

[424] Ebd., S. 303.
[425] Ebd., S. 292.
[426] Ebd., S. 293.
[427] Ebd., S. 296.
[428] Ebd., S. 298.
[429] Ebd., S. 300.
[430] Ebd., S. 283.
[431] Ebd., S. 290.
[432] Ebd.

Stifter hält es nach den Erfahrungen, die er im Schulunterricht gesammelt hat, für ausgeschlossen, dass „unsere Volksschullehrer sich solche Schlüssel finden"[433]. In dem Bericht spiegelt sich seine Kritik gegenüber sturem Auswendiglernen wider – denn das verstandeslose Nachsagen des Unterrichtsstoffes fällt dem Schulrat nicht nur bei eingeübten Texten, sondern auch bei verschiedenen Rechenaufgaben auf:

> Ich habe überall, wo mir der Fehler des bloßen Auswendiglernens entgegenkam, dem Lehrer das Hohle desselben aufzudecken gesucht [...]. Eine freundliche Behandlung und ein gelassenes Auseinandersetzen hat schon manche gute Früchte während meiner Amtsführung für mich eingebracht.[434]

Stifter wendet sich gegen das Auswendiglernen von Sachverhalten, wie es auch der Gedächtnismechanismus der „Saganschen Methode" von Johann Ignaz Felbiger[435] fordert:

> Auswendiglernen von Gegenständen bildet gar nicht, so lange nicht das Herz und das Gemüth des

---

[433] Ebd., S. 140.
[434] Ebd., S141.
[435] Johann Ignaz Felbiger (1724-1788), Abt zu Sagan in Schlesien, gilt als „Stifter" der katholischen Volksschule. Ausgangspunkt seiner Pädagogik ist die Erziehung zu Vernunft und Christentum. Aufgrund seiner Unterrichtsmethode, auch „Sagansche Methode" oder „neue Lehrart" genannt, kommt es zu einer beträchtlichen Aufwertung des Schulwesens. Die neue Lehrart besteht in einer dreifachen, nach den Fähigkeiten der Schüler abgestuften Klassenteilung sowie der Abschaffung des bis dahin verbreiteten Einzelunterrichts. Felbiger führt außerdem die Buchstaben- und Tabellarisiermethode ein. Er verfasst des Weiteren mehrere Schulbücher, u. a. eine *Anleitung zur deutschen Sprachlehre. Zum Gebrauche der deutschen Schulen in den kaiserlich-königlichen Staaten*, die 1775 erscheint.

> Menschen sich der Gegenstände langsam bemächtigt, sie verarbeitet, sie menschlich und sittlich fruchtbar macht.[436]

Ohne Hilfestellung des Lehrers seien die Schüler außerstande, eine Aufgabe selbstständig zu lösen. In seinem Rechenbericht nennt Stifter die Gründe:

> Dieser Fehler ist einer der verbreitetsten, u, weil in Gewohnheit wurzelnd, einer der hartnäckigsten. Die Lehrer theils aus Ungeduld theils um mehr glänzen zu können theils aus Eitelkeit sich reden zu hören theils aus bloßer angenommener Gewohnheit sprechen bei Ausführung einer Kopfrechnung von Seite eines Schülers immer mit, machen einen Theil der Rechnung, der Schüler einen anderen, u so wechseln sie ab, bis die Rechnung fertig ist.[437]

Der Schulrat fordert vom Lehrer Rücksicht auf den individuellen Entwicklungsgang eines jeden Schülers – selbst wenn dies Zeit und Geduld kostet:

> Er soll die Schüler ihren Weg gehen lassen, wenn er auch ein Umweg ist, er soll nach Beendung der Rechnung einen anderen Schüler um einen anderen Weg fragen, u erst wenn keiner den kürzesten u einfachsten Weg bringt, soll er ihn angeben.[438]

Des Weiteren bemängelt er die wenig realitätsbezogenen Aufgaben-

---

[436] Stifter: Bildung des Lehrkörpers <III.-IV.>. In: ders.: Werke und Briefe, Bd. 8,2: Schriften zu Politik und Bildung, S. 188-195, S. 190.
[437] Stifter: Bericht über das Rechnen in den Volksschulen. In: ders.: Werke und Briefe, Bd. 10,2: Amtliche Schriften zu Schule und Universität, S. 282-310, S. 293.
[438] Ebd., S. 294.

stellungen. Dass ein Kind hierbei für das Leben lerne, sei ausgeschlossen:

> Wenn der Lehrer den Fall immer gleich in die strenge Fassung gibt, daß er als Rechnungsaufgabe da liegt, so lernen die Kinder andere Rechnungsvorkömmniße nicht anfaßen, u lernen überhaupt nicht leicht die Lebensrechnungsaufgaben handhaben; denn das Leben gibt die Rechnung immer als ein Ereigniß, in welchem die Rechnung erst stekt. Der Rechner muß sie heraus ziehen, u muß sie sich zurecht legen können.[439]

Aus seinen Beobachtungen zieht Stifter folgenden Schluss, den er als Empfehlung seinem Bericht anfügt:

> Ich bin daher der ehrerbietigen Meinung, daß ein Methodenbuch von einem Mathematiker verfaßt für das Kopfrechnen in den Volksschulen, in denen diese Rechnungsweise für den größten Teil der Schüler weit wichtiger ist als das Tafelrechnen, ein dringendes Bedürfniß ist. Wenn ein solches von Mathematikern u Pädagogen geprüftes Buch zu Grunde liegt, u wenn alle Schulbehörden mit Eifer u Umsicht an das Werk gehen, besonders bei der Untersuchung der Schule sich nicht damit begnügen, daß der Lehrer einige Schüler rufe, u ihnen Kopfrechnungsbeispiele gebe, so hege ich die feste Überzeugung, daß der Lehrstand sich immer mehr u mehr zurechtfinden u daß der Unterricht im Kopfrechnen immer mehr u mehr seinen Zwek erreichen wird.[440]

Stifter muss eine Absage hinnehmen, da das Ministerium vorerst

---

[439] Ebd., S. 300.
[440] Ebd., S. 302.

über ein weiteres Dekret nicht entscheiden möchte. Doch wird sein Engagement anerkennend aufgenommen. Trotzdem finden sich in dem amtlichen Gutachten zu Stifters Entwurf Marginalien. Der Stifter gegenüber nicht wohlgesonnene Ministerialreferent Joseph Alexander Freiherr von Helfert kann als Urheber dieser Randbemerkungen gelten; seine hämischen Aussagen zieren des Öfteren die Amtsberichte Stifters. Ein Sichtvermerk in der Akte zeigt an, dass Stifter die herabsetzenden Bemerkungen wahrgenommen haben muss. In diesen Marginalien wird der Schulrat Stifter als „der Herr Verfasser" bezeichnet, keiner seiner Vorschläge findet Anklang. Der vorausschauende Versuch Stifters, das Multiplikationszeichen x durch einen Punkt zu ersetzen, wird mit folgender Begründung abgelehnt:

> Durch Einführung des Punktes anstatt des Multiplikationszeichens x, was der Herr Verfasser wünscht, weil auch in der Mathematik der Punkt gebraucht wird, wäre für den Rechnungsunterricht nichts gewonnen, wohl aber könnten Mißverständnisse herbeigeführt werden.[441]

Stifter gilt als ein „zukunftszugewandter Pädagoge"[442], ohne je ein pädagogisches Studium absolviert zu haben. Seine unbedarfte Herangehensweise an das Thema Pädagogik hat aber auch einen Vorteil, wie Fischer bemerkt:

> [...] wer sich zu Stifters Zeit an die Erziehungswissenschaft hielt, mußte ins Fahrwasser von Mechanismen für die Schule kommen. Die Ursprünglichkeit der unbeeinflußten Reflexion angesichts der

---

[441] Dem Ministerial-Erlaß vom 23. Juli 1856 war das hier wiedergegebene Gutachten eines Fachmannes beigefügt. In: Documenta paedagogica austriaca, Bd. 2, S. 315-318, S. 318.
[442] Fischer: Einleitung. In: Documenta paedagogica austriaca, Bd., S. XCIII.

konkreten Notwendigkeit hat Stifter im Verein mit seinem die Dichtung durchgängig beherrschenden alleinigen Thema ‚Der Mensch' zu seinen Meinungen und Überzeugungen geführt.[443]

In dem verschollenen Bericht über das Lesen äußert sich Stifter eigenen Angaben zufolge über die von ihm bevorzugte Lautier- und Schreib-Lehrmethode, die er, wo er auf deren Gebrauch trifft, lobend hervorhebt: „Ich fand hier die Lautier- u Schreib-Lese-Methode sehr bewährt, worüber ich in einem einzelnen Berichte mich ausbreiten werde."[444] Er betont in seinem ersten Inspektionsbericht die Bedeutung des Deutschunterrichts: „[...] aber die Wichtigkeit der deutschen Sprache (Aufsäze Litteratur) ist besonders für die Unterrealschule so groß, daß dieses Fach in den tüchtigsten Händen sein sollte."[445] Im weiteren Verlauf seines Berichtes fügt er an:

> In allen bisher von mir besuchten Schulen fand ich mit Ausnahme der Schule in Urfahr [...] das theoretische Regelwesen in der deutschen Sprachlehre viel zu überwuchernd, Zeit u Kraft der Kinder wird auf Erlernen seiner Regeln verwendet, u Rechtschreibung und Aufschreiben ihrer Gedanken bleibt ihnen fast fremd, was doch der Zwek der Sprachlehre in der Volksschule sein soll.[446]

Daneben wendet er sich gegen das ausufernde theoretische Regelwerk der deutschen Sprache, welches die Schüler beim richtigen Schreiben und Ausdrücken eigener Gedanken mehr einschränkt als

---

[443] Ebd.
[444] Stifter: Inspektionsreisen vom September 1850 bis März 1851. In: ders.: Werke und Briefe, Bd. 10,1: Amtliche Schriften zu Schule und Universität, S. 108-139, S. 134.
[445] Ebd., S. 128.
[446] Ebd., S. 139.

unterstützt. Mayer überträgt diese Einschätzung auf die Poetik Stifters:

> Stifters Kritik am ‚Maschinenartigen' des zeitgenössischen Lernens, diesem ‚traurigen Abrichtungswesen', schlägt sich in seinen Texten nieder, die mit Widerständen und Wiederholungen, mit gewaltigen Überraschungen und ebenso mit extremer Genauigkeit provozieren.[447]

Neben dem Regelwerk der Sprache ist das dialektfrei gesprochene Deutsch ein Anliegen des Schulrats. Stifter, der sich ein Leben lang seinen provinziellen oberösterreichischen Dialekt bewahrt hat, bemängelt das „ziemlich gemeine Deutsch" eines Unterlehrers. Ob er seinen Wunsch nach Verbesserung der „Aussprache im Volke selbst" damit umsetzen kann, sei dahingestellt:

> Bezüglich der Sprachübungen bemerkte ich daß der Unterlehrer Kreßmayer ein ziemlich gemeines Deutsch spreche, welches sich von dem der Landleute der Umgebung kaum unterschied. Ich suchte daher [...] dem Oberlehrer und denzwei Unterlehrern [...] darzuthun, daß sie in dieser Beziehung sich bestreben möchten sich nach u nach ein besseres Deutsch anzugewöhnen, damit dasselbe in der Schule herrschend werde und allmählich auf Verbesserung der Aussprache im Volke selbst Einfluß gewinne. Sie versprachen es.[448]

---

[447] Mathias Mayer: Stifter lesen. In: Sanfte Sensationen. Stifter 2005. Beiträge zum 200. Geburtstag Adalbert Stifters, S. 7-16, S. 10. In Kapitel 4.4: „Stifters Poetik am Beispiel von Heinrichs Bildungsgang" wird die Poetik Stifters genauer besprochen werden.
[448] Stifter: Bericht vom 16. 1. 1857 über eine Amtsreise nach Unterweißenbach, Weitersfelden, Neumarkt, Harrachsthal, Gallneukirchen. In: ders.: Werke und Briefe, Bd. 10,2: Amtliche Schriften zu Schule und Universität, S. 389-406, S. 402.

3.9 Lesebuch zur Förderung humaner Bildung

3.9.1 Anspruch des Lesebuchs an die öffentliche Schulbildung

Stifters organisatorische Arbeiten als Schulrat lassen es nur vereinzelt zu, direkt auf die Schüler zu wirken. Vorwiegend arbeitet er mit Beamten, Gemeinderäten, Lehrern und Priestern zusammen. Nicht zuletzt mag diese Situation dazu beigetragen haben, mit der Ausarbeitung eines Lesebuchs für Realschulen zu beginnen. Mit der passenden Textauswahl hofft er die Schüler direkt anzusprechen und die für ihn im Vordergrund stehenden Werte zu vermitteln.
Erstmals im deutschen Sprachraum wird das Fach „Literaturgeschichte" als Teil des Deutschunterrichts eingeführt. Die Umgestaltung des Deutschunterrichts gibt ihm Anlass, sich mit der Ausarbeitung neuer Lehrmaterialien zu befassen. Der deutschen Literaturgeschichte kommt die Aufgabe zu, auch den nichtdeutschen Muttersprachlern Geschichte und Größe der deutschen Sprache nahe zu bringen. Allerdings wird diese Neuerung zum organisatorischen Balanceakt. Die benötigten Materialien für den Unterricht sind nicht in der erforderlichen Menge vorhanden; die Ausarbeitung einer Textsammlung ist unumgänglich. „Die Herstellung einer 'deutschen Chrestomathie' war [...] ein Bedürfnis des Unterrichts"[449], so die Feststellung Michlers. Diese Chrestomathie[450] soll sowohl die deutsche Literatur als auch die von ministerieller Seite eingeforderten österreichisch-patriotischen Interessen berücksichtigen. Helmwart Hierdeis gelangt nach der Analyse verschiedener Lesebücher des 19. Jahrhunderts zu folgendem Ergebnis:

---

[449] Michler: „Das Materiale für einen österreichischen Gervinius". In: Literaturgeschichte: Österreich, S. 187.
[450] Eine Zusammenstellung verschiedener Texten für Schule und Unterricht.

> Das Lesebuch für die österreichischen Schulen des 19. Jahrhunderts ist [...] weniger Informations- als Gesinnungsbuch. Das bedeutet einerseits einen Mangel an Auskünften über politisches Handeln [...] und politische Strukturen, andererseits einen Überhang an Texten, die dem Leser bestimmte Bewertungen und Identifikationen nahe legen.[451]

In einem Brief vom März 1853 erwähnt Stifter gegenüber Heckenast seinen Plan, ein Lesebuch für Oberrealschulen herauszugeben. Heckenast akzeptiert, und so kann Stifter gemeinsam mit Aprent das *Lesebuch zur Förderung humaner Bildung* ausarbeiten, das im folgenden Jahr erscheint. Hoffnungsvoll äußert sich Stifter in einem Brief an diesen über die Genehmigung des Lesebuchs an Schulen:

> Das Lesebuch wird mit einem Bittgesuch von mir und Aprent dem Ministerium vorgelegt und von der hiesigen Statthalterei auf das Trefflichste einbegleitet. Ich hoffe, daß es wird empfolen werden, ja wenn eine gewisse Parthei im Ministerium nicht wäre, so hegte ich keinen Zweifel, daß es sogar als vorgeschriebenes Schulbuch würde eingeführt werden.[452]

Das Lesebuch, das ein „ehrgeiziges, an Herder orientiertes Bildungsprogramm verfolgt"[453], so die Einschätzung Mayers, scheitert am staatlich eingeforderten Patriotismus. Für die aktuelle Schulpolitik

---

[451] Helmwart Hierdeis: Zur Widerspiegelung der Politik in österreichischen Schullesebüchern des 19. Jahrhunderts. In: Zur Geschichte des österreichischen Bildungswesens, S. 471-490, S. 475.
[452] Stifter: Brief an Gustav Heckenast: Linz, 13. Mai 1854. In: ders.: Sämmtliche Werke, Bd. XVIII: Briefwechsel. 2. Band, S. 223.
[453] Mayer: Adalbert Stifter, S. 18.

wird es aufgrund restaurativer Absichten des Ministeriums als unbrauchbar eingestuft. Leitner bezeichnet dieses Scheitern als Ursache für den Rückzug Stifters:

> Die neue Realschule als ‚Geschäftsschule des Landes' und das Lesebuch ‚zur Förderung humaner Bildung' sollten die Höhepunkte seines schulischen und erzieherischen Wirkens werden; sie wurden zur großen Enttäuschung und zum Bruch einer Lebenslinie.[454]

Ebenso tragen konfessionelle Unstimmigkeiten zu der Ablehnung bei. Der eingeforderten „österreichisch-patriotisch-kirchlichen Erziehung"[455] wird das Lesebuch bewusst nicht gerecht. Sowohl Stifter als auch dem „radikal freisinnigen"[456] Aprent liegt mehr an der im Titel angeführten „Förderung humaner Bildung" als an einem staatlich verordneten Patriotismus. Eine nachträgliche Würdigung erfährt Stifters Lesebuch nach dem Zweiten Weltkrieg. Als erstes Nachkriegslesebuch wird es vom Bayerischen Schulbuch-Verlag neu aufgelegt. In seinem Vorwort begründet Josef Habisreutinger die Entscheidung für das Lesebuch:

> Gewiß, die Herausgabe von Stifters Lesebuch ist zunächst ein praktischer Notbehelf für den vordringlichen Bedarf im Deutschunterricht; aber diese Wahl soll doch noch mehr sein als ein Notbehelf; sie soll zugleich ein Bekenntnis unserer Gegenwart zu dem tiefsten Erbe der Vergangenheit, zu einer neuen Menschwerdung in Ehrfurcht und Würde bedeuten. Der Verfasser des Lesebuches ist ja nicht irgendein Kompilator, sondern Adalbert

---

[454] Leitner: Spuren des Lernens, S. 100.
[455] Schoenborn: Adalbert Stifter, S. 397.
[456] Roedl: Adalbert Stifter, S. 111.

> Stifter, der Dichter und Schulmann in einer Person, der in Auswahl und Anordnung der Dichtungen seines Lesebuches künstlerisch und sittlich auch für unsere Zeit und unsere Erziehung Werte setzt.[457]

Becher bemerkt zu diesem späten Erfolg der beiden Herausgeber: „Die stolze Auflage des Lesebuchs betrug 70 000 Exemplare. Davon konnten Aprent und Stifter nur träumen."[458]

---

[457] Josef Habisreutinger: Vorwort zur Neuherausgabe. In: Lesebuch zur Förderung humaner Bildung, hg. von Adalbert Stifter und Johannes Aprent. Für die höheren Schulen Bayerns neuhrsg. von Josef Habisreutinger, München 1947, S. 3.
[458] Becher: Adalbert Stifter, S. 186.

3.9.2 Die formale Struktur des Lesebuchs

Für Stifter ist weniger Form und Aufbau seines Lesebuchs als die Auswahl der Texte maßgeblich, um mit seiner Bildungsidee auf die Schüler eingehen zu können:

> Aprent und ich haben oft bedauert, daß in den Lesebüchern der Mittelschulen gar so sehr die äußere Form und der ledigliche Zuschnitt der Aufsazarten berüksichtigt ist, und das rein menschlich Höhere, das so sehr noth thut, dabei Gefahr läuft. Formen kann fast jeder Lehrer leicht geben, das Höchste, was der Dichter [...] der Menschheit biethet, kann nur aus diesen Männern genommen werden, und es muß in gedrängter Gestalt kommen, daß es anmuthet und nicht verwässert wird. So kann dann das tiefe Buch auch den seichten Lehrer ersezen.[459]

Ein Brief an Heckenast, in dem Stifter seine Pläne ankündigt, zeigt, dass er bei der Ausarbeitung des Lesebuchs die Hauptaufgabe übernommen hat: „Ich werde [...] die aus dem Griechischen und Lateinischen genommenen Bestandtheile besorgen und größtentheils selbst übersezen, und [...] die Auswahl und Anordnung der Stüke leiten."[460]

Zum besseren Verständnis des Schulbuchs ist es sinnvoll, dessen formale Struktur genauer zu betrachten. Die Erziehungsgrundsätze Stifters sind eng mit dem Aufbau des Lesebuchs verknüpft. Die Vorrede

---

[459] Stifter: Brief an Adolf Freiherrn von Kriegs-Au: Linz, 10. Juni 1866. In: ders.: Sämmtliche Werke, mit Benutzung der Vorarbeiten von Adalbert Horcicka hg. von Gustav Wilhelm, Bd. XXI: Briefwechsel. 5. Band, Hildesheim 1972 [reprographischer Nachdruck der Ausgabe Reichenberg 1928].
[460] Ders.: Brief an Gustav Heckenast: Linz, 22. März 1853. In: ders.: Sämmtliche Werke, Bd. XVIII: Briefwechsel. 2. Band, S. 155.

des Lesebuchs ist der Ausgangspunkt. An dieser Stelle erläutert Stifter seine Theorien und führt den Leser in die folgende Schriftensammlung ein. Domandl zufolge geht „jede eingehende Untersuchung des Lesebuches [...] daher von dieser Vorrede aus [...]"[461]. Diese besteht aus zwei Teilen. Höchstwahrscheinlich stammen die beiden letzten Abschnitte des zweiten Teils der Vorrede von Aprent. In Stil und Aufbau unterscheiden sie sich von den ersten sieben Abschnitten: „[...] an ihrem Inhalt und ihrer Sprache erkennen wir, daß Stifter selbst sie verfasst hat"[462], so die Erklärung von Domandl in seiner Darstellung über *Adalbert Stifters Lesebuch und die geistigen Strömungen zur Jahrhundertmitte*. Die letzten beiden Passagen von Aprent behandeln rein formale Themen. Es werden Hinweise zur Anwendung des Buches gegeben und Fragen der Rechtschreibung geklärt. In den ersten sieben Abschnitten legt Stifter dar, unter welchen Auswahlkriterien er die Texte zusammengestellt hat und welche Ziele er damit verfolgt. Auch auf die inhaltliche Gliederung geht er ein. Nicht nur die Vorrede ist in zwei Teile gegliedert, auch der Inhalt des Lesebuchs ist zweigeteilt:

> Was die Eintheilung betrifft, scheiden die beiden Theile „Von Außen – nach Innen" den Stoff in zwei große Gebiete, die sich auf die Richtung beziehen, nach welcher überhaupt alle geistige Entwicklung vor sich geht. Zuerst Beschauen des Gegenstandes und Herrschaft desselben, dann Erregtheit des Innern und seine Geltendmachung [...].[463]

---

[461] Domandl: Adalbert Stifters Lesebuch, S. 43.
[462] Ebd.
[463] Stifter und Johannes Aprent: Vorrede. In: Lesebuch zur Förderung humaner Bildung in Realschulen und in andern zu weiterer Bildung vorbereitenden Mittelschulen, hg. von Adalbert Stifter und Johannes Aprent, Pest 1854, S. V-VIII, S. VIf.

Stifter zieht keine Trennlinie zwischen den beiden Teilen. Ein Jahr vor Erscheinen des Lesebuchs verfasst Stifter seine Theorie des „sanften Gesetzes". Gemäß der Einteilung *Von Außen – Nach Innen* erläutert er in der Vorrede zu seiner Erzählsammlung *Bunte Steine* die Einheit von äußerer und innerer Natur: „So wie es in der äußeren Natur ist, so ist es auch in der inneren, in der des menschlichen Geschlechtes".[464] Cornelia Blasberg schreibt über diese Aufteilung: „Stifters und Aprents Lesebuch ist, weil es dem Lehrplan für die vierte *und* fünfte Klasse entsprechen will, in zwei große Textgruppen aufgeteilt."[465] Das ist nicht ganz richtig, da dieser Ansatz von einer genau definierten Scheidelinie ausgeht. Stifter möchte anhand seiner Einteilung das Werden des Menschen nachvollziehen. Erst wenn die nötige Reife vorhanden ist, kann der Mensch die verschiedenen Eindrücke verarbeiten und reflektieren. Für diese Gefühlseindrücke steht die Lyrik, die Reflexion äußert sich in der Prosa: „[...] dort Beschreibung und Erzählung, hier Gefühlsäußerung (Lyrik) und Denken über die Dinge. (Reflexion.)"[466] Mittels der klassischen Literatur wird dem Schüler ein Spiegel seiner Entwicklung vorgehalten. Das weniger vernunft- als bedürfnisorientiert agierende Kind entwickelt sich zum rational denkenden und verantwortungsbewusst handelnden Erwachsenen. Gudrun Klarner erkennt im Stifterschen Erziehungsansatz eine Zusammenführung zweier Antipoden:

> Stifter's structure of the Lesebuch aims at uniting these two conflicting opposites into a meaningful

---

[464] Stifter: Vorrede. In: ders.: Werke und Briefe, Bd. 2,2: Bunte Steine, S. 12.
[465] Cornelia Blasberg: Erschriebene Tradition. Adalbert Stifter oder das Erzählen im Zeichen verlorener Geschichten, Freiburg/Br. 1998 (Rombach Wissenschaften, Reihe Litterae 48), S. 145.
[466] Stifter und Aprent: Vorrede. In: Lesebuch, S. VII.

> whole: didactic literature is the first important landmark on the path of education which, as indicated by the headings of the two parts of the book, lead 'von außen – nach innen'; the matured the pupil, the less direct does the didactic import have to be.[467]

Für die Umsetzung des Gelernten als Ergebnis der Reflexion steht bei Stifter das Drama. Im Lesebuch wird das Drama, von Verweisen abgesehen, an keiner Stelle erwähnt. Stifter erklärt, warum diese Dreiteilung fehlt:

> Zu beiden [Gefühlsäußerung und Denken über die Dinge] kömmt im Menschen dann das Wollen, in welchem das thätige Innere sich wieder der Außenwelt zuwendet und die That erzeugt, die den Kreis an seinem Anfangspunkte abschließt. Das Drama hätte also eigentlich das Ende des Buches mit seinem Anfange verbinden sollen, doch mußte darauf verzichtet werden, da der Aufnahme eines ganzen Stückes Verlagsrechte entgegenstehen, und kaum eine Dichtungsart weniger geeignet ist in Bruchstücken gegeben zu werden, als das Drama.[468]

Zur Umsetzung in die „That" ist es nicht mehr gekommen, sowohl was die Aufnahme eines Dramas in die Textsammlung als auch eine Veröffentlichung für den Gebrauch an Realschulen betrifft. Vom Honorar beansprucht Stifter trotz notorischen Geldmangels lediglich 100 Gulden für sich, das Übrige überlässt er seinem Freund Aprent zur Unterstützung dessen hilfebedürftiger Schwester.

---

[467] Klarner: Paedagogic Design and Literary Form, S. 35.
[468] Stifter und Aprent: Vorrede. In: Lesebuch, S. VII.

3.9.3 Stifters erzieherische Grundsätze im Lesebuch

Stifters Lesebuch definiert sich über die Auswahl der Texte. In diesem Kapitel steht daher nicht die Interpretation der Texte im Vordergrund, sondern die Suche nach einer Begründung für deren Auswahl. Besonders jene Texte, die es nicht in das Lesebuch geschafft haben, sind von Bedeutung. Es stellt sich die Frage, warum Stifter nicht der herkömmlichen Textauswahl folgt, sondern einen eigenen Kanon aufstellt. Blasberg zufolge überrascht an dem Lesebuch von Stifter und Aprent nichts so sehr wie die Auswahl der Schriften.[469] Diese Textauswahl wird von der Schulbehörde als unpassend für die vierte und fünfte Realschulklasse eingestuft: „Das Buch wurde nicht unter die zulässigen gestellt, weil die Begutachter sagten, daß es nicht auf den Stufengang des Unterrichts Rüksicht nähme"[470], lauten die bedauernden Worte Stifters. Liest man das Inhaltsverzeichnis, mag man der Schulbehörde bedingt recht geben. Nach vierzehn kurzen und einfachen Nachdichtungen der Gebrüder Grimm folgen wesentlich anspruchsvollere Schriften. Teile des Inhaltsverzeichnisses lesen sich wie ein Auszug aus einer gut sortierten klassischen Bibliothek:

> [...] Abdallah. (Von Chamisso.) [...] Wie Rüdiger erschlagen ward. (Nach Simrock's Uebersetzung des Nibelungen-Liedes.) Aus der Ilias von Homer. (Nach der Uebersetzung von Voß.) [...]Aus 'Hermann und Dorothea.' (Von Goethe.) [...] Der Graf von Habsburg. (Von Schiller.) [...]. Der Besitzer des

---

[469] Blasberg: Erschriebene Tradition, S. 142.
[470] Stifter: Brief an Adolf Freiherrn von Kriegs-Au: Linz, 10. Juni 1866. In: ders.: Sämmtliche Werke, Bd. XXI: Briefwechsel. 5. Band, S. 222.

Bogens. (Von Lessing.) [...] Natur und Kunst. (Von Herder.) [...] Aus Phädon. (Von Platon.)[471]

Im zweiten Teil sind einige Seiten mit Aphorismen jener Autoren enthalten, deren Texte den Großteil des übrigen Lesebuchs ausmachen: „Fouqué. Rückert. Herder. Schiller. Göthe. J. Paul. Sailer. W. Humboldt."[472] Von 86 Beiträgen im ersten und 85 im zweiten Teil stammen allein 30 von Goethe; zehn Textauszüge sind von Schiller. Es ist fraglich, inwieweit sich diese anspruchsvollen Texte für vierzehn- bis fünfzehnjährige Jugendliche eignen. Geht es Stifter um ein lückenloses Verständnis und eine treffende Interpretation? In der Vorrede zum Lesebuch schreibt er über die Auswahl der Texte:

> Zu diesem Zwecke haben die Verfaßer einerseits nur sittlich Schönes, Würdiges, Verstandesgemäßes, d. h. künstlerisch Gebildetes zusammen zu stellen sich bestrebt, sie haben aus der alten Welt der Griechen und Römer Theile in Uebersetzungen aufgenommen, aus alter und neuer Zeit deutscher dichtender und denkender Kunst Beiträge gesammelt, und aus den erhabensten Theilen des alten Testamentes Auszüge gemacht, die nach den Eingeweihten der Schrift zu dem Tiefsten des heiligen Buches gehören. Anderseits haben die Verfasser jede einzelne Lehre und Wissenschaft als solche bei Seite gelassen, da denen, die in den oben angeführten Schulen notwendig sind, ohnehin ein eigener ausschließlicher Vortrag gewidmet ist.[473]

Stifter wählt die Kunst als Sinnbild des Schönen, um sittliches Verhalten zu wecken:

---

[471] Lesebuch, S. 357.
[472] Ebd., S. 360.
[473] Stifter und Aprent: Vorrede. In: Lesebuch, S. Vf.

> Stifter bindet seinen Schönheitsbegriff vielmehr an seinen Begriff von ‚Sittlichkeit', stellt also einen engen Zusammenhang zwischen dem Schönen und dem Guten her. Damit steht er in jener einflussreichen europäischen Tradition der Ästhetik, die – ausgehend von Platon – das Schöne nicht als subjektive Ergötzung der Sinne definierte, sondern als transzendentale Idee, die Bestandteil einer absoluten Schöpfungsordnung ist.[474]

Zur Auswahl seiner Texte äußert er sich folgendermaßen:

> Wir stellten daher ein Lesebuch zusammen, in welches kein Stük aufgenommen wurde, das nicht sprachlich, verstandesmäßig, sittlich und künstlerisch vollkommen rein war, so weit nehmlich unsere Beurtheilungsfähigkeit reichte.[475]

Die Autoren wählt Stifter überwiegend aus dem vorgegebenen Kanon der zeitgenössischen Lesebücher. Ähnlich wie in Josef Mozarts *Deutschem Lesebuch für die oberen Classen der Gymnasien*[476] sucht sich Stifter Werke aus dem 18. Jahrhundert für seine Textsammlung aus. Doch nicht mit allen Autoren ist Stifter einverstanden. Im Gegensatz zu Mozarts Lesebuch wird von Lessing (1729-1781) nur wenig, von Christoph Martin Wieland (1733-1813) gar nichts aufgenommen. Die Rezensionen im Erscheinungsjahr des Lesebuchs kritisieren, dass die Epoche der Romantik mit nur einem Vertreter, Fou-

---

[474] Schacherreiter: Adalbert Stifter und die Pädagogik. In: Kein Wesen wird so hülflos geboren, S. 9-20, S. 17.
[475] Stifter: Brief an Adolf Freiherrn von Kriegs-Au: Linz, 10. Juni 1866. In: ders.: Sämmtliche Werke, Bd. XXI: Briefwechsel. 5. Band, S. 222.
[476] Deutsches Lesebuch für die oberen Classen der Gymnasien, 1. und 2. Bd., hg. von Josef Mozart, 2. Aufl., Wien 1855.

qué (Friedrich Heinrich Karl Baron de la Motte, 1777-1843), im Lesebuch unterrepräsentiert sei. Tatsächlich sind nur zwei Gedichte und drei Sinnsprüche des Dichters im Lesebuch zu finden. Von Stifter selbst ist nur ein Auszug aus *Das Heidedorf* (1840) mit dem Titel *Der Heideknabe* aufgenommen; bekannte zeitgenössische österreichische Autoren sind nicht vertreten. Dafür steht der von Mozart vernachlässigte Goethe (1749-1832) im Vordergrund. Die Gründe sind eindeutig: Wie noch näher ausgeführt wird, erkennt Stifter Goethe als sein Ideal an.[477] Goethes *Faust*, *Wilhelm Meisters Lehrjahre* und die *Italienische Reise* sind Begleiter auf Inspektions- und Urlaubsfahrten. Stifter sieht sich als ein „bescheidener Nachfolger" Goethes und als ein „Wegbereiter einer neuen, Goethe und Schiller in sich vereinigenden Klassik"[478].

Der Einfluss Goethes auf Stifters Lesebuch steht damit außer Frage. Stifter charakterisiert sich selbst als „einen aus Goethes Verwandtschaft": „[...] ich bin zwar kein Göthe aber einer aus seiner Verwandtschaft, und der Same des Reinen Hochgesinnten Einfachen geht auch aus meinen Schriften in die Herzen [...]."[479] Wilhelm Bietak schreibt über die geistige Verwandtschaft der beiden Autoren:

> Wir wollen nicht unseren eigenen Goethe haben. Es gibt nur einen. Aber wie ein Vater mehrere Söhne haben kann und doch nur einen Erben, so ist es gemeint, wenn Stifter als Goethes Erbe bezeichnet wird. Auch er hat das Doppelziel, das eigene Ich zu gestalten und auf die Mitmenschen bildend zu wirken. [...] Stifter bleibt gerade in seiner

---

[477] Siehe: Kapitel 4.1: „Beispiel eines literarischen Erziehungsmodells".
[478] Alfred Doppler: Stifter im Kontext der Biedermeiernovelle. In: Adalbert Stifter: Dichter und Maler, S. 207-219, S. 207.
[479] Stifter: Brief an Gustav Heckenast: Linz, 13. Mai 1854. In: ders.: Sämmtliche Werke, Bd. XVIII: Briefwechsel. 2. Band, S. 225.

> reifsten Kunst der sittlichen Aufgabe, der Verantwortung vor den Mitmenschen bewußt, so sehr, daß wir Ziel und Wesen seiner Kunst vielleicht mit den Worten umschreiben dürfen: den Menschen bilden und die Dinge pflegen.[480]

Das Verhältnis Stifters zu Goethe ist umso bemerkenswerter, wenn man deren unterschiedliche Ansichten im Hinblick auf ethische Fragen genauer betrachtet. Stifter lässt dennoch keine Kritik an seinem Vorbild gelten. Für ihn steht nicht die zeitgenössische Kritik an einer angeblichen „Unsittlichkeit" der Goetheschen Dichtungen im Vordergrund. Er erkennt im Gegenteil die geistige Größe und die Freiheit in Goethes Schriften: „Haben ja Göthes größte Werke [...] Deutschland kalt gelassen, es ist natürlich: was höher ist als die Welt, wird von ihr geschmäht, es bleibt aber doch, und siegt, wie Göthe überall gesiegt hat."[481] Die scheinheilige Moral und Tugendhaftigkeit kleinlicher Kritiken entrüstet Stifter. Über seine unveränderliche Zuneigung dem Dichterfürsten gegenüber berichtet Johannes Aprent:

> Er liebte in Goethe nicht nur den Dichter; er zollte ihm auch als Menschen eine tiefe und aufrichtige Verehrung. Wenn dessen Schwächen hervorgezogen wurden, konnte er ernsthaft böse werden. 'Das ist ein erbärmliches Geschlecht,' rief er dann wohl, 'das von der Sonne nicht zu sagen weiß, als daß sie Flecken hat.' Aber in wahrhafte Entrüstung geriet er, wenn Goethe der Vorwurf gemacht wurde, er sei ein unsittlicher Dichter. 'Haben denn diese Leute,' sagte er einmal, 'nur eine Ahnung

---

[480] Bietak: Probleme der Biedermeierdichtung. In: Neue Beiträge zum Grillparzer- und Stifter-Bild, S. 119.
[481] Stifter: Brief an Gustav Heckenast: Linz, 11. Februar 1858. In: ders.: Sämmtliche Werke, Bd. XIX: Briefwechsel. 3. Band, S. 93.

> von dem unergründlichen Geheimnis einer rechten Menschennatur? Wie sie Zwerge sind, schreien sie, jener sei ein Ungeheuer. Weil sie keinen Maßstab für seine Sittlichkeit haben, nennen sie ihn unsittlich.'[482]

In dem Aufsatz *Kirche und Schule* legt Stifter folgendes Glaubensbekenntnis ab:

> Die Kirche gibt dem Menschen das heilige Gut der Religion, das Beste, was die Erde hat, oder eigentlich den Himmel, der auf die Erde gekommen ist. Aus Religion folgt Tugend von selber und alle Wege, die zu Ordnung und Recht führen. Daher ist ein religiöses Gemüth nicht nur das Heil des Einzelnen, sondern es führt auch zum Wohle aller.[483]

Kann man Stifter daher als treuen Anhänger des christlichen Glaubens betrachten? Eine Einschätzung Rutts lautet: „Stifter war Zeit seines Lebens praktizierender, überzeugter und gewissenhafter Christ."[484] Stifter verwendet in seinen Schriften vorwiegend allgemeingültige religiöse Wahrheiten. Einen Bezug zum Konfessionellen sucht er zu vermeiden, um stattdessen das Humane innerhalb der Religion zu vermitteln. Stifter erwähnt Gott stets in einem Zusammenhang – er sieht „das Göttliche" als das Gute per se, ohne eine genaue Definition dessen vorzulegen. Er charakterisiert das Böse nicht als übermächtigen dämonischen Einfluss, sondern erkennt den Menschen als Verantwortlichen für das eigene Handeln:

---

[482] Bericht von Johannes Aprent über Adalbert Stifter. In: Adalbert Stifters Leben und Werk, S. 626.
[483] Stifter: Kirche und Schule. In: Pädagogische Schriften, S. 184.
[484] Rutt: Adalbert Stifter, der Erzieher, S. 36.

> Kein Weltgeist, kein Dämon regiert die Welt: <u>Was je Gutes oder Böses über die Menschen gekommen ist, haben die Menschen gemacht.</u> Gott hat ihnen den freien Willen und die Vernunft gegeben und hat ihr Schicksal in ihre Hand gelegt. Dies ist unser Rang, dies ist unsere Größe. Daher müssen wir Vernunft und freien Willen, die uns nur als Keime gegeben werden, ausbilden; <u>es gibt keinen andern Weg zum Glücke der Menschheit</u>, weil Vernunft und freier Wille dem Menschen allein als seine höchsten Eigenschaften gegeben sind, und weil sie immer fort bis zu einer Gränze, die wir jetzt noch gar nicht zu ahnen vermögen, ausgebildet werden können.[485]

Unter diesem Aspekt ist der Bezug Stifters zu Goethe einleuchtend. Religion und Humanismus schließen sich in der Person Stifters nicht aus. Er möchte ein *Lesebuch zur Förderung humaner Bildung* zusammenstellen. Nicht Stifters religiöse Überzeugung, sondern seine ethische Gesinnung ist bei der Textauswahl das Leitmotiv. Damit folgt Stifter Goethes Weltbild und fordert eine Ablehnung von ministerieller Seite heraus:

> Wohl kein Ministerium hat [...] jemals an einer ethischen Zielsetzung eines Schulbuches Anstoß genommen; hier muß daher 'ethisch' unausgesprochen als Gegensatz von 'religiös' betrachtet werden. Man lehnt die autonome Ethik Stifters [...] von kirchlicher Seite [...] ab und vermisst eine ausgesprochen christliche Ethik.[486]

---

[485] Stifter: Schlußwort über die Schule. In: ders.: Werke und Briefe, Bd. 8,2: Schriften zu Politik und Bildung, S. 176-179, S. 176. [Zuerst erschienen in: *Der Wiener Bote*, 7. September 1849].
[486] Enzinger: Adalbert Stifters Studienjahre, S. 61.

Bei einer Überprüfung der Stoffauswahl ist kaum ein biblischer oder katechetischer Text oder ein Legendentext zu finden. In dem zweiten Abschnitt *Nach Innen* finden sich drei Aphorismen des katholischen Theologen Johann Michael Sailer (1751-1832)[487]. Der erste Eindruck täuscht: Die Erkenntnis der knappen, prägnant geformten Sätze beinhaltet keinen konfessionellen Glaubensinhalt. Es wird die Bedeutung der Tugend, ganz im Stifterschen Sinne, betont. Ein Ausspruch Sailers könnte gleichzeitig als Motto für Stifters Lesebuch stehen: „Tugend ist, und sie ist das Göttliche, das, aus Gott geboren, zunächst das Gemüth des Menschen verklärt, dann, nach außen wirkend, aus dem Chaos Ordnung schafft, die Welt verschönert und das Elend des Menschen erquickt."[488] Die drei Tugenden der katholischen Kirche „Glaube, Liebe, Hoffnung" bleiben ausgespart. Im ersten Abschnitt *Von Außen* ist zwar die Jesus-Legende *Töten und Lebendigmachen* von Herder aufgenommen, doch die Aussage bleibt gemäß dem übrigen Lesebuch neutral. Heilige werden im Text nicht erwähnt. Domandl begründet den Ausschluss: „[...] offenbar wich er [Stifter] jedem Hinweis auf Heilige und insbesondere auf die heilige Maria aus, um auch auf Protestanten einwirken zu können."[489] Nicht

---

[487] Johann Michael Sailer tritt 1770 in das Jesuitenkolleg in Landsberg ein und erhält 1784 eine Professur der Theologie an der Universität Dillingen. Als angeblicher „Illuminat" (Angehöriger einer aufklärerischen Geheimgesellschaft) muss er sein Amt aufgeben, erhält allerdings gleich darauf eine Professur in Ingolstadt und Landshut. 1818 wird er zum Erzbischof in Köln bestimmt, aber wegen des Einspruchs der Kurie nicht ernannt. Seit 1829 ist er Bischof. Sailer ist hauptsächlicher Vertreter einer auf das Innerliche bezogenen und dabei geduldigen Frömmigkeit des Katholizismus in Deutschland. Seine Sämtlichen Werke mit religionsphilosophischem und pädagogischem Inhalt sind in 40 Bänden von 1830 bis 1842 erschienen.
[488] Lesebuch, S. 335.
[489] Domandl: Adalbert Stifters Lesebuch, S. 60.

auf „konfessionelle Verherrlichung"[490] kommt es Stifter an, sondern auf die humane Wirkung des Glaubens. Im Lesebuch offenbart sich das tolerante Denken Stifters: Obwohl für ihn Religion eine Rolle spielt und er im Sinne der katholischen Kirche erzogen worden ist, möchte er seinen Glauben nicht aufdrängen. Die humanitäre Bildung steht bei ihm an erster Stelle. Mit Konfession oder patriotischen Bekundungen hat sein Ansinnen, „Edles und Würdiges in dem Herzen seiner Schüler zu schaffen"[491], nichts gemeinsam. Konfessionelle sowie politische Forderungen seitens des Ministeriums sind für Stifter bei der Ausarbeitung des Lesebuchs nicht maßgeblich. Domandl begründet die Auswahl der Texte:

> Da Stifter keine Lesestücke bringt, die konfessionelle, dynastische oder national-deutsche Tendenzen hervorkehren, müssen bei ihm auch solche Stellen fehlen, die eine offene oder versteckte zeitkritische oder sogar heidnische Einstellung erkennen lassen, wie wir sie in der 'Sammlung', bei Mozart und Vernaleken nachgewiesen haben.[492]

Zwar ist Stifter weder konfessionslos noch ohne politische Meinung, aber im Hinblick auf den Inhalt verhält er sich im Gegensatz zu anderen zeitgenössischen Lesebüchern neutral. „Daraus erklärt sich, warum er in das Lesebuch weder Patriotisches noch Dynastisches oder Nationales aufgenommen hat"[493], so die Erklärung von Domandl. Ebenso wenig sind Texte mit liberalem Gedankengut zu finden, obwohl dies der Gesinnung Stifters entspräche. Er nimmt die eigene

---

[490] Enzinger: Adalbert Stifters Studienjahre, S. 157.
[491] Stifter und Aprent: Vorrede. In: Lesebuch, S. VI.
[492] Domandl: Adalbert Stifters Lesebuch, S. 39.
[493] Ebd., S. 78.

politische und religiöse Überzeugung zurück, um das Lesebuch neutral zu halten. Folgende Charakterisierung seiner Persönlichkeit mag dieses Verhalten begründen: „Stifter verkörperte zeitlebens den besten Typ des geradlinigen, weltoffenen, mutigen und verantwortungsbewussten österreichischen Liberalen; dies wird heute von den meisten Forschern anerkannt [...]."[494] Ein verantwortungsvoller Umgang mit dem Bildungsgut der Schüler darf bei ihm keinerlei politische Beeinflussung zulassen. Die von ihm vertretene liberale Richtung wird von diesem Grundsatz im Lesebuch nicht ausgenommen. Die nachstehende, wenig differenzierte Aussage von Hierdeis gilt demzufolge nicht für das Stiftersche Lesebuch gelten:

> Schulbücher im allgemeinen und Schullesebücher im besonderen sind von jeher und per se politisch, weil auch die Schule per se politisch ist. In ihrer Organisation, ihrer rechtlichen Verfasstheit, in ihren Zielsetzungen, Inhalten und Medien, selbst in der Selektion von Schülern und Lehrern drückt sich politischer Wille aus: Gesellschaft und Herrschaft sollen gefestigt werden und stabil bleiben.[495]

Ein Schullesebuch ist nicht „per se" politisch im Sinne von „öffentlichkeitswirksam". Wäre es das, hätte es sein Hauptziel, der Ausbildung zu dienen, verfehlt. „Per se" ist jedes Lesebuch als Unterrichtswerk zur Ausbildung von Schülern in Sprache, Literatur und moralischer Integrität zu verstehen. In der Vorrede zu seinem Lesebuch gibt Stifter einen weiteren Grund an, warum er sein Werk frei von politischen oder religiösen Anklängen gestaltet hat: „Andererseits haben die Verfaßer jede einzelne Lehre und Wißenschaft als solche

---

[494] Ebd.
[495] Hierdeis: Zur Widerspiegelung der Politik in Schullesebüchern. In: Zur Geschichte des österreichischen Bildungswesens, S. 471-490, S. 472.

bei Seite gelaßen, da denen, die in den [...] Schulen nothwendig sind, ohnehin ein eigener ausschließlicher Vortrag gewidmet ist."[496] Religionslehre ist dieser Aussage zufolge allein Angelegenheit des Religionsunterrichts.

Obwohl Stifter im Lesebuch die patriotisch-kirchlichen Erziehungsmaßstäbe umgeht, gibt er bis zuletzt die Hoffnung auf eine ministerielle Genehmigung für die Verwendung als Schulbuch nicht auf. Stifter äußert sich in Bezug auf den Vorwurf der Verherrlichung des Selbstmordes:

> Den Vorwurf der Begutachter verdient es wirklich; aber Lehrstufengang und Hoheit menschlicher Gedanken und Dichtungen und ihre herrlichen Wirkungen auf das Herz sind schwer vereinbar; daher das Widerliche so vieler sogenannter Chrestomathieen. Ich erinnere mich mit Schauer auf die meiner Studienzeit, die nicht einmal schlecht war. Doch hatte sie die Philotas von Lessing, Verherrlichung des Selbstmordes. Vielleicht könnte das Buch, als zulässig erklärt, von manchem Lehrer gewählt, Gutes stiften.[497]

Wie Domandl erkannt hat, verzichtet Stifter im Unterschied zu anderen Lesebuchautoren bewusst auf alle Stoffe, die mit den vordergründigen politischen oder religiösen Strömungen seiner Zeit in Verbindung gebracht werden können.[498] Stifters Zurückhaltung in Bezug auf konfessionelle Belange, seine Toleranz gegenüber anderen Meinungen, sein Freiheitsdrang und seine Abneigung gegen Gesinnungsdruck, auch von kirchlich-politischer Seite, geben Aufschluss

---

[496] Stifter und Aprent: Vorrede. In: Lesebuch, S. VI.
[497] Stifter: Brief an Adolf Freiherrn von Kriegs-Au: Linz, 10. Juni 1866. In: ders.: Sämmtliche Werke, Bd. XXI: Briefwechsel. 5. Band, S. 222f.
[498] Domandl: Adalbert Stifters Lesebuch, S. 76.

über seine persönliche Haltung.

Die Ablehnung des Lesebuchs trifft Stifter schwer. Er hat von ministerieller Seite wenn keine Begeisterung, so doch eine Billigung seiner Textauswahl erhofft. Ernüchtert verfasst er im Januar 1855 einen Brief an Heckenast, in dem er seine Textauswahl und damit seine Bildungsidee darlegt und diese rechtfertigt. Stifter gibt sich selbst einen Teil der Schuld, da er die für Neues wenig aufgeschlossene Arbeitsweise des Amtsapparates verkannt habe:

> Unser Lesebuch ist *nicht* für die Realschulen approbirt worden, weil es dem Lehrplane nicht entspricht. [...] Es steht über dem Gesichtskreise unserer Professoren, und vorzüglich derer, die bisher für unsere Schulen solche Bücher gemacht haben. [...]. Der Fehler bestand darin, daß ich [...] dies nicht vorausgesehen, und die Menschen für vernünftiger gehalten habe als sie sind [...]. Wir meinten, wenn Edles Großes, das in die Herzen der Jugend gesät werden solle [...] gebothen wird, und dies in einer vollkommenen deutschen Sprache, werde die Sache für sich reden, daß man mit Freude darnach greifen werde, und daß man einsehen werde, daß alle untergeordneten Rüksichten Bildung des Stiles Geläufigkeit im Ausdruke Kennenlernen der Dichtungsarten etc mit Ausnahme der Litteraturgeschichte (deren Kenntnis für Jünglinge ohnehin unmöglich ist, und deren Foderung ein Widerspruch in sich) ohnehin in dem höheren Zweke liegen; allein man fodert die niederen Zweke in einem ausgedehnten Maße, weil man den höhern nicht zu sehen vermochte, obwohl er in der Bittschrift angegeben wurde.[499]

---

[499] Stifter: Brief an Gustav Heckenast: Linz, 2. Jänner 1855. In: ders.: Sämmtliche Werke, Bd. XVIII: Briefwechsel. 2. Band, S. 245f.

Stifter kommt zu dem Entschluss, „kein Buch mehr zu machen, als zu dem als Begutachter das deutsche Volk berufen wird"[500]. Diese Voraussage erfüllt sich: Zwei Jahre später erscheint sein dreibändiger Roman *Der Nachsommer*. Hier kann er seine Bildungsidee ohne Einschränkungen und Vorgaben zu Papier bringen.

---

[500] Ebd., S. 247.

4 Höhepunkt der Amtskarriere: *Der Nachsommer*

4.1 Beispiel eines literarischen Erziehungsmodells

Stifters bedeutendster Roman *Der Nachsommer* mit der selbst gewählten Gattungsbezeichnung und dem Untertitel „Eine Erzählung" erscheint 1857 in drei umfangreichen Bänden. In keinem anderen seiner Werke setzt Stifter sein literarisches Erziehungsmodell so konsequent um wie in diesem Roman. Die folgenden Kapitel legen dar, wie er dieses Modell durch seine Romankonzeption realisiert und welche pädagogische Zielsetzung er damit verfolgt. Stifters Theorie des „sanften Gesetzes" bildet die Grundlage, auf welcher der *Nachsommer* aufgebaut ist.

Mehrere Jahre hat Stifter mit der Ausarbeitung seines Lieblingswerkes zugebracht. Der konzipierte und „ausgefeilte" Roman basiert auf einer Erzählung mit dem Titel *Der alte Hofmeister*, deren Veröffentlichung Stifter ursprünglich in dem von Heckenast herausgegebenen Almanach *Iris* für das Jahr 1849 geplant hatte. Erst als dieser das Periodikum 1848 aufgrund der Revolutionswirren einstellt, erwägt Stifter eine Umgestaltung zum Roman. Im Juni 1853, erfüllt von seinen Reiseeindrücken in das Kremstal und nach Kremsmünster, schreibt er Heckenast von dem Vorhaben, seinem Buch den Titel *Der Nachsommer* zu geben:

> Das Buch, welches ich gerne *Nachsommer* heißen möchte, ist fast schon ganz fertig, die Zustände darin sind mir geläufig, und liegen mir als Materiale in großem Vorrathe im Herzen, was auch der Grund sein mag, daß ich nicht nur leichter arbeite als im historischen Romane, sondern daß ich auch von demselben gerne zur Erholung eine Parthie

des Nachsommers des Vogelfreundes hernehme und entweder neu arbeite oder feile.[501]

Die Landschaft des Kremstals wird zu einem bestimmenden Leitmotiv im *Nachsommer*. Er verarbeitet autobiographische Fakten und Erlebnisse. Als außergewöhnlich beeindruckende Erfahrung erlebt Stifter seinen ersten Aufenthalt am Meer in Italien. An Heckenast schreibt er im Juli 1857:

> Mein Sehnen seit vielen Jahren ist in Erfüllung gegangen: ich habe das Meer gesehen. Ich kann Ihnen mit Worten nicht beschreiben, wie groß die Empfindung war, welche ich hatte. Alle Dinge, welche ich bisher von der Erde gesehen hatte, Alpen Wälder Ebenen Gletscher etc .. versinken zu Kleinlichkeiten gegen die Erhabenheit des Meeres. Ich wußte nicht, wie mir geschah. Ich hatte einen so tiefe Empfindung, wie ich sie nie in meinem Leben gegenüber von Naturdingen gehabt hatte.[502]

Stifter lässt seine Romanfigur Heinrich während dessen zwei Jahre dauernder Reise durch Europa von seinen Gefühlen beim Anblick des Meeres berichten: „Das Meer, vielleicht das Großartigste, was die Erde besizt, nahm ich in meine Seele auf. Unendlich viel Anmuthiges und Merkwürdiges umringte mich." (4,3, 255) Knapp zehn Jahre nach den ersten Überlegungen über die Gestaltung des Romans hat er die drei Bände des *Nachsommers* fertiggestellt. Am 12. September 1857 schreibt Stifter erschöpft an seinen Verleger: „Heute um 12 Uhr habe ich das letzte Wort des Nachsommers nieder geschrieben. Das war ein Stük Arbeit. Sie haben mir eine solche

---

[501] Ders.: Brief an Gustav Heckenast: Linz, 9. Juni 1853. In: ebd., S. 169.
[502] Ders.: Brief an Gustav Heckenast: Linz, 20. Juli 1857. In: ders.: ebd., Bd. XIX: Briefwechsel. 3. Band, S. 36.

Angst gemacht, daß ich manchen Tag eilf Stunden beim Schreibtisch gesessen bin."[503]

Zeitgenossen haben seinem Roman nicht viel Anerkennung entgegengebracht. In der *Wiener Zeitung* heißt es im Jahr 1858:

> Vor dem erstgenannten Forum nun, vor dem der künstlerischen Anforderungen, ist 'Der Nachsommer' völlig unhaltbar. [...] Es wird nichts erzählt, es wird nur gesprochen und besprochen. Von mehr als 1300 Seiten sind es zwei, buchstäblich zwei bis drei Seiten, auf welchen das Klopfen eines menschlichen Herzens zu vernehmen ist, so leise, so sehr aus der Entfernung, als notwendig ist, um nicht zu einer künstlerischen Erzählung werden und mehr als den angedeuteten kleinen Raum einnehmen zu müssen.[504]

Diese Kritik wird dem *Nachsommer* nicht gerecht. Sicherlich, der Nachsommer ist kein kurzweiliger Bildungsroman im Sinne des *Wilhelm Meister*. Das Fehlen unmittelbarer Eindrücke ist charakteristisch für das Spätwerk Stifters. Zwar dienen Rahmenhandlung und Zitate des Goetheschen Bildungsromans als Vorlage, doch die innere Spannung wird im *Nachsommer* auf andere Weise aufgebaut. Stifter betont, dass derjenige, der „eine Heirathsgeschichte liest und hiebei rükwärts eine veraltete Liebesgeschichte erfährt, der weiß sich mit dem Buche ganz und gar nicht zu helfen, und muß endlich den Autor bedauern"[505]. An gleicher Stelle fügt er hinzu: „Ist es keine große

---

[503] Ders.: Brief an Gustav Heckenast: Linz, 12. September 1857. In: ebd., S. 60.
[504] Wiener Zeitung: 23. Dezember 1857. In: Adalbert Stifter im Urteil seiner Zeit, S. 205-209, S. 206.
[505] Stifter: Brief an Gustav Heckenast: Linz, 11. Februar 1858. In: ders.: Sämmtliche Werke, Bd. XIX: Briefwechsel. 3. Band, S. 95.

Dichtung, eine Dichtung ist es, kein Unterhaltungsbuch."[506] Nicht durch eine dramatische Handlung, sondern durch kontinuierliches Erzählen und Beschreiben wiederkehrender Tätigkeiten versucht Stifter auf den Leser einzuwirken. Verschiedene Teile aus einem Brief an Heckenast geben in eindrucksvoller Weise Aufschluss über Absicht und Inhalt des Romans:

> Ich habe ein tieferes und reicheres Leben, als es gewöhnlich vorkömmt, in dem Werke zeichnen wollen. [...] Dieses tiefere Leben soll getragen sein durch die irdischen Grundlagen bürgerlicher Geschäfte, der Landwirthschaft des Gemeinnuzens und der Wissenschaft und dann der überirdischen der Kunst der Sitte und eines Blikes, der, von reiner Menschlichkeit geleitet [...] höher geht als blos nach eigentlichen Geschäften [...] Staatsumwälzungen und anderen Kräften, welche das mechanische Leben treiben. [...] Wer das Buch von diesem Punkte nimmt, der wird den Gang, wenn er mir menschliche Schwächen verzeiht, ziemlich strenge und durchdacht finden. Die Gespräche über Kunst und Leben sind [...] Bildungsmittel für die jüngeren edleren Kräfte, die im Buche vor uns bis auf eine gewisse Stufe erzogen werden.[507]

Aus diesem Zitat lässt sich ableiten, warum der *Nachsommer* im Zusammenhang mit der Bildungsidee eine besondere Rolle spielt. Stifter spricht von Gesprächen als „Bildungsmittel" und von der Erziehung „bis auf eine gewisse Stufe".
Hauptfigur ist der junge Heinrich Drendorf, dessen Bildungsprozess sich überwiegend auf dem Gutshof des „mitunter etwas schrullig

---

[506] Ebd., S. 97.
[507] Ebd., S. 94f.

wirkenden"[508] Freiherrn von Risach abspielt. Diejenige Figur, deren Geschichte im Mittelpunkt und in der Mitte des Romans steht, die „Schlüsselfigur"[509], ist der alte Freiherr von Risach[510].

Domandl erkennt in seinem Aufsatz mit dem Titel *Wiedergeburt aus der Schönheit* die Sonderstellung des Romans an.[511] Er legt dar, dass zwar in Stifters Roman – wie bei Goethes *Wilhelm Meisters Lehrjahre* und Gottfried Kellers (1919-1890) *Der Grüne Heinrich* – das Heranwachsen eines jungen Menschen im Mittelpunkt stünde, der Titel des Romans aber nicht wie bei Goethe und Keller mit dem Jüngling selbst zu tun habe. Mit dem *Nachsommer*, so Domandl, ist die „verklärte Zeit eines Lebensabends"[512] bezeichnet, was auf die eigentliche Hauptfigur des Romans hinweist: „So tritt auch die Darstellung des Lebenslaufes des Haupthelden hinter die umfangreichen Lehren und Berichte des Alten, des väterlichen Freundes Risach, Mathildens und des Vaters zurück."[513]

Die Rahmenhandlung bildet die Erzählung des „ebenso vorwitzigen

---

[508] Duhamel: Natur und Kunst. In: Adalbert Stifters schrecklich schöne Welt, S. 151.
[509] Stahlová: Der Nachsommer – utopischer Traum oder Verallgemeinerungen philo-sophischer Ideen. In: Adalbert Stifter 2000, S. 50.
[510] Der Name „Risach" mag anagrammatisch aus „Sirach" (Buch Jesus Sirach) gebildet sein. Enzinger: Adalbert Stifters Studienjahre, S. 148. Das Buch Jesus Sirach ist eine apokryphe Schrift (Text, der im Entstehungsprozess der Bibel nicht in den Kanon mit aufgenommen wurde) des Alten Testaments und besteht aus einer Sammlung religiös begründeter ethischer Handlungsanweisungen und Überlegungen zu Herkunft und Wesen der Weisheit. Die Parallele zu der Bildungsaufgabe Risachs im Roman lässt auf eine Kenntnis Stifters und der daraus folgenden Abwandlung von „Sirach" zu „Risach" schließen.
[511] Sepp Domandl: Wiedergeburt aus der Schönheit. Der „Kern" in Adalbert Stifters „Nachsommer". In: Vierteljahresschrift des Adalbert-Stifter-Instituts des Landes Oberösterreich (VASILO), Folge 1/2 (1983), S. 45-60, S. 45.
[512] Ebd.
[513] Ebd.

wie unsicheren"[514] Heinrich, der im Rückblick die Geschichte seiner geistigen Entfaltung vom Jugendalter an bis zu seiner Hochzeit mit Natalie Tarona wiedergibt. Diese Darstellung „handelt von einem Menschen, dem alles glückt, und er beschreibt ein Leben, wie Stifter es selbst gerne gehabt hätte."[515] In sieben aufeinanderfolgenden Jahren besucht Heinrich jeden Sommer dieses „Rosenhaus"[516] seines Gastgebers. Bis zur Brautwerbung der Eltern Heinrichs im letzten Kapitel des dritten Bandes, *Der Abschluss*, bleibt dem Leser der Name des Ich-Erzählers verborgen. Diese Namenlosigkeit der Figuren spricht für die Modellhaftigkeit der *Nachsommer*-Erzählung. Der Freiherr von Risach stellt sich Heinrich erst in dem Kapitel *Die Mittheilung* vor – auf die Frage, warum Heinrich ihn nicht früher nach seinem Namen gefragt habe, antwortet dieser:

> ‚Ihr habt euch mir nicht genannt; daraus schloß ich, daß ihr nicht für nöthig hieltet, mir euren Namen zu sagen, und daraus zog ich für mich die Maßregel, daß ich euch nicht fragen dürfe, und wenn ich euch nicht fragen durfte, durfte ich es auch einen andern nicht.' (4,3, 136)

Risach nutzt die offizielle Vorstellung als Überleitung zu einem Gespräch über das Staatswesen – als geachteter Staatsmann kann er

---

[514] Duhamel: Natur und Kunst. In: Adalbert Stifters schrecklich schöne Welt, S. 151.
[515] Stadler: Ich gebe den Schmerz nicht her. In: Frankfurter Allgemeine Zeitung 48 (26. Februar 2005), S. 46.
[516] Das Haus etabliere auf exemplarische Weise eine Ordnung der Limitation, so Saskia Haag in ihrer Monographie über Haus und Literatur im 19. Jahrhundert: Es entstehe eine Grenze, innerhalb derer der Mensch gleichsam abgegrenzt sei von äußeren Geschehnissen. Saskia Haag: Auf wandelbarem Grund. Haus und Literatur im 19. Jahrhundert, Freiburg/Br., Berlin, Wien 2012 (Rombach Wissenschaften, Reihe Litterae 141), S. 10.

seinen Namen nennen und Heinrich an seinen Erfahrungen teilhaben lassen. Ohne diesen Hintergrund wäre eine offizielle Bekanntmachung zu diesem Zeitpunkt nicht nötig gewesen. Erst am Ende des Romans erfährt der Leser den Namen Heinrichs. Die Individualität der Figuren spielt keine Rolle. Die einzelne Figur steht modellhaft für die von Stifter beschriebene Ordnung. Eine genaue Zeitangabe, die Namen der Protagonisten und die der Orte werden zwangsläufig in den Hintergrund gerückt.

Das erste Kapitel handelt von der Kindheit Heinrichs und dem Umgang mit seinen Eltern und der um zwei Jahre jüngeren Schwester Klotilde.[517] Heinrich ist der Sohn eines fleißigen und geistig vielseitig

---

[517] Der Name „Klothilde" geht ursprünglich auf den altfränkischen Frauennamen Chlothildis (zu althochdeutsch *hlūt* „laut" [hier = „berühmt"] + althochdeutsch *hilt[j]a* „Kampf") zurück. Klothilde ist auch der Name der Gemahlin des Frankenkönigs Chlodwig I. Sie wird als Heilige verehrt, weil sie dazu beigetragen hat, dass sich ihr Ehemann zum christlichen Glauben bekehrt. Rosa und Volker Kohlheim: Duden Lexikon der Vornamen. Herkunft, Bedeutung und Gebrauch von über 8 000 Vornamen, 6., völlig neu bearb. Aufl., Mannheim/Zürich 2013, S. 227. Es ist interessant zu lesen, dass in Theodor Fontanes Roman *Cécile* (erste Buchausgabe 1887) ebenfalls eine „Klothilde" als Schwester Gordons aufgeführt ist. Der Name „Mathilde" wird ebenfalls erwähnt – hier allerdings bezogen auf Stifters Konstellation der Figuren und Verwendung der Namen „Klothilde" und „Mathilde" in äußerst ironischer Form: „'Und wie heißt Ihre Schwester?' ‚Klothilde.' ‚Klothilde', wiederholte sie langsam und gedehnt, und Gordon, der heraushören mochte, daß ihr der Name nicht sonderlich gefiel, fuhr deshalb fort: ‚Ja, Klothilde, meine gnädigste Frau. Sie wägen den Namen und finden ihn etwas schwer. Und Sie haben recht. Ich glaube auch nicht, daß ich fähig sein würde, mich jemals in eine Klothilde zu verlieben. Aber je weniger der Name für eine Braut oder Geliebte paßt, desto mehr für eine Schwester. Er hat etwas Festes, Solides, Zuverlässiges [...]. Vielleicht gibt es überhaupt nur einen Namen von ebenbürtiger Solidität.' ‚Und der wäre?' ‚Mathilde.' ‚Ja', lachte Cécile. ‚Mathilde! Wirklich. Man hört das Schlüsselbund.'" Theodor Fontane: Cécile. In: ders.: Sämtliche Werke. Romane. Erzählungen. Gedichte, hg. von Walter Keitel, Bd. 2: L'Adultera. Cécile. Irrungen Wirrungen. Stine. Unwiederbringlich, München 1962, S. 141-318, S. 215f. Auch in Fontanes Roman *Mathilde Möhring* taucht besagter Name auf. Hier

interessierten Kaufmanns „in der Stadt" (4,1, 9). Gewissenhaftigkeit, Ordnung und Disziplin sind Eckpunkte der Erziehung. Beide Eltern leben den Kindern mustergültiges Handeln vor:

> Die Mutter war eine freundliche Frau, die uns Kinder ungemein liebte, und die weit eher ein Abweichen von dem angegebenen Zeitenlaufe zu Gunsten einer Lust gestattet hätte, wenn sie nicht von der Furcht vor dem Vater davon abgehalten worden wäre. Sie ging in dem Hause emsig herum, besorgte alles, ordnete alles [...] und war uns ein eben so ehrwürdiges Bildniß des Guten wie der Vater [...]. (4,1, 12)

Während Heinrich zu einem jungen Mann heranreift, wird ihm gemäß des Rousseauschen Erziehungsideals einer freien Entfaltung der Persönlichkeit mehr Spielraum in seinem Handeln gewährt.[518] Für seine Ausgaben muss er jetzt allein die Verantwortung tragen. Seine

---

ist es die ehrgeizige junge Frau Mathilde, die „sauber, gut gekleidet und von energischen Ausdruck, aber ganz ohne Reiz" daherkommt. Ders.: Mathilde Möhring. In: ebd. Bd. 4: Effi Briest, Frau Jenny Treibel, Die Poggenpuhls, Mathilde Möhring, S. 577-674, S. 579. Zur Verbreitung des Namens im Mittelalter trug vor allem die Verehrung der heiligen Mathilde bei. Kohlheim: Duden Lexikon der Vornamen, S. 263f. Geht man von der Perfektion der Figuren in Stifters *Nachsommer* aus, ist sehr wahrscheinlich, dass der Autor die Bezüge der Namen gekannt hat.

[518] Der französisch-schweizerische Philosoph und Schriftsteller Jean Jacques Rousseau (1712-1778) ist ab 1742 in Paris als Hauslehrer und Notenschreiber tätig. Dort lernt er über Diderot die Enzyklopädisten kennen und schreibt die Artikel über Musik für die *Encyclopédie*. Sein Erziehungsroman *Émile, oder Über die Erziehung* (1762), der in seinem Anspruch auf freie Entfaltung der Individualität des Kindes die bisherigen erzieherischen Grundsätze völlig überholt, hat neben den Werken Pestalozzis die Erziehungstheorien bis in die Gegenwart beeinflusst. Siehe: Georg Holmsten: Jean-Jacques Rousseau, Reinbek 1991.

weitere Ausbildung darf er selbst bestimmen. Zunächst fühlt Heinrich sich von den Wissenschaften im Allgemeinen angezogen:

> Das sah ich wohl troz meiner Jugend schon ein, daß ich nicht alle Wissenschaften würde erlernen können; aber was und wie viel ich lernen würde, das war mir eben so unbestimmt, als mein Gefühl unbestimmt war, welches mich zu diesen Dingen trieb. Mir schwebte auch nicht ein besonderer Nuzen vor, den ich durch mein Bestreben erreichen wollte, sondern es war mir nur, als müßte ich so thun, als liege etwas innerlich Gültiges und Wichtiges in der Zukunft. Was ich aber im Einzelnen beginnen, und an welchem Ende ich die Sache anfassen sollte, das wußte weder ich, noch wußten es die Meinigen. (4,1, 17f)

Heinrich Drendorf geht, wie Schacherreiter feststellt, „einen Bildungsweg außerhalb oder bestenfalls am Rande der Bildungsinstitutionen"[519]. Sein „ungewöhnlich hohes Maß an Selbständigkeit"[520] verweist auf die Stiftersche Bildungsintention, bei der es um die Bildung des Lesers geht. Schacherreiter spricht von einem „patriarchalischen Ordnungsdenken"[521]. Zwar wird Heinrich und seiner Schwester ein gemeinsamer Unterricht erteilt[522], die verschiedenen Disziplinen allerdings geschlechtsspezifisch behandelt. Während Heinrich

---

[519] Christian Schacherreiter: Einführung: Adalbert Stifter und die Pädagogik. Geschichte und Gegenwart. In: Kein Wesen wird so hülflos geboren, S. 9-20, S. 26.
[520] Ebd.
[521] Ebd., S. 12.
[522] In einem Schulbericht aus dem Jahre 1858 spricht sich Stifter für Koedukation aus: „[Ich] halte [...] es für pädagogisch gebothener, eine Trennung nicht eintreten zu lassen, da die spätere Vereinigung bedenklicher sein dürfte, als ein von den untersten Klassen an dauerndes Zusammensein." Stifter: Erhebung

nach Ende der schulischen Ausbildung seine Neigungen und Anlagen frei entfalten kann, entspricht Klothildes Bildungsweg den Anforderungen an eine „höhere Tochter" aus gutem Hause, zu denen das Erlernen häuslicher Arbeiten zählt – eine Betätigung auf wissenschaftlichem Gebiet ist im Gegensatz zu Heinrichs Bildungsanspruch nicht vorgesehen. In dem Kapitel *Die Häuslichkeit* beschreibt der Autor die Tätigkeiten des Mädchens:

> Die Schwester, so sehr sie von der Umgebung als Fräulein behandelt wurde, liebte es doch sehr, bei sogenannten gröberen häuslichen Arbeiten zuzugreifen, um zu zeigen, daß sie diese Dinge nicht nur verstehe, sondern an Kraft auch die noch übertreffe, welche von Kindheit an bei diesen Arbeiten gewesen sind. Die Eltern legten ihr bei diesem Gesinnen nicht nur keine Hindernisse in den Weg, sondern billigten es sogar. Außerdem trieb sie noch das Lesen ihrer Bücher, machte Musik, besonders auf dem Klaviere und auf der Harfe, zu der sie auch sang, und mahlte mit Wasserfarben.
> (4,1, 22f)

In der Erzählung *Feldblumen* hat Stifter sich gegen die typisch weibliche Hausarbeit und gegen die „Häuslichkeit" gewendet – im *Nachsommer* dagegen ist diese „Häuslichkeit" Überschrift des ersten Kapitels. Noch in den *Feldblumen* schreibt Stifter:

> Dann haben sie ein anderes Zauberwort, mit dem sie sich tragen und Alles abfertigen: Die Häuslichkeit. Diese Häuslichkeit aber ist ein Hinfristen an Bändern und Kram, ein Ordnen der Hausbälle und Tafeln und Gesellschaften, und ein unnöthiger

---

der Pfarrschule Enns zur Pfarrhauptschule. In: ders.: Werke und Briefe, Bd. 10,3: Amtliche Schriften zu Schule und Universität, S. 73-75, S. 74.

> Prunk an Kleidern und Geräthstücken. [...] Endlich selbst Vorbereitung und Erfüllung der Mutterpflicht schließt nicht den Kreis des Weibes. Ist es nicht auch um sein selbst willen da?[523]

Abwertend äußert er sich über das Handarbeiten als Hauptbeschäftigung der Töchter:

> Die Nachwelt wird einmal staunen, daß die Töchter der ausgezeichnetsten Geschlechter drei Viertheile ihrer Jugend auf so geistloses Thun verwenden konnten [...]. Denn welcher Nachtheil für die Gesundheit, wenn der blühende, drängende, treibende Jugendkörper zusammengeknickt wird und in einer Stellung stundenlang verharrt, die ihm unnatürlich ist, und im Eifer der Arbeit noch unnatürlicher gemacht wird durch vermehrtes Bücken, durch das Andrücken des Rahmens an die Brust, und dergleichen.[524]

Seine moderne Sichtweise im Hinblick auf die Mädchenerziehung – und der Zeit weit voraus – hat Stifter mit den Jahren revidiert. Neben der von ihm propagierten allgemeinen Bildung für Mädchen treten im *Nachsommer* typisch weibliche Beschäftigungsmuster in den Vordergrund, was auch an der Überschrift des ersten Kapitels deutlich wird. Das Studium an einer Hochschule ist zu Stifters Zeit ausschließlich männlichen Reifeprüflingen vorbehalten. Zwar wird das Bildungsdefizit der Mädchen als Problem erkannt, wie Becher in seiner Stifter-Biographie feststellt[525], doch über den Privatunterricht geht die weiterführende Mädchenbildung nicht hinaus. Das Bildungskon-

---

[523] Stifter: Feldblumen. In: ders.: Werke und Briefe, Bd. 1,4: Studien, S. 120f.
[524] Ebd., S. 119.
[525] Becher: Adalbert Stifter, S. 96.

zept für Mädchen ist teilweise bis ins 20. Jahrhundert hinein ausgelegt auf die Erfüllung der Pflichten als Hausfrau. Außerdem schließt ein angenommener Mangel an geistiger Beweglichkeit Frauen von weiterführender Bildung aus.[526]

Heinrichs „unbestimmtes Gefühl" wird im Verlauf des Buches in eine bestimmte Richtung gebracht. Der Freiherr von Risach formt und bildet Heinrichs unklare Interessen in Anlehnung an das humanistische Bildungssystem aus: „Im Zentrum von Stifters Pädagogik steht eindeutig das Wesen Mensch, das zur Entfaltung seiner Möglichkeiten im Sinne des europäischen Humanismus berufen ist."[527] Schacherreiter weist auf die Erzieherfiguren in Stifters Erzählungen und im *Nachsommer* hin, die einen eigenen (männlichen) Erzieher-Typus darstellen – Heinrichs und Klothildes Hauslehrer sind ohne Ausnahme männlichen Geschlechts:

> Die guten Erzieher und Lehrer sind in Stifters Erzählungen und Romanen fast immer ältere, gereifte, integre, gütige, weise Männer. Exemplarisch für diesen Erzieher-Typus [...] [ist] der Freiherr von Risach im ‚Nachsommer' [...]. Diese Figuren folgen einem Idealbild des Lehrenden, der über ein zuverlässiges Weltwissen verfügt, verantwortlich handelt und obendrein über ein pädagogisches Einfühlungsvermögen verfügt, das es ihm ermöglicht, sich auf das Entwicklungs- und Verständnisniveau des jeweiligen Kindes einzustellen

---

[526] Erst nach 1870 breitet sich die höhere Töchterschule in Deutschland aufgrund der Aktivitäten der Frauenbewegung weiter aus. Im Jahr 1908 wird in Preußen ein Lehrerinnenseminar begründet, das für den höheren Schuldienst an Mädchenschulen qualifiziert. Siehe: Margarete Mitscherlich: Über die Mühsal der Emanzipation, Frankfurt/M. 1994.

[527] Becher: Adalbert Stifter, S. 96.

und so zu dessen Nutzen die Erzieherfunktion auszuüben."[528]

Im Kapitel *Die Mittheilung* erfährt der Leser die tragische Lebens- und Liebesgeschichte Risachs, die den Kern des Romans ausmacht. Selbst in späteren Jahren vermag dieser die unglückliche und leidenschaftliche Liebe seiner Jugendjahre, Mathilde, nicht zu verwinden. Im Rückblick berichtet Risach seinem Schüler über den traurigen Verlauf dieser Liebe. Laufhütte bezeichnet es als das „bittere Resultat: für das eigene Leben zu spät, von Nutzen vielleicht für die Jugend die Erkenntnis des Verfehlens und seiner Ursachen"[529]. Erst in der Erinnerung wird es möglich, Leidenschaft zu thematisieren und diese dem Schüler als Ursache eines missglückten Lebens- und Liebesentwurfs zu vermitteln. In ihrer Untersuchung über *Difficulty as an aesthetic principle* stellt Marian VanZuylen die Verharmlosung der Leidenschaft als einen aus dem gegenwärtigen Leben entrückten Zustand fest: „Passion is remembered by the protagonists, but it must first be tucked safely in some distant memory, having long since lost the infectious appeal of an unresolved present."[530]

Die Eltern Mathildes, deren Sohn Alfred während seiner Studienzeit Risach als Privatlehrer betreut, sind vorläufig gegen den Bund der beiden Jugendlichen. Mathilde kann den „Treuebruch" Risachs nicht verkraften und trennt sich aus verletztem Stolz und kindischem Trotz von ihm. Dieser steigt in den folgenden Jahren in ein hohes politisches Amt auf, wird in den Freiherrnrang erhoben; doch Ansehen

---

[528] Ebd., S. 11.
[529] Hartmut Laufhütte: Der 'Nachsommer' als Vorklang der literarischen Moderne. In: Adalbert Stifter: Dichter und Maler, S. 486-507, S. 489.
[530] Marian VanZuylen: Difficulty as an aesthetic principle. Realism and unreadability in Stifter, Melville, and Flaubert, Phil. Diss., Tübingen/Cambridge (Mass.) 1993 (Studies in English and comparative literature 9), S. 9.

und Wohlstand können ihn Mathilde nicht vergessen machen. Er zieht sich auf den „Asperhof" zurück, der ihm zum „Nachsommer" seines Lebens wird: „'[...] So leben wir in Glück und Stettigkeit gleichsam einen Nachsommer ohne vorhergegangenen Sommer. [...]'" (4,3, 224) Stifter charakterisiert die Figur in einem Brief an seinen Verleger. Besonderen Wert legt er auf die Erfüllung von Risachs Leben im Alter; jetzt nimmt er pädagogischen Einfluss auf die Jugend:

> Die Gestalt des alten Mannes, in die der Nachsommer gelegt ist, soll Ihnen gefallen. Er war ein bedeutender Staatsmann aber seine Kräfte waren ursprünglich schaffende, er mußte sie unterdrüken, und erst *nach* seiner Staatslaufbahn in seiner Muße machen sie sich gelten, und umblühen den Herbst dieses Menschen, und zeigen, welch ein Sommer hätte sein können, wenn einer gewesen wäre. Auch sein Herz findet die schönsten Blüthen erst im Alter, und an diesen Blumen entzünden sich andere, die jung ins Unbestimmte und Regellose gewachsen wären, und die, ohne selber groß zu sein, durch seine Größe, die sich erst wie in einem Nachsommer zeigt, doch groß werden.[531]

Die wiedergefundene Jugendliebe Mathilde vertraut Risach ihren Sohn Gustav an. Dieser trägt den gleichen Namen wie Risach und den Vornamen von Stifters Verleger Heckenast:

> 'Ich habe dir den Knaben gebracht', sagte sie, 'daß du sähest, daß er ist, wie dein Alfred – fast sein

---

[531] Stifter: Brief an Gustav Heckenast: Linz, 2. Jänner 1855. In: ders.: Sämmtliche Werke, Bd. XVIII: Briefwechsel. 2. Band, S. 249.

> Ebenbild – aber er hat niemanden, der so lieb mit ihm umgeht, wie du mit Alfred umgegangen bist, der ihn so liebt, wie du Alfred geliebt hast und den er wieder so lieben könnte, wie Alfred dich geliebt hat.' 'Wie heißt der Knabe?' fragte ich.
> 'Gustav, wie du', antwortete sie.
>
> Ich konnte meine Thränen nicht zurückhalten.
> (4,3, 220)

Risach, der fern von Verbitterung und Schwermut seinen Lebensabend genießen kann, wird zum geistigen Vater des jungen Gustav. In ihm kann der alte Mann vollenden, was in seinem Leben nur teilweise und unter schmerzlichen Umständen in Erfüllung gegangen ist: „Die Jugend weist auf die Zukunft hin, das Alter erzählt von einer Vergangenheit." (4,2, 164f) Gemeinsam mit Mathilde, die sich nicht weit entfernt mit ihrer Tochter Natalie im Sternenhof niedergelassen hat, verlebt er seinen „Nachsommer":

> In diesem Augenblicke ertönte durch das geöffnete Fenster klar und deutlich Mathildens Stimme, die sagte: 'Wie diese Rosen abgeblüht sind, so ist unser Glück abgeblüht.'
> Ihr antwortete die Stimme meines Gastfreundes, welche sagte: 'Es ist nicht abgeblüht, es hat nur eine andere Gestalt.' (4,2, 121)

Auf dem Asperhof oder im „Rosenhaus", wie Heinrich das Gut Risachs nennt, werden Kunstgegenstände wie in einem Museum aufbewahrt: „Wie bedeutende Menschen fast immer, hat Risach auch allerlei Liebhabereien und Kram."[532] In seiner Biographie über Adal-

---

[532] Ders.: Brief an Louise von Eichendorff. Linz, 17. Juli 1858. In: ders.: ebd., Bd. XIX: Briefwechsel. 3. Band, S. 123.

bert Stifter berichtet Aprent über diese Liebhabereien des alten Freiherrn, die zum Teil jene von Stifter gewesen seien:

> Auf seinen Inspektionsreisen hatte er oft Gelegenheit, bei Schullehrern, Geistlichen und Wirten von altertümlichen Geräten zu hören, die da und dort in einem dunkeln, vergessenen Winkel stünden, unbeachtet, halb zerfallen, seit langem ungebraucht. Er ließ sich diese Dinge zeigen und fand oft in einem Futterkasten das herrliche Werk einer auch im Handwerke kunstsinnigen Zeit. Er brachte, was noch hergestellt werden konnte, an sich [...].[533]

Es geht Stifter um die Kunst, schreibt Hartmut Laufhütte.[534] Stifter baut in seinem Roman eine Kunstwelt auf, die sich als bewusste Herausforderung an die zeitgenössische Gesellschaft richtet: „Die Kunst [steht] [...] im Dienst der Erziehung zu vollem Menschentum."[535] Mit dem Roman als Gesamtkunstwerk wird ein Modell beschrieben, an dem die Gesellschaft sich messen und bessern soll: „Als niemals belehrende, sondern immer nur zeigende Pädagogin hat sie im Sinne Schillers an der Erziehung des Menschen wesentlichen Anteil."[536]
Über mehrere Jahre hinweg verfolgt der junge Heinrich unter Anleitung Risachs seine verschiedenen Studien, wobei er schließlich auch sein Interesse an der Malerei entdeckt:

---

[533] Aprent: Adalbert Stifter, S. 69.
[534] Hartmut Laufhütte: Das sanfte Gesetz und der Abgrund. Zu den Grundlagen der Stifterschen Dichtung „aus dem Geiste der Naturwissenschaft". In: Stifter-Studien, S. 61-74, S. 72.
[535] Roedl: Adalbert Stifter, S. 117.
[536] Duhamel: Natur und Kunst. In: Adalbert Stifters schrecklich schöne Welt, S. 158.

> Da gerieth ich auch auf das Malen. [...] so versuchte ich jezt auch, den ganzen Blick, in dem ein Hintereinanderstehendes im Dufte Schwebendes vom Himmel sich Abhebendes enthalten war, auf Papier oder Leinwand zu zeichnen und mit Öhlfarben zu malen. Das sah ich sogleich, daß es weit schwerer war als meine frühren Bestrebungen, weil es sich hier darum handelte, ein Räumliches, das sich nicht in gegebenen Abmessungen und mit seinen Naturfarben sondern gleichsam als die Seele eines Ganzen darstellte, zu erfassen, während ich früher nur einen Gegenstand mit bekannten Linienverhältnissen und seiner ihm eigenthümlichen Farbe in die Mappe zu übertragen hatte. (4,2, 34)

Thomas Macho betont das Wechselspiel von Natur und Kultur im *Nachsommer*: Die Dinge der Natur, etwa die Rosen, und die Dinge der Kunst, wie die Marmorstatue oder der holzgeschnitzte Flügelaltar, verweisen aufeinander und repräsentieren dasselbe Ideal.[537] Die antike Marmorstatue steht sinnbildlich für Natur und Kunst als einzige Möglichkeit, die Ansprüche für ein volles und geistiges Leben zu erfüllen.[538] Stifter beschreibt in seinem Aufsatz *Über Beziehung des Theaters zum Volke* die „Kunst" als „das Schöne" und damit „das Göttliche" per se:

> Sie [die Kunst] war überall und ist überall die Darstellung des Göttlichen im Gewande des Reizes. Wir heißen das Göttliche, in so ferne es sinnlich

---

[537] Thomas Macho: Stifters Dinge. In: Merkur. Deutsche Zeitschrift für europäisches Denken 676 (2005), S. 735-741, S. 739.
[538] Fritz Krökel: Nachwort. In: Adalbert Stifter: Der Nachsommer, München 1966, S. 732-747, S. 332.

wahrnehmbar wird, auch das Schöne. Was Anderes darstellt, als das Göttliche, mag allerlei sein, nur Kunst ist es nicht.[539]

In Goethes *Wilhelm Meisters Lehrjahre* aus den Jahren 1795 und 1796 ist von der erstrangigen Kunstsammlung des Großvaters die Rede:

> Er besaß treffliche Gemälde von den besten Meistern; man traute kaum seinen Augen, wenn man seine Handzeichnungen durchsah; unter seinen Marmorn waren einige unschätzbare Fragmente; [...] seine wenigen geschnittenen Steine verdienen alles Lob [...].[540]

In vielerlei Hinsicht bleibt der *Nachsommer* dem Goetheschen Kunstideal verpflichtet.[541] Mathilde schenkt ihrem Sohn Gustav die gesammelten Werke Goethes, wobei sein Pflegevater die Lektüreauswahl für den Jungen treffen muss:

> '[...] Vieles ist für das reifere Alter, ja für das reifste. Du kannst die Wahl nicht treffen, nach welcher du diese Bücher zu Hand nehmen, oder auf spätere Tage aussparen sollst. Dein Ziehvater wird zu den vielen Wohlthaten, die er dir erwies, auch

---

[539] Stifter: Über Beziehung des Theaters zum Volke. In: ders.: Werke und Briefe. Historisch-kritische Gesamtausgabe, Bd. 8,1: Schriften zu Literatur und Theater, hg. von Alfred Doppler und Wolfgang Frühwald, Stuttgart/Berlin/Köln 1997, S. 118-124, S. 119.

[540] Johann Wolfgang von Goethe: Wilhelm Meisters Lehrjahre. In: ders.: Sämtliche Werke. Briefe, Tagebücher und Gespräche, hg. von Dieter Borchmeyer, Bd. 9: Wilhelm Meisters theatralische Sendung. Wilhelm Meisters Lehrjahre. Unterhaltungen deutscher Ausgewanderten, hg. von Wilhelm Vosskamp und Herbert Jaumann, Frankfurt/M. 1992, S. 355-992, S. 421.

[541] Burkhard Meyer-Sickendiek: Die Ästhetik der Epigonalität. Theorie und Praxis wiederholenden Schreibens im 19. Jahrhundert: Immermann – Keller – Stifter – Nietzsche, Phil. Diss., Tübingen 2001, S. 174.

> noch die fügen, daß er für dich wählt, und du wirst ihm in diesen Dingen eben so folgen, wie du ihm bisher gefolgt hast.' (4,1, 248)

Die Wahl fällt auf *Hermann und Dorothea*. Auch im ersten Teil seines Lesebuchs hat Stifter Textauszüge aus dem Versepos aufgenommen. Das Stück ist ihm seit seiner Schulzeit bekannt – ähnlich wie Risach seinen Zögling Gustav hat dort die Lehrerschaft vor zu viel und nicht altersgemäßer Lektüre gewarnt. Während der geforderten intensiven Lektüre kann Gustav sich mit seinen Fragen jederzeit an Risach wenden:

> Gustav las bereits in den Büchern von Göthe. Sein Ziehvater hatte ihm Hermann und Dorothea ausgewählt, und ihm gesagt, er solle das Werk so genau und sorgfältig lesen, daß er jeden Vers völlig verstehe, und wo ihm etwas dunkel sei, dort solle er fragen. (4,1, 263f)

Theodor Rutt erkennt den Einfluss von Goethes *Wilhelm Meister* auf Stifters *Nachsommer*, betont aber gleichzeitig dessen Eigenständigkeit:

> Es ist bekannt, daß Stifter auf seinen Dienstreisen während seiner Amtstätigkeit Goethes 'Wilhelm Meister' stets in der Seitentasche seines Mantels hatte; er schätzte diesen Roman, bewahrte sich jedoch In entscheidenden Fragen (z.B. auch der Selbstbildung, der Erziehung, der ehelichen Treue, des religiösen Bekenntnisses [...]) das eigene selbständige Urteil.[542]

---

[542] Rutt: Adalbert Stifter, der Erzieher, S. 36.

Burkhard Meyer-Sickendiek beschreibt in seiner Arbeit über die *Ästhetik der Epigonalität* den literarischen Effekt, der auftritt, wenn ein Autor die epigonale Bindung an einen Vorläufer nicht zu überwinden, sondern zu vertiefen sucht. Die Epigonalität wird im Gegensatz zum Epigonentum als eigenständiges ästhetisches Prinzip aufgefasst.[543] Entsprechend sieht Sagarra in Stifters Werk kein Anzeichen von Epigonentum, sondern betont dessen Unabhängigkeit:

> Obgleich Stifter [...] freimütig [...] [seine] Dankesschuld gegenüber Goethe anerk[ennt], verschwand bei ih[m] doch das Gefühl der Abhängigkeit, des Epigonentums. Statt dessen erfüllte [...] [ihn] das Bewusstsein der Vergänglichkeit aller Dinge, der Relativität der Werte, und dieses Empfinden verstärkte sich mit fortschreitendem Alter.[544]

Meyer-Sickendiek vergleicht den *Nachsommer* mit Stifters Vorbild *Wilhelm Meisters Lehrjahre*. Stifter knüpft mit seinem *Nachsommer* nicht nur an die *Lehrjahre*, sondern auch an die Fortsetzung *Wilhelm Meisters Wanderjahre* an. Das von Wilhelm Meister formulierte Programm: "[...] mich selbst, ganz wie ich da bin auszubilden, das war dunkel von Jugend auf mein Wunsch und meine Absicht"[545], kann ebenso für den sich lange Zeit auf der Suche befindenden und verschiedene Bildungsstufen durchlaufenden Heinrich gelten. Meyer-Siekendick vermutet, dass Stifter sich bei der Niederschrift seines Romans unmittelbar an der Vorlage der *Wanderjahre* orientiert

---

[543] Meyer-Sickendiek: Die Ästhetik der Epigonalität, S. 43.
[544] Sagarra: Tradition und Revolution, S. 295f.
[545] Goethe: Wilhelm Meisters Lehrjahre. In: Sämtliche Werke, Bd. 9, S. 657.

hat.[546] Ihm zufolge ist der Nachsommer ein Roman, dessen ursprünglicher Text *Wilhelm Meisters Wanderjahre* durch einen neuen ersetzt wurde, ohne dass der ursprüngliche Text verschwunden wäre: Dieser bleibt unter dem neuen Text lesbar. Seine gewagte Behauptung kann Meyer-Sickendiek anhand etlicher Textbeispiele nachweisen.[547] An einer Stelle wird die „sittliche Nachwirkung" der Rosenknospe beschrieben, „denn einen magischen Eindruck auf ein reines Gemüt bewirkt das Gewahrwerden der innigsten Dankbarkeit [...]"[548]. Die von Goethe entwickelte symbolträchtige Bildersprache, so Schoenborn, habe Stifter seinem Werk „einverleibt"[549].
Der Einfluss des Goetheschen Erbes auf den Schriftsteller ist beträchtlich. Wie sein Vorbild ist Stifter dabei auch auf der Suche nach der „Einheit von Leben und Kunst auf klassischen Wegen"[550]. In einem Brief an den Verleger schreibt er:

> Mein Werk ist weit entfernt von einem Götheschen, von der Großartigkeit des Inhaltes und der schönen klaren Fassung: aber mit Göthescher Liebe zur Kunst ist es geschrieben, mit inniger Hingabe an stille reine Schönheit ist es empfangen und gedacht worden.[551]

---

[546] Ebd., S. 175.
[547] Ebd.
[548] Goethe: Wilhelm Meisters Wanderjahre oder die Entsagenden. Zweite Fassung. In: ders.: Sämtliche Werke. Briefe, Tagebücher und Gespräche, hg. von Dieter Borchmeyer, Bd. 10: Wilhelm Meisters Wanderjahre, hg. von Gerhard Neumann und Hans-Georg Dewitz, Frankfurt/M. 1989, S. 261-774, S. 509.
[549] Schoenborn: Adalbert Stifter, S. 326.
[550] Baumer: Adalbert Stifter, S. 15.
[551] Stifter: Brief an Gustav Heckenast: Linz, 11. Februar 1858. In: ders.: Sämmtliche Werke, Bd. XIX: Briefwechsel. 3. Band, S. 93.

Ein weiteres Beispiel für eine Goethe-Rezeption ist der Name „Natalie"[552], den im *Wilhelm Meister* die Figur der „schönen Amazone" trägt. Stifter verwendet den Namen für sein weibliches Pendant zu Heinrich Drendorf. Beide Figuren verbindet eine Makellosigkeit sowohl des Charakters als auch der äußeren Erscheinung. Die Beschreibung der Natalie aus *Wilhelm Meisters Lehrjahre* lautet: „Wilhelm konnte nun Natalien in ihrem Kreise beobachten, man hätte sich nichts besseres gewünscht, als neben ihr zu leben, ihre Gegenwart hatte den reinsten Einfluss auf junge Mädchen und Frauenzimmer von verschiedenem Alter [...]."[553] Stifter verleiht seiner Natalie-Figur eine ähnliche Gestalt:

> Das unbeschreiblich schöne Angesicht war in Ruhe, als hätten die Augen, die jezt von den Lidern bedeckt waren, sich gesenkt und sie dächte nach. Eine solche reine feine Geistigkeit war in ihren Zügen, wie ich sie an ihr, die immer die tiefste Seele aussprach, doch nie gesehen hatte. (4,3, 14)

Bei der Schilderung Natalies wird deren Ähnlichkeit mit der beschriebenen Marmorstatue offensichtlich. Auch diese wird als „schön", „unschuldsvoll" und als „Sitz von erhabenen Gedanken" beschrieben. Natalie ist ein Idealbild, eine Statue, kein Mensch aus Fleisch und Blut[554]:

---

[552] Auch der Name „Natalie" hat einen christlichen Bezug. Er bedeutet „die am Geburtstag Christi (Weihnachten") Geborene (zu lateinisch *[diēs] nātālis* „[Tag der] Geburt"). Kohlheim: Duden Lexikon der Vornamen, S. 281. Doch kann man hier davon ausgehen, dass Stifter den Namen vor allem in Bezug auf die Figuren der „Natalie" in Goethes *Wilhelm Meister* und Jean Pauls Roman *Siebenkäs* gewählt hat.
[553] Goethe: Wilhelm Meisters Lehrjahre. In: Sämtliche Werke, Bd. 9, S. 906.
[554] Schmidt: Das domestizierte Subjekt, S. 298 und 301.

> Am (nackten) Marmorbildnis einer Venus, dem Hauptkunstwerk, auf das wir bald eine erstes mal wie auch auf Natalie stoßen, gibt es nichts mehr zu verbessern oder auszubessern: diese Venus steht für immer. Wie Natalie auch.[555]

Der Vergleich Natalies mit der Marmorstatue, deren Herkunftsgeschichte einen Hinweis auf den antiken Hintergrund des Epos gibt, gehört, so Karl Wagner, zur durchgängigen Mäßigung von Erotik und Leidenschaft, gegen die in dem Roman die Vaterfigur Risach verstoßen hat.[556] Diese Projektion ist typisch für das 19. Jahrhundert. Natalie als Sinnbild der idealen Frau bekommt mit Heinrichs Schwester Klotilde eine Komplementärfigur. Diese Figur dient der Entlastung von Emotionen, die offen ausgesprochen nicht mit Heinrichs Selbstverständnis vereinbar sind. Als weiblicher Idealgestalt neben Natalie kommt Klotilde die Rolle einer Stellvertreterin zu. Ihre Affekthandlungen werden zu Ventilen für die verdrängten emotionalen Spannungen von Heinrich. In den *Feldblumen* verurteilt Stifter die Hingabe zu „wilder Leidenschaft" als „sittlichen Selbstmord":

> [...] und wer sich vor reingesitteten Wesen einer wilden Leidenschaft überläßt, der begeht sittlichen Selbstmord, und erregt die Furcht, daß er wieder einmal dasselbe Spiel beginne – und Liebe, das zarte Gewerbe aus Vernunft und Sitte, zerstört er ja ganz natürlich durch solch' Beginnen, ganz natürlich![557]

In der Literaturwissenschaft ist es mittlerweile verbreitet, dieses

---

[555] Stadler: Mein Stifter, S. 89.
[556] Wagner: Die Litanei der Phänomene. In: Neue Zürcher Zeitung 247 (22./23. Oktober 2005), S. 46.
[557] Stifter: Feldblumen. In: ders.: Werke und Briefe, Bd. 1,4: Studien, S. 140.

„epische ‚freezing' der Leidenschaften als Verarbeitungsform der revolutionären Gewalt von 1848"[558] zu interpretieren. Goethe verfährt mit seiner Natalie in „Wilhelm Meisters Lehrjahren" ähnlich. Neben der eine geheimnisvolle Anziehungskraft ausübenden Kindfrau Mignon[559] und der lebhaften, übermütigen Philine bleibt die Figur der Natalie, trotz der beschriebenen Schönheit, unzugänglich:

> In diesem Augenblicke [...] wirkte der lebhafte Eindruck ihrer Gegenwart so sonderbar auf seine schon angegriffenen Sinne, daß es ihm auf einmal vorkam, als sei ihr Haupt mit Strahlen umgeben und über ihr ganzes Bild verbreite sich nach und nach ein glänzendes Licht. [...] Die Heilige verschwand vor den Augen des Hinsinkenden; er verlor alles Bewußtsein, und als er wieder zu sich kam, waren Reiter und Wagen, die Schöne samt ihren Begleitern verschwunden.[560]

Carola Salm ordnet Stifters *Nachsommer* als traditionellen deutschen Bildungsroman in der Nachfolge von Goethes *Wilhelm Meister* ein und betont die „geistige Verwandtschaft" und „innere Nähe"[561] der beiden Romane. Vereinfachende Urteile dieser Art sind trotz der offensichtlichen „Nähe" mit Vorsicht zu betrachten. So unterscheidet sich Adalbert Stifter als österreichischer Schriftsteller von Goe-

---

[558] Wagner: Die Litanei der Phänomene. In: Neue Zürcher Zeitung 247 (22./23. Oktober 2005), S. 46.
[559] An dieser Stelle fällt noch eine Gemeinsamkeit der Lehrjahre mit Stifters Novelle *Katzensilber* auf. In *Katzensilber* ist es das „braune Mädchen", dessen Eingliederung in die Gesellschaft schließlich misslingt.
[560] Goethe: Wilhelm Meisters Lehrjahre. In: Sämtliche Werke, Bd. 9, S. 591.
[561] Carola Salm: Reale und symbolische Ordnungen in Stifters „Nachsommer", Phil. Diss., Frankfurt/M./Bern/New York/Paris 1991 (Europäische Hochschulschriften Ser. 1, Deutsche Sprache und Literatur 1254), S. 11.

the allein durch eine differente literarische Entwicklung. In erster Linie ist der historische Kontext für vergleichende Betrachtungsweisen ausschlaggebend. Ebenso ist die Einordnung als Bildungsroman problematisch, worauf im Folgenden noch eingegangen wird.
Im vorigen Kapitel wurde die Theorie von Stifters „sanftem Gesetz" umfassend behandelt. Wie ein roter Faden zieht sich dieses Gesetz durch den Roman:

> ‚[...] Viele Menschen, welche gewohnt sind, sich und ihre Bestrebungen als den Mittelpunkt der Welt zu betrachten, halten diese Dinge für klein; aber bei Gott ist es nicht so; das ist nicht groß, an dem wir vielmal unsern Maßstab umlegen können, und das ist nicht klein, wofür wir keinen Maßstab mehr haben. Das sehen wir daraus, weil er alles mit gleicher Sorgfalt behandelt. [...]' (4,1, 122)

Der *Nachsommer* ist „gleichsam die anschauliche Anwendung"[562] von Stifters Vorrede in den *Bunten Steinen*. Unterschwellig, aber konstant beschreibt Stifter das „sanfte Gesetz" im *Nachsommer* mittels verschiedenartiger Ausdrucksformen in der praktischen Lebensgestaltung. Ein Gespräch Heinrichs mit seinem Gastgeber verdeutlicht die unmittelbare Wirkung dieses Gesetzes auf die Figuren im Roman:

> [I]ch [sagte] zu meinem alten Gastfreunde: 'Es ist seltsam, da ich von Eurer Besizung in die Stadt und ihre Bestrebungen kam, lag mir Euer Wesen hier wie ein Märchen in Erinnerung, und nun, da ich hier bin und das Ruhige vor mir sehe, ist mir dieses Wesen wieder wirklich und das Stadtleben ein Märchen. Großes ist mir klein, Kleines ist mir groß.'

---

[562] Krökel: Nachwort. In: Der Nachsommer, S. 738.

> 'Es gehört wohl beides und alles zu dem Ganzen,
> daß sich das Leben erfülle und beglücke', antwortete er. (4,1, 217)

Nicht nur durch die Gesprächsführung zwischen Heinrich und Risach wird das „sanfte Gesetz" in den Roman eingebunden. Die praktische Ausführung des Gesetzes zieht sich durch sämtliche Ebenen des Werkes. So findet über die Regelmäßigkeit der Lebensführung das „sanfte Gesetz" eine fassbare Ausgestaltung:

> Das Regelmäßige der Beschäftigung übte bald seine sanfte Wirkung auf mich; denn was ich troz der freudigen Stimmung, in welcher ich aus meinen Erringungen in der Kunst und in der Wissenschaft war, doch Schmerzliches in mir hatte, das wich zurück, und mußte erblassen vor der festen ernsten strengen Beschäftigung, die der Tag foderte, und die ihn in seine Zeiten zerlegte. (4,2, 171)

Diese Regelmäßigkeit spiegelt sich in ständigen Wiederholungen der Handlung. Tilman Spreckelsen bezeichnet den *Nachsommer* als „Großroman der Wiederholung"[563]. Die Zeiteinteilung der Figuren ist streng reglementiert, an jedem neuen Tag wird dieser Ablauf wiederholt. Zeit, so die Feststellung von VanZuylen, wird durch Arbeit definiert. Eine Erwartungshaltung beim Leser wird nicht aufgebaut:

> Time is defined through work, which follows a rhythm one must not deviate from; this rhythm translates into a reading that forbids, or at least

---

[563] Tilman Spreckelsen: Damals hinterm Mond. Stifter braucht seine Zeit, unsere Zeit braucht Stifter. In: Frankfurter Allgemeine Zeitung 246 (22. Oktober 2005), S. 39.

makes extremely difficult, a to-and-fro-motion, a dynamics of expectation and fulfilment.[564]

Jedes Jahr besucht Heinrich, nachdem er den Winter in der Stadt zugebracht hat, die Gebirgstäler und den Freiherrn von Risach. Zu Beginn des Romans berichtet der Erzähler Heinrich, dass in seiner Kindheit das pflichtbewusste Ausführen verschiedener Tätigkeit zu seinem Tagesablauf zählte: „Wir hatten in der Wohnung jedes ein Zimmerchen, in welchem wir uns unseren Geschäften, die uns schon in der Kindheit regelmäßig aufgelegt wurden, widmen mußten, und in welchem wir schliefen." (4,1, 9)

Die Lebensführung im *Nachsommer* gilt als modellhaft. Es handelt sich um das literarische Modell einer Lebensweise, um eine „Anderswelt"[565]. Zwar hat das Verhalten der Figuren im Roman ein utopisches Potential, aber ist das Stiftersche Bildungsziel tatsächlich als „utopisch" zu bezeichnen? Es ist sinnvoll, verschiedene Definitionen als Grundlage heranzuziehen. Dadurch wird eine genauere gattungsspezifische Einordnung des vorliegenden Romans möglich, auch wenn der inhaltliche und literarisch-formale Facettenreichtum des Romans eine Definition nicht einfach macht. Rutt betont mit folgendem Zitat, wie wenig man dem Dichter mit einer Reduzierung seines Werkes allein auf den pädagogischen Gehalt gerecht wird:

> Man muß sich hüten, Stifters Werk zu vereinfachen und etwa als eine angewandte Pädagogik zu betrachten. Seine Kunst erschöpft sich keineswegs in der Darstellung erzieherischer Phänomene. Sie umschließt weitere Bereiche. Adalbert Stifters

---

[564] VanZuylen: Difficulty as an aesthetic principle, S. 17.
[565] Helga Ebner: Spiegelungen weiblicher Erziehungs- und Bildungskonzepte in Stifters Werk. In: Kein Wesen wird so hülflos geboren, S. 30-42, S. 35.

> Werke sind kein Kommentar der Selbstführung
> und Selbstbildung.[566]

Was Stifter mit seinen Schriften vermitteln möchte, liegt fern jeder spröden Schulmeisterei. In einem Aufsatz *Über Stand und Würde des Schriftstellers* setzt er sich mit der dichterischen Berufung auseinander:

> Auf gewissenhafter Grundlage ruhend, ist der Stand des Schriftstellers einer der ehrwürdigsten des menschlichen Geschlechtes. Er ist der Lehrer, Führer, Freund seiner Mitbrüder, er kann ihnen ein Dolmetsch und Priester des Höchsten werden, wenn er in ihre Seelen als Dichter das Ideal des Schönen bringt, wenn er sie auf seinen Flügeln empor trägt, und wenn sie auch wieder zurücksinken mögen, sie doch nicht mehr auf die ganz niedere frühere Stufe sinken läßt, sondern sie hält und bei nächstem Anlasse wieder hebt.[567]

Stifters „dialektische Poetik"[568] ist nicht mit einer Vermittlung von Verhaltensregeln zu verwechseln. Niemals hat Stifter „Bildung" mit „intellektueller Wissensanhäufung"[569] gleichgesetzt. Es ist die Charakterbildung der Leser und Schüler – die humane Ausbildung des Guten im Menschen – der seine erzieherische und schriftstellerische Arbeit gilt. Um dies zu verwirklichen, lenkt Stifter über die Darstellung des Schönen den Blick auf die menschlichen Tugenden. Die Vorstellung des Schönen wird zum Symbol des sittlich Guten.

---

[566] Rutt: Adalbert Stifter, der Erzieher, S. 10.
[567] Stifter: Über Stand und Würde des Schriftstellers. In: Pädagogische Schriften, S. 12f.
[568] Mayer: Adalbert Stifter, S. 7.
[569] Jungmair: Linzer Jahre, S. 31.

4.2 Kann der *Nachsommer* als „Bildungsroman" gelten?

Warum ist es schwierig, Stifters *Nachsommer* der Gattung „Bildungsroman" zuzuordnen? Im Mittelpunkt der Handlung des Bildungsromans steht die individuelle Bildungsgeschichte eines in der Regel männlichen Helden.[570] Der männliche Held eines Bildungsromans muss sich durch einen Lern- und Reifeprozess im Meistern von Krisen und Prüfungen seine eigene Welt schaffen.[571] Er trifft üblicherweise aus Unerfahrenheit Entscheidungen, die überarbeitet werden müssen und daraufhin zu wachsender Selbsterkenntnis führen. Jürgen Jacobs sieht als entscheidendes Kriterium des Bildungsromans die „Überwindung des Bruches zwischen idealerfüllter Seele und widerständiger Realität"[572], die dem Helden im Laufe des Romans zum existentiellen Problem geworden ist.

Der Ansatz für den *Nachsommer* ist auf einer anderen Ebene zu finden. Hier fehlt „die ironische Haltung gegenüber dem Protagonisten: sie wird zur makellosen Vorbildfigur, die unangefochten und stetig

---

[570] Darüber hinaus konnte Birte Giesler mit ihrer Arbeit über die Verarbeitung von *Wilhelm Meisters Lehrjahren* in Hedwig Dohms *Schicksale einer Seele* zeigen, dass Frauen in einem männlich dominierten Diskurssystem vielmehr Objekt- als Subjektcharakter besitzen: ‚'Die Frau' [wird] als 'bloßes Gattungswesen, bar jeder Individualität' entworfen und ihre individuellen Anlagen und Meinungen, von denen bei der Bildungsidee ja ausgegangen wird, [werden ihr] indirekt abgesprochen [...]. Ihr 'Geschlechtscharakter' gilt als passiv und emotional. Der Diskurs um die Weiblichkeit um 1800 [schließt] den Bildungsroman der Frau in der Theorie von vornherein aus." Birte Giesler: „... wir Menschen alle sind Palimpseste ...". Intertextualität in Hedwig Dohms „Schicksale einer Seele" am Beispiel der Verarbeitung von Goethes „Wilhelm Meisters Lehrjahre", Herbolzheim 2000 (Thetis 10), S. 98.

[571] Manfred Heigenmoser: Bildungsroman, Individualroman, Künstlerroman. In: Zwischen Restauration und Revolution 1815-1848, S. 151-174, S. 152.

[572] Jürgen Jacobs: Wilhelm Meister und seine Brüder. Untersuchungen zum deutschen Bildungsroman, München 1972, S. 271.

schöner Vollkommenheit entgegenwächst"[573]. Hugo von Hofmannsthal hebt die dichterische Anziehungskraft des Romans hervor: „Gewaltig ist diese Glaubensfassung, und von einem solchen inneren Kern aus wirkt durch die Zartheit und Behutsamkeit des Dargestellten hindurch eine große und im reinsten Sinne leidenschaftliche Seele auf viele Geschlechter."[574]

Schicksals- oder Zufallsbestimmungen können bei der Beschreibung eines Bildungswegs keine Rolle spielen.[575] Roedl bezeichnet es als missglückten Versuch, den *Nachsommer* als Bildungs- oder Erziehungsroman „abzustempeln"[576]. Auch die Kunst als Kriterium zur Einordnung des Romans lehnt er ab. So werde im *Nachsommer* zwar viel über Kunst gesprochen, diese werde aber nicht als Ziel, sondern als erzieherische Kraft verstanden.[577] Die Kunst wird im Roman zum Identitätsstifter eines sich auflösenden Volksbewusstseins. Eine Aussage Risachs macht den Bezug zur Revolutionserfahrung Stifters deutlich:

> ‚[...] Wenn die Erkenntniß des Alterthums [...] immer fortschreitet [...], so werden wir auch dahin kommen, daß wir eigene Werke werden ersinnen können [...]. Wenn wir dahin gekommen sind, dann dürften wir wohl auch gesellschaftlich auf einer Stufe stehen, daß nicht blos Theile unseres Volkes nach außen mächtig sind sondern das

---

[573] Ebd., S. 273.
[574] Hugo von Hofmannsthal: Stifters „Nachsommer". In: Adalbert Stifter: Der Nachsommer, Frankfurt/M. 1982, S. 793-801, S. 800.
[575] Rolf Selbmann: Der deutsche Bildungsroman, 2., überarb. u. erw. Aufl., Stuttgart/Weimar 1994 (Realien zur Literatur 214), S. 140.
[576] Roedl: Adalbert Stifter, S. 117.
[577] Ebd.

ganze Volk, und daß es dann mit seinem Leben gelassen kräftig auf das Leben anderer Völker wirkt. [...]' (4,2, 154)

Waltraud Fritsch-Rößler lässt unterschiedslos drei Definitionen für den *Nachsommer* gelten: „Die Forschung begreift Stifters Großerzählung unisono – eine in der Germanistik seltene Einmütigkeit – als Utopie, und wichtiger: als Erziehungs- und Bildungsroman."[578]
Roland Duhamel bezeichnet den Nachsommer als „reinsten Typus" des Bildungsromans, da sich kein „Erziehungsprozeß, weder in der Literatur noch im Leben"[579] ähnlich erfolgreich gestalten lasse. Mathias Mayer spricht von einer „utopischen Tendenz"[580], aber ist Stifters selbstauferlegter Bildungsauftrag mit der bloßen Annahme einer „utopischen Tendenz" wirklich ausreichend erkannt? Stifter baut in seinem Roman eine utopische Idealwelt auf, die nicht realisiert werden kann. Strenggenommen handelt es sich dabei nicht um eine Utopie, da der Autor den gegenwärtigen Zustand der Gesellschaft kritisiert. Seine im Roman aufgebaute Idealwelt steht für ein Modell, in dem eine rückwärtsgewandte Utopie[581] innerhalb eines kleinen Personenkreises verwirklicht wird. Dieser kleine Kreis lebt in einer eigenen, in sich abgeschlossenen und ästhetisierten Welt, oder, wie Schacherreiter es beschreibt, in einer „im Irdischen realisierten Ordo, einer göttlichen lex aeterna"[582].

---

[578] Waltraud Fritsch-Rößler: Stifters Nachsommer und Goethes Wahlverwandtschaften. In: Jahrbuch des Adalbert Stifter Institutes des Landes Oberösterreich 2 (1995), S. 42-73, S. 42.
[579] Duhamel: Natur und Kunst. In: Adalbert Stifters schrecklich schöne Welt, S. 151.
[580] Mayer: Adalbert Stifter, S. 149.
[581] Siehe auch: Matz: Gewalt des Gewordenen, S. 79-86.
[582] Schacherreiter: „Ästhetische Modelle sanfter Menschenzähmung". In: praesent 2006, S. 44.

Stifter geht auf Distanz zur zeitgenössischen Gesellschaft, welche durch das Leben „in der Stadt" repräsentiert wird. Mit der vorbildhaften Lebensführung zielt der Autor auf deren Wirkung beim Leser. Es geht nicht darum, ob dieses literarisch ausgeführte Modell auf die im Roman vorbildhaft beschriebene Weise realisiert werden kann. Es stellt sich vielmehr die Frage, wie Stifter damit auf den Leser einwirken möchte und was mit ihr bezweckt wird.

Die Gewalt des Rechts- und Sittengesetzes ist nach Stifter nicht allein auf den Menschen beschränkt, sondern wird auf Staat und Gesellschaft übertragen. In einem Gespräch über den Nutzen des Getreides macht Risach auf die historischen Verkettungen zwischen Feldfrüchten und „vernünftigen Staatseinrichtungen" aufmerksam:

> '[...] Es ist unglaublich, und der Mensch bedenkt es kaum, welch ein unermeßlicher Werth in diesen Gräsern ist. Laßt sie einmal von unserem Erdtheile verschwinden, und wir verschmachten bei allem unserem sonstigen Reichthume vor Hunger. Wer weiß, ob die heißen Länder nicht so dünn bevölkert sind, und das Wissen und die Kunst nicht so tragen, wie die kälteren, weil sie kein Getreide haben. [...] Überall, wo Völker mit bestimmten geschichtlichen Zeichnungen auftreten, und vernünftige Staatseinrichtungen haben, finden wir sie schon zugleich mit dem Getreide [...].' (4,1, 70f)

Keinesfalls ist eine Polemik angebracht, wie sie Wolfgang Wittkowski in einem Aufsatz über Stifter und dessen Zeitgenossen anbringt. Er beschreibt die Ausübung der Vollkommenheit in dem Roman als übermenschlich und utopisch.[583] Dass diese Kritik verfehlt ist, ergibt sich aus der Zielsetzung des Romans. Der Leser spielt eine zentrale

---

[583] Wittkowski: Zeitgenossen. In: Jahrbuch des Adalbert Stifter Institutes, S. 53.

Rolle, da er einen Teil der Gesellschaft repräsentiert, welche der Veränderung bedarf. Als gänzlich unangemessen kann der Vorwurf gelten, Stifters eigene Lebensführung entspräche nicht dem der dargestellten Personen seines Werkes. Die Argumentation Wittkowskis, die Pflegetochter des Schriftstellers habe unter mangelnder Zuwendung gelitten und sich daraufhin ertränkt, entbehrt nicht nur jeder wissenschaftlichen Grundlage; Rückschlüsse auf biographische Fakten sind generell kein fruchtbarer Zugang.[584] Nicht Stifters eigenes Leben steht trotz autobiographischer Anlehnungen im Mittelpunkt. Der Roman dient als Modell in literarischer Form, um durch die beschriebene vorbildhafte Lebensführung der Figuren auf den Leser zu wirken.

Stifter unterscheidet zwischen Unterricht und Erziehung. Erziehung besteht nicht allein aus Wissensvermittlung, sondern beinhaltet die Ausbildung charakterlicher Reife: „,[...] Der Unterricht ist viel leichter als die Erziehung. Zu ihm darf man nur etwas wissen, und es mittheilen können, zur Erziehung muß man etwas sein. Wenn aber einmal jemand etwas ist, dann, glaube ich, erzieht er auch leicht. [...]'" (4,3, 167) Im Gegensatz zum Bildungsroman, in dem der Held verschiedene Stationen in Auseinandersetzung mit seiner Umwelt zu überwinden hat, verläuft der Bildungsgang des jungen Heinrich Drendorf ohne größere Hindernisse. Es ist daher fraglich, ob Heinrich als „Held" gelten kann – geht doch die Führung von der Erzieherfigur des Freiherrn von Risach aus. Er ist es, der durch Überwindung von Widerständen in seiner Lebensgeschichte zur übergeordneten Figur herangereift ist. In einer scherzhaften Rede an Natalie entlarvt sich Risach selbst als Ehestifter zwischen Natalie und Heinrich:

---

[584] Ebd.

> 'Habe ich es gut gemacht, Natta, [...] daß ich dir den rechten Mann ausgesucht habe? Du meintest immer, ich verstände mich nicht auf diese Dinge, aber ich habe ihn auf den ersten Blick erkannt. Nicht blos die Liebe ist so schnell wie die Electricität sondern auch der Geschäftsblick.'
> (4,3, 265)

Wie in mehreren dichterischen Werken Stifters[585] sind es die Eltern oder eine erwachsene Erzieherperson, welche für die Kinder und Jugendlichen Vorbildfunktion einnehmen: „[...] die Erwachsenen [wirken] vielfach auf die geistigen und sittlichen Kräfte ein, die sich in jungen Menschen entwickeln [...]."[586]

Heinrich Drendorf ist Mittel für einen höheren Zweck. Nicht er ist es, der sich erproben und lernen soll, sondern die Botschaft des Autors ist direkt an den Leser gerichtet. Durch den Leseprozess soll dieser seinen eigenen Bildungsgang durchlaufen. Der Erzieher im Roman wird zum persönlichen Lehrer, einem „living ‚Sittengesetz', a morality in motion"[587]. An dieser Stelle sei die Beschreibung von Stifters eigenem Delphinschreibtisch[588] im Roman erwähnt. Hier gehört das

---

[585] Hierzu zählen folgende Erzählungen aus der Novellensammlung *Bunte Steine*: *Granit* (Erstdruck unter dem Titel *Die Pechbrenner* in *Vergissmeinnicht. Taschenbuch für 1849*), *Kalkstein* (Erstdruck unter dem Titel *Der arme Wohltäter* in *Austria. Österreichischer Universalkalender für das Schaltjahr 1848* und *Turmalin* (Erstdruck 1852 unter dem Titel *Der Pförtner im Herrenhause* in dem Jahrbuch *Libussa*). Die Erwachsenen sind für die ihnen anvertrauten Kinder das Leitbild und wirken dadurch auf die „geistigen und sittlichen Kräfte" ein. Der Großvater ist die wichtigste Bezugsperson für den Enkel, der arme Pfarrer im Kar der Retter für die Schulkinder aus dem Dorf und die Erzählerin in *Turmalin* wird zur einzigen Vertrauten eines behinderten Mädchens.
[586] Rutt: Adalbert Stifters Gedanken zur Pädagogik. In: Pädagogische Schriften, S. 267f.
[587] VanZuylen: Difficulty as an aesthetic principle, S. 16.
[588] Der Schreibtisch in Sarkophagform ruht auf Delphinen und ist verziert mit Karyatiden (Bezeichnung aus der Architektur für eine weibliche Figur, die anstelle

Möbelstück zum Besitz des Freiherrn von Risach und man merkt es der detailgetreuen Beschreibung an, mit wie viel Freude und Stolz Stifter diese Antiquität aus der Zeit der Renaissance vorstellt. Im *Nachsommer* ist es der Freiherr, der Heinrich den Sekretär vorführt:

> Es war vor allem ein Schreibschrein, welcher meine Aufmerksamkeit erregte, weil er nicht nur das größte sondern wahrscheinlich auch das schönste Stück des Zimmers war. Vier Delphine, welche sich mit dem Untertheil ihrer Häupter auf die Erde stüzten, und die Leiber in gewundener Stellung emporstreckten, trugen den Körper des Schreines auf diesen gewundenen Leibern.
> (4,1, 88)

Die Beschreibung im Buch setzt sich über eine weitere Seite fort. Fischer äußert sich dazu in seinem Aufsatz über *Entwicklung und Bildung in Adalbert Stifters Dichten und Denken* wie folgt:

> Man lese unter dieser Perspektive Stifters Naturbeschreibungen, betrachte unter ihr, wie viele Reflexionen, wie viel Sorgfalt einem Garten, einem Haus, einem Zimmer gewidmet wird als den alltäglichen Entfaltungsräumen der Bildungssubjekte; und solche sind nahezu alle seine literarischen Gestalten, die jungen Menschen selbstverständlich in erster Linie.[589]

---

einer Säule tragende Funktion einnimmt) und Statuetten. „Das Ganze war mit einer Genauigkeit und Zierlichkeit gearbeitet, welche die besten englischen Arbeiten auszeichnet." Jungmair: Linzer Jahre, S. 21. Heute befindet sich das Möbelstück auf Schloss Frauenberg in Südböhmen.

[589] Kurt Gerhard Fischer: Entwicklung und Bildung in Adalbert Stifters Dichten und Denken. In: VASILO, Folge 1/2 (1984), S. 53-60, S. 56.

4.3 Das literarische Modell als Lernprozess des Lesens

Zum ersten Mal beschreibt Friedrich von Blanckenburg 1774 in seinem *Versuch über den Roman*[590] die Voraussetzungen für einen Bildungsroman, ohne diesen Begriff zu benutzen. Fast ein Jahrhundert vor Erscheinen des *Nachsommers* lehnt er die Anlage eines „vollkommenen Charakters" als „undichterisch"[591] ab; diese sei einförmig und ohne sonderliche Erfindung. Lange Passagen über Sein und Werden von Kunst und Natur finden sich wiederholt im *Nachsommer* und tragen nicht zur Leselust bei, wie Spreckelsen in dem Artikel über Adalbert Stifter mit der Überschrift „Damals hinterm Mond" feststellt:

> Es braucht eine Zeit, bis man sich in diesen Stil findet, der sehr bewußt den Lesefluß hemmt, die Wiederholung zum ästhetischen Prinzip erhoben hat und der, wo einmal das richtige Wort gefunden ist, nicht um der Variation willen im nächsten Satz ein anderes wählt.[592]

Bei Georg Lukács fällt die Resonanz auf die Stiftersche Fabel positiv aus, indem er die Handlung eines Erziehungsromans präzisiert:

> [...] seine Handlung muß ein auf ein bestimmtes Ziel gerichteter, bewußter und geleiteter Prozess sein, die Entwicklung von Eigenschaften in den Menschen, die ohne ein derartiges, tätiges Eingrei-

---

[590] Christian Friedrich von Blanckenburg: Versuch über den Roman. In: Theorie und Technik des Romans im 20. Jahrhundert, hg. von Hartmut Steinecke, 2. Aufl., Tübingen 1979 (Deutsche Texte 20), S. 106-126.
[591] Ebd., S. 110.
[592] Spreckelsen: Damals hinterm Mond. In: Frankfurter Allgemeine Zeitung 246 (22. Oktober 2005), S. 39.

fen von Menschen und glücklichen Zufällen, niemals in ihnen zur Blüte gekommen wären; denn das auf diese Weise Erreichte ist selbst etwas für andere Bildendes und Förderndes, selbst ein Erziehungsmittel.[593]

Wie auch immer die Beurteilung des Stifterschen Erzählstils ausfallen mag –erklärungsbedürftig bleibt er allemal. In ihrem Aufsatz *Vom Sensationellwerden der Langweile* – ein Zitat Thomas Manns über die Literatur Adalbert Stifters – stellt Hannelore Schlaffer fest:

> In einer Zeit, in der sich Gymnasiallehrer plagen müssen, um das Klischee vom beschaulichen Biedermeierdichter zu korrigieren, und in der selbst passionierte Leser über der Hetze von einer Neuerscheinung zur nächsten den ‚Klassiker' fast ganz vergessen, ist die Vorbildlichkeit Stifters für Autoren verwunderlich und erklärungsbedürftig. – Jedenfalls ist sie evident.[594]

Als „Vorkämpfer der Erwachsenenbildung"[595] ist Stifter nicht nur in seinem Amt als Schulrat Erzieher, sondern auch in seinem Roman *Der Nachsommer*. Seine Absicht ist es, den Leser in den Bildungsgang mit einzubeziehen. Diese Absicht führt bei der zeitgenössischen Leserschaft zu Missverständnissen im Hinblick auf die Zielsetzung des Romans: „Die Rezensenten tadelten nicht das, was zu bemängeln gewesen wäre; sie konnten oder wollten nicht verstehen, um was es

---

[593] Georg Lukács: Die Theorie des Romans. Ein geschichtsphilosophischer Versuch über die Formen der großen Epik, Sonderausg. nach dem Text der 1. Aufl. von 1920, Neuwied 1971 (Sammlung Luchterhand 36), S. 120.
[594] Hannelore Schlaffer: Vom Sensationellwerden der Langeweile. Adalbert Stifter und die deutschsprachige Gegenwartsliteratur. In: Neue Zürcher Zeitung (Internationale Ausgabe) 247 (22./23. Oktober 2005), S. 46.
[595] Engelbrecht: Geschichte des österreichischen Bildungswesens, S. 341.

dem Autor ging."[596] Eine Kritik aus dem Jahr 1858 urteilt über den *Nachsommer* mit harschen Worten:

> Dergleichen Arbeiten kann man billigerweise nicht mehr der Kunst zuzählen, da sie nichts mehr sind als das Resultat des unkünstlerischen Denkens über irgendeinen vorhandenen Stoff, über häusliches Leben, Landbau, Gartenkunst, Naturgeschichte, Astronomie, Anatomie, Geburtshilfe, Malerei, Poetik, Philosophie und Kunst.[597]

Unfreiwillig zählt der Kritiker die Hauptpunkte des Romans auf, anhand derer dem Leser ein Bild des eigenen Handelns vorgelegt werden soll. Die beschriebene Lebensführung im *Nachsommer* ist vorbildhaft und begrenzt sich nicht auf eine Generation. Nicht die individuelle Bildungsgeschichte Heinrichs steht im Mittelpunkt oder der „individualpsychologische Entwicklungsprozess"[598] der Identität des Helden.

Die „Hauptstadt" an dem „breiten Strome" (4,1, 180) ist unverkennbar Wien; als Standort des Rosenhauses und des Sternenhofs von Mathilde hat Stifter das Alpenvorland Oberösterreichs gewählt, welches ihm seit seiner Schulzeit in Kremsmünster wohlvertraut ist. Eigene Inspektionsreisen als Schulrat führen ihn in diese Gegend. Über den historischen Hintergrund des Romans schreibt Stifter: „Die Zeit muß der Leser finden. Am Ende sucht er [...] Dampfbahnen und Fabriken in dem Buche."[599] Die neutrale Erzählhaltung gibt dem Leser

---

[596] Roedl: Adalbert Stifter, S. 119.
[597] Schmidt-Weißenfels: Kritische Blätter für Literatur und Kunst, Jg. 2 (1858). In: Adalbert Stifter im Urteil seiner Zeit, S. 209-221, S. 220.
[598] Selbmann: Der deutsche Bildungsroman, S. 140.
[599] Stifter: Brief an Gustav Heckenast: Linz, 22. März 1857. In: ders.: Sämmtliche Werke, Bd. XIX: Briefwechsel. 3. Band, S. 14.

Gelegenheit, das Erzählte zu reflektieren, anstatt sich in den Romanhelden hineinzuversetzen. „Nicht Identifikation, sondern Reflexion" könnte das Motto Stifters lauten. VanZuylen stellt dazu in ihrer Abhandlung fest:

> [...] no longer ensnaring his readers in a network of identification and easily gained catharsis, Stifter creates a phenomenological dialectic. This dialectic originates between the text and its reticent reader, who, expecting some form of entertainment, is fed instead stern didacticism.[600]

Ziel ist es, ein typisches, repräsentatives Verhalten darzustellen.[601] Die Langsamkeit des Geschehens, ständige Wiederholungen der Rede und der Handlung dienen als pädagogische Übung für den Leser. Ein Merkmal hierfür ist der Tagesablauf im Rosenhaus, der einer strengen Zeiteinteilung unterliegt:

> In diesem Hause war jeder unabhängig, und konnte seinem Ziele zustreben. Nur durch die gemeinsame Hausordnung war man gewissermaßen zu einem Bande verbunden. Selbst Gustav erschien völlig frei. Das Gesez, welches seine Arbeiten regelte, war nur einmal gegeben, es war sehr einfach, der Jüngling hatte es zu dem seinigen gemacht, er hatte es dazu machen müssen, weil er verständig war, und so lebte er darnach. (4,1, 218)

Ebenso streng sind die Unterrichtsstunden in Heinrichs Elternhaus eingeteilt. Von dieser Ordnung darf nicht abgewichen werden:

---

[600] VanZuylen: Difficulty as an aesthetic principle, S. 9.
[601] Selbmann: Der deutsche Bildungsroman, S. 140.

> Den Unterricht erhielten wir in dem Hause von Lehrern, und dieser Unterricht und die sogenannten Arbeitsstunden, in denen von uns Kindern das verrichtet werden mußte, was uns als Geschäft aufgetragen war, bildeten den regelmäßigen Verlauf der Zeit, von welchem nicht abgewichen werden durfte. (4,1, 12)

Die beschriebenen Wiederholungen und Regelmäßigkeiten sind nicht nur auf die Lebensführung beschränkt. Sichtbar wird dieses Prinzip an Syntax, Interpunktion und Ausdruck. Stifters eigenes „Zeichen-'System'"[602] entspricht der Regelmäßigkeit seiner Dichtung. Gemeinhin wird das Komma von Stifter nur als Abgrenzung zwischen Sätzen gebraucht, bei Apposition und Enumeration kommt es seltener vor: „Es schien mir, als wären sie natürlicher wahrer einfacher und größer als die Männer der neuen Zeit [...]. Ich trug Homeros Äschilos Sophokles Thukidides fast auf allen Wanderungen mit mir." (4,2, 34) Mit dieser für den Leser unkonventionell erscheinenden Anordnung erreicht der Schriftsteller einen intensivierten Sprachausdruck in seiner Dichtung. Gleichmaß und epische Ruhe in der Sprache werden verstärkt hervorgehoben durch das ungewohnte, aber gleichmäßige Gefüge der Kommata.[603] Schmucklose Sätze und spärliches Vokabular dienen einer Sprache, „die mehr verschweigt als zeigt"[604]. Schlaffer spricht von einem „Karussell aus Wörtern, das

---

[602] Unter Vorbehalt so genannt von Magda Gerken. Magda Gerken: Zum Text der Ausgabe. In: Der Nachsommer, S. 748-749, S. 749.
[603] Ebd., S. 749.
[604] Schlaffer: Vom Sensationellwerden der Langeweile. In: Neue Zürcher Zeitung 247 (22./23.Oktober 2005), S. 46.

sich scheinbar mechanisch dreht".[605] Wie ein „naturwissenschaftlicher Beobachter"[606] beschreibt Heinrich Menschen, Wünsche und Empfindungen. Karge Sprache und Handlungsarmut tragen im Falle Stifters zur hohen Kunstfertigkeit seiner Literatur bei:

> Kein Stilbruch, keine Entgleisung in der Sprache, die von einer geradezu faszinierenden Eindeutigkeit ist, von der Einfachheit des hochgetriebenen Kultivierten. Sie paßt genau zu den Menschen dieser Welt, ihrem sachten, ehrfürchtigen, konventionellen Umgang miteinander, zu der Vorsicht, mit der sie sich in der Welt bewegen und diese zugleich in Distanz von ihrem Innersten halten.[607]

Roland Koch spricht von der „Grausamkeit Stifters und seiner Sprache, die Muscheln neben Küsse, neben ein rotes Band und ein schön geschnittenes Glas, die Kinder neben die Lerchen, den Wald neben die gesellschaftliche Wirklichkeit [...] stellen"[608]. Den Stil Stifters bezeichnet er als „das Gegenteil eines sanften Erzählens"[609]. Diese Aussage weist auf eine Tiefe in Stifters Sprache und seinem Stil hin, die bei einem ersten Lesen meist nicht zu erkennen ist. Koch deutet den Versuch, jeder rührenden Szene durch kühles Erzählen ihre Sentimentalität gleich wieder zu nehmen, als die „Ambivalenz Stifters"[610].

---

[605] Ebd.
[606] Becher: Adalbert Stifter, S. 202.
[607] Werner Kohlschmidt: Geschichte der deutschen Literatur vom Jungen Deutschland bis zum Naturalismus, Stuttgart 1975 (Geschichte der deutschen Literatur von den Anfängen bis zur Gegenwart 4), S. 413.
[608] Roland Koch: Zu Stifters „Der Waldbrunnen" und meinem Roman „Das braune Mädchen". In: Text+Kritik. Zeitschrift für Literatur X (2003), S. 40-47, S. 43f.
[609] Ebd., S. 43.
[610] Ebd, S. 44.

Davide Giuriato spricht sogar von einer „dämonischen Einfachheit"⁶¹¹ der Erzählweise. Stifter bewahrt seine vordergründig im idyllischen Naturraum angesiedelte Literatur vor dem Abgleiten in die Trivialität. Jedes Phänomen wird – entsprechend seiner Aussage in der Vorrede zu den *Bunten Steinen* – als gleichwertig behandelt:

> [...] das prächtig einherziehende Gewitter, den Bliz, welcher Häuser spaltet, den Sturm, der die Brandung treibt, den feuerspeienden Berg, das Erdbeben, welches Länder verschüttet, halte ich nicht für größer [...]. Nur augenfälliger sind diese Erscheinungen und reißen den Blik des Unkundigen und Unaufmerksamen mehr an sich [...].⁶¹²

Als „Gleichgültigkeit einer Stimme"⁶¹³ können diese Beschreibungen nicht bezeichnet werden. Denn gleichgültig gegenüber seiner Umwelt verhält sich der Erzähler keineswegs. Stifter entwirft im Mikrokosmos der Sätze einen Zustand, in dem die Dinge und die Gegenstände der Natur um ihrer selbst willen geschätzt werden. Kennzeichen dafür ist die häufige Verwendung des Verbs „sein". Matz spricht von der „Gewalt des Gewordenen", auch Titel seines Essays, welcher der Autor erliegt: „[...] auch er [der Dichter, Anm.] vermag nur zu erzählen, was er sah. Die Macht des Faktischen, sei sie auch noch so absurd, ist stärker denn alle Deutung. Es ist die ‚Gewalt des Gewordenen', was Stifter bedrängt, und er erliegt ihr."⁶¹⁴ Durch

---

⁶¹¹ Davide Giuriato: „klar und deutlich". Ästhetik des Kunstlosen im 18./19. Jahrhundert, Freiburg/Br., Berlin, Wien 2015 (Rombach Wissenschaften, Reihe Litterae 211), S. 290ff.
⁶¹² Stifter: Vorrede. In: ders.: Werke und Briefe, Bd. 2,2: Bunte Steine, S. 10.
⁶¹³ Koch: Zu Stifters „Der Waldbrunnen". In: Text+Kritik X (2003) S. 43.
⁶¹⁴ Matz: Gewalt des Gewordenen, S. 12.

diese „faktische" Aufzählung der Gegenstände und Ereignisse im Roman erreicht Stifter eine nahezu vollkommene Einheit von Inhalt und sprachlichem Ausdruck. Johann Lachinger spricht in seinem Aufsatz *Adalbert Stifters Nachsommer* von dem Roman als „Sprachkunstwerk"[615]. Manche Kritiker erkennen dieses Zusammenspiel. Sengle folgert aus der Beschreibungsdichte im Roman, es sei „naiv", hinter den „endlosen Schilderungen"[616] im Roman symbolische Bedeutung zu suchen. Spreckelsen betont die Bedeutung der Wiederholung bei Stifter:

> Adalbert Stifters Texte, zumal die späten, sprechen auf allen Ebenen von Wiederholung – Dinge werden wieder und wieder betrachtet, derselbe Weg ein weiteres mal beschritten, derselbe Gegenstand erklärt –, immer aber kommt dabei etwas neues hinzu.[617]

Spreckelsen spricht von einem „pädagogischen Prinzip der vertiefenden Wiederholung"[618], das Stifter sich ebenso zu eigen gemacht habe wie seine lehrenden und lernenden Figuren. Sie schauen in der wiederholten Wiederholung ein zweites und ein drittes Mal hin – mit dem Ziel, Neues dazu zu lernen. Im *Nachsommer* liest sich die lernende Wiederholung folgendermaßen: „Ich betrachtete daher die Zeichnungen recht genau, und sah sie um ihre Treue und Sachgemäßheit an. Als ich sie schon alle durchgeblättert hatte, legte ich sie wieder um, und schaute noch einmal jedes einzelne Blatt an." (4,1,

---

[615] Johann Lachinger: Adalbert Stifters Nachsommer. Ein singuläres episches Werk. In: Stifter-Studien, S. 97-100, S. 97.
[616] Sengle: Biedermeierzeit, Bd. 3, S. 953.
[617] Spreckelsen: Damals hinterm Mond. In: Frankfurter Allgemeine Zeitung 246 (22. Oktober 2005), S. 39.
[618] Ebd.

102) Diese Sichtweise auf das Stiftersche Werk hat sich in der Forschung nur vereinzelt durchsetzen können. Schlaffer übt Kritik am Stil des Dichters: „Manierist ist Stifter in der Tat, denn er setzt seinen Glauben allein in den Stil, seine Hoffnung auf die Kunst. Solche Manier ist geboren aus der Angst vor einer Realität außerhalb der Sprache, außerhalb der Ordnung und außerhalb des Ich."[619]
Stifters Hoffnung liegt allerdings nicht in der Kunst, sondern in der Vermittlung des Göttlichen und damit des Guten durch die Kunst. Immer wieder war das Werk Stifters einer oberflächlichen Kritik ausgesetzt, die die innere Schönheit und Stimmigkeit des Romans nicht zu erkennen vermag. Durch dieses verlangsamte Lesen soll die Teilnahme an der Lektüre „provoziert"[620] werden. Erst bei der Wiederholung des Lesevorgangs erhalten die ständigen Wiederholungen des Romangeschehens und der Wortwahl ihre volle Bedeutung:

> [...] [der] Satz umkreist in seiner langsamen Bewegung einen banalen Vorgang, der aber durch seine umständliche und ausführliche Thematisierung eben das Selbstverständliche, das Belanglose verliert. Wie in einer zerdehnten Wahrnehmung wird hier durch die von der Lebenswirklichkeit abweichende Langsamkeit eine Aufmerksamkeit erzwungen, die zuvor nicht existierte und die als Einspruch gegen die Blindheit des lebensweltlichen Vollzugs gelesen werden kann. bis in die sprachliche Gestaltung hinein erlegen die Texte ihren Lesern die Anstrengung dieses lesenden Gehen-Lernens auf.[621]

---

[619] Schlaffer: Nachwort. In: Bunte Steine, S. 272.
[620] Mayer: Adalbert Stifter, S. 151.
[621] Ders.: Stifter lesen, S. 10.

Michael Donhauser zufolge kommt es zu einem immer wiederkehrenden Wechsel von Sehen und Sagen, von Gesagtem zu Geschehenem und umgekehrt.[622] Beispiel hierfür ist der sich andauernd wiederholende Ablauf einer Handlung. In dem Kapitel *Die Einkehr* heißt es: „Als ich eine Weile gesessen war, bemächtigte sich meiner eine seltsame Empfindung, welche ich mir Anfangs nicht zu erklären vermochte." (4,1, 55) Zwei Seiten darauf liest man erneut folgende Worte: „Als ich eine geraume Weile gesessen war, und das Sizen anfing, mir nicht mehr jene Annehmlichkeit zu gewähren wie Anfangs, stand ich auf [...]." (4,1, 57) Zusätzlich verringern fehlende Kommata und Leerstellen im Text das Lesetempo. Die Absätze verweisen auf gedankliche Leerstellen, die der Leser selbst auffüllen muss:

> Jezt war es Zeit herum zu schauen.
> [...]
> Jezt war die Gegend sehr leer.
> Ich blickte kaum auf sie.
> (4,1, 291)

Hubert Lengauer bezeichnet dieses Phänomen Stifterscher Dichtung sinngemäß als eine „Störung durch Verzögerung": „Vielleicht ist dies das eigentliche Politische an Stifter: diese Störung, die nicht durch Geräusch und Schnelligkeit entsteht (daran haben wir uns längst gewöhnt [...]), sondern durch Stille und Verzögerung."[623] Auf allen Textebenen sieht sich der Leser mit der Bildungsidee Stifters konfrontiert. Er wird durch aufmerksames Lesen des Romans in den Bildungsdialog mit einbezogen und zum Nachdenken animiert: „In all

---

[622] Michael Donhauser: Kritik des reinen Verlusts. Zu Adalbert Stifter. In: Text+Kritik X (2003), S. 48-55, S. 50.
[623] Hubert Lengauer: Stifter und die Politik. In: Sanfte Sensationen. Stifter 2005. Beiträge zum 200. Geburtstag Adalbert Stifters, S. 113.

diesen Passagen wird der Dialog benutzt, um die didaktische Botschaft des Romans zu unterstützen."[624] Becher bezeichnet den Erzählstil Stifters als eine „Schule der Wahrnehmungsverfeinerung"[625], als ein „subtiles Dialogangebot"[626] an den Leser: Geht der Leser darauf ein, so öffnet sich ihm ein Kosmos menschlicher Kommunikation, der von Achtung und Einfühlungsvermögen geprägt ist, der jedem einzelnen seinen Raum, seine Stimme und seine Würde zumisst.[627]

---

[624] Brigid Haines: Dialog und Erzählstruktur in Stifters Der Nachsommer: In: Adalbert Stifters schrecklich schöne Welt, S. 169-177, S. 171.
[625] Becher: Adalbert Stifter, S. 202.
[626] Ebd.
[627] Ebd.

4.4 Stifters Poetik am Beispiel von Heinrichs Bildungsgang

Zum hastigen „Verschlingen" eignet sich der *Nachsommer* nicht. Mit dem Roman wird ein Modell beschrieben, an dem die Gesellschaft sich messen und bessern soll. So spiegelt sich die Philosophie Immanuel Kants und dessen „kategorischer Imperativ" in Heinrichs zielbewusstem Handeln, in seiner geregelten Lebensweise und den von ihm angestrebten moralischen Werten.[628] Als übergeordnete Kategorie spielt die Philosophie im *Nachsommer* aber genauso wenig eine Rolle wie in seinen bisherigen Schriften. Stifters Wirklichkeit ist fassbar und in der „Dingwelt" begründet. Risach lässt Heinrich wissen, wie wenig er von der Philosophie hält, im Gegensatz zur Literatur sei sie zu abstrakt:

> ‚[...] Da ich von der Weisheitslehre sprach, welche man in unserem deutschen Lande noch immer als Weisheitsliebe mit dem griechischen Worte Philosophie bezeichnet, muß ich euch sagen, [...] daß ich nicht gar sehr viel auf sie halte, wenn sie in ihrem eigenen und eigenthümlichen Gewande auftritt. Ich habe alte und neue Werke derselben mit gutem Willen durchgenommen; aber ich habe mich zu viel mit der Natur abgegeben, als daß ich auf ledigliche Abhandlungen ohne gegebener Grundlage viel Gewicht legen könnte, ja sie sind mir sogar widerwärtig. [...] Wenn ich je einige Weisheit gelernt habe, so habe ich sie nicht aus den eigentlichsten Weisheitsbüchern, am wenigsten aus den neuen - jezt lese ich gar keine mehr -

---

[628] In seiner Sittenlehre stellt Kant ein oberstes und allgemeines Sittengesetz auf, das als „kategorischer Imperativ" die Pflichterfüllung in den Mittelpunkt der sittlichen Wertordnung stellt.

gelernt, sondern ich habe sie aus Dichtern genommen oder aus der Geschichte, die mir am Ende wie die gegenständlichste Dichtung vorkömmt.'
(4,2, 42f)

In dem Kapitel *Der Wanderer* schlägt Heinrich „jezt einen andern Weg ein" (4,1, 38), der auf das Zusammentreffen mit Risach im folgenden Kapitel *Die Einkehr*[629] verweist. Das heraufziehende Gewitter, das aber nicht zum Ausbruch kommt, symbolisiert eine in der Luft liegende Spannung: „Die Donner erschallten nun sogar lauter, und verkündeten sich bald an dieser Stelle des Himmels bald an jener." (4,1, 76) Heinrichs Gastgeber ist davon überzeugt, dass es kein Unwetter geben wird, weil er – wie er Heinrich berichten wird – das Verhalten der Insekten beobachtet hat und zu deuten weiß. Ungehalten reagiert Heinrich auf die Beharrlichkeit des alten Mannes, der davon überzeugt ist, dass kein Gewitter heraufziehen wird. Er und Heinrich müssen sich bei ihrem ersten Treffen erst „aneinander abreiben", ehe der Bildungsgang des Jüngeren beginnen kann: „'Wir wollen nicht lange darüber Meinungen hegen, ob ein Gewitter dieses Haus nezen wird oder nicht', sagte ich; 'wenn ihr Anstand nehmet, mir dieses Gitterthor zu öffnen, so habet die Güte, und ruft den Herrn des Hauses herbei.'" (4,1, 50) Risach antwortet in überlegener Position: „'Ich bin der Herr des Hauses.'" (4,1, 50) Über diesen Zwiespalt findet die erste Annäherung statt, und Heinrich muss am Ende

---

[629] Unter dem Stichwort „Einkehr" findet sich im Deutschen Wörterbuch von Jacob und Wilhelm Grimm folgender Eintrag: „gasthaus, herberge, einkehren: den einkehr nemmen, einkehren, abtreten; kamen wir abends in einen finstern und langen wald, darinnen kein wirtshaus noch einkehr zu ersehen. franz. Simpl. 1, 112; und doch hatte ich aussicht unterwegs auf die angenehmste einkehr. Göthe 30, 210; es ist hier viel einkehr. Deutsches Wörterbuch, hg. von Jacob und Wilhelm Grimm. Band 7: E – Empörer, Fotomechanischer Nachdruck der Erstausgabe 1862, Leipzig/Stuttgart 1993, S. 213.

seinem Gastgeber recht geben. Dieser erste Disput wird gleichzeitig der letzte sein – ab diesem Zeitpunkt folgt Heinrich in seinem Denken den Ansichten Risachs. Der Jüngere erkennt die größere Erfahrung des Älteren an.

Bei der ersten Annäherung Heinrichs an das Rosenhaus und den sich daran anschließenden, von Risach geführten Rundgang durch den Garten beschreibt Heinrich die Vollkommenheit der Rosenblätter an der Hauswand:

> Auch das Grün der Blätter fiel mir auf. Es war sehr rein gehalten, und kein bei Rosen öfter als bei andern Pflanzen vorkommender Übelstand der grünen Blätter und keine der häufigen Krankheiten kam mir zu Gesichte. Kein verdorrtes oder durch Raupen zerfressenes oder durch ihr Spinnen verkrümmtes Blatt war zu erblicken. Selbst das bei Rosen so gerne sich einnistende Ungeziefer fehlte. Ganz entwickelt und in ihren verschiedenen Abstufungen des Grüns prangend standen die Blätter hervor. Sie gaben mit den Farben der Blumen gemischt einen wunderlichen Überzug des Hauses. (4,1, 48)

Macho bezeichnet den Klang des Stifterschen Schreibstils als „mystisch", obwohl „doch nur die Veredelung der Beete mit Rosenabfällen, Blättern oder Zweigen [...] in einer Ecke des Gartens [gemeint sind]"[630]. Mit Sorgfalt und Liebe zum Detail konzentriert sich der Erzähler in dem Roman auf die Auseinandersetzung mit der „Dingwelt", das heißt der Wirklichkeit der Gegenstände, vornehmlich aus dem Bereich der Kunst. Diese „Dinge", denen das Hauptinteresse

---

[630] Macho: Stifters Dinge. In: Merkur 676 (2005), S. 740.

des Erzählers gilt, gleichen einer „Offenbarung"[631]: Trotz der objektiven Außensicht wird den Dingen eine Vieldeutigkeit unterstellt. Heinrichs „frappantes Erinnerungsvermögen"[632] lässt diesen niemals im Stich – selbst diejenigen Dialoge, die er nur von Erzählungen her kennt, gibt er dem Anschein nach wortwörtlich und in direkter Rede wieder. Der Ich-Erzähler, so Selbmann, gerät damit in ein Extrem, da er jederzeit durch einen personalen Erzähler ersetzbar wäre.[633] Mayer bezeichnet diese Objektivierung der Sichtweise Heinrichs als „perfektionierte Kunst der Außendarstellung":

> Mit einer über die Jahre perfektionierten Kunst der Außendarstellung enthält Stifter dem Leser den unmittelbaren Blick ins Innere der Figuren sowie den klärenden Erzählerkommentar vor, vielmehr wird er gezwungen, das nach außen Sichtbare als Zeichen innerer Bewegung zu entziffern. [...] Indem Stifters Texte aber gerade als große Zeichen- und Leseaufgaben ihre Frische bewiesen haben, ergibt sich die verweigerte Innenperspektive als Symptom einer Erkenntnisproblematik zu verstehen. Stifter arbeitet eine differenzierte Technik der Leerstellen aus [...].[634]

Diese objektive Sicht auf die Dinge von Seiten des Erzählers trifft nicht für jedes Zitat Heinrichs zu. Mit Hilfe von temporalen Adverbien und Einschüben im Präsens weiß der Autor „eine deutliche Distanz des Erzählers zum Protagonisten und seinem damaligen Entwicklungsstand [zu] markieren"[635].

---

[631] Selbmann: Der deutsche Bildungsroman, S. 141.
[632] Blasberg: Erschriebene Tradition, S. 351.
[633] Selbmann: Der deutsche Bildungsroman, S. 141.
[634] Mayer: Stifter lesen, S. 13.
[635] Schmidt: Das domestizierte Subjekt, S. 236.

In dem Kapitel *Die Erweiterung* beschreibt Heinrich seine Fortschritte in der Malerei. Im selben Satz werden die Temporaladverbien „jetzt" und „später" verwendet: „Obgleich meine Malereien keine Kunstwerke waren, wie ich jezt immer mehr einsah, so hatten sie doch einen Vorzug, den ich erst später recht erkannte [...]." (4,2, 53) Die Poetik Stifters spiegelt sich in der Konstruktion des Romans wider und verdeutlicht den Prozess des Erkennens des Protagonisten: „Wenn ich sage, das Haus sei über und über mit Rosen bedekt gewesen, so ist das nicht so wortgetreu zu nehmen. Das Haus hatte zwei ziemlich hohe Geschosse." (4,1, 47). Das Gesagte im Roman ist nicht wortwörtlich gemeint. Die Erinnerungen Heinrichs sind retrospektive Idealisierungen, keine Realität. Ein weiterer Hinweis findet sich während der Führung durch das Rosenhaus: „Einige dieser Aufschriften verstand ich, sie waren Namen von Sämereien oder Pflanzennamen. Die meisten aber verstand ich nicht." (4,1, 92) Heinrich hat Schwierigkeiten damit, die Eigenschaft der Gerätschaften zu bestimmen. Erst nach und nach lernt er, die Dinge zu erkennen und einzuordnen. Eine dialektische Poetik ist am Werk, schreibt Mayer in einer neueren Studie.[636] Ein fortschreitender Erkenntnisprozess führt Heinrich zu seinem Bildungsziel. Selbmann charakterisiert Stifters pädagogische Zielsetzung: „So wird das vorbildlich gemeinte Erzählen einer vorbildhaften Bildungsgeschichte selber zum Bildungsprozess, dem der Leser ausgesetzt ist."[637] Der Bildungsgang Heinrichs hat modellhaften Charakter. Stifter gibt mit seinen Texten den Lesern eine „Einübung ins Lesen-Lernen, ins Erkennen":

---

[636] Mayer: Stifter lesen, S. 7.
[637] Ebd.

> [...] diese [Texte] sind nicht in dem Sinne lehrhaft oder didaktisch oder moralisch, dass sie schlichtweg eine Antwort zu geben hätten, dass sie etwa nur Auskunft geben müssten: In ihrem ethischen Anliegen sind diese Erzählungen vielmehr Einübungen ins Lesen-Lernen, ins Erkennen, das gerade dem Paradoxon ausgesetzt wird, dass dieses Lernen und Lesen zwar nicht ohne Erfolg, aber auch ohne ein Ende, ohne ein erreichbares Ziel bleibt; im Unterschied zum Tier muss der Mensch unaufhörlich lernen, er lernt alle Tage etwas und gibt zuletzt dieses noch an die Nachfolgenden weiter.[638]

Die Hauptaufgabe des Romans, den Bildungsprozess am Leser zu verwirklichen, fällt der Figur des Freiherrn von Risach zu. Stifter schreibt über das Verhältnis Risachs zu seinem jungen Freund:

> Daß ihm der Sinn für Kunst sowohl in bildender als redender Kunst noch nicht aufgegangen ist, werden Sie aus der vorliegenden Einleitung sehen, während der alte Mann mitten in den Strahlen des reichsten Schönen steht, dem jungen Manne aber nicht aufdringt, was dieser noch nicht versteht.[639]

Schrittweise übernimmt Heinrich Risachs Position. Dessen Wahrnehmung von Beobachtung beruht auf den Grundsätzen der Empirie. Die durch Beobachtungen und Versuche gewonnene Erkenntnis ergänzt er durch Befragungen und sinnliche Erfahrungen. Unter der Anleitung Risachs entwickelt sich Heinrich vom mathematisch-rationalen Naturforscher zu einem Künstler und gleichzeitig zu einem Kenner der Kunst. „Ich ging", heißt es zu Anfang des Kapitels *Der*

---

[638] Ebd., S. 9.
[639] Stifter: Brief an Gustav Heckenast: Linz, 3. April 1855. In: ders.: Sämmtliche Werke, Bd. XVIII: Briefwechsel. 2. Band, S. 254.

Wanderer, „[...] auf die Mathematik über. Man hatte mir immer gesagt, sie sei die schwerste und herrlichste Wissenschaft, sie sei die Grundlage zu allen übrigen [...]" (4,1, 27). Drei Seiten später im Roman führt ihn die Wissbegierde zur genauen Betrachtung der Umwelt:

> Ich legte die Mathematik weg, und widmete mich der Betrachtung meiner Umgebungen. Ich fing an, bei allen Vorkommnissen des Hauses, in dem ich wohnte, zuzusehen. Ich lernte nach und nach alle Werkzeuge und ihre Bestimmungen kennen. [...] In späterer Zeit begann ich, die Naturgeschichte zu betreiben. Ich fing bei der Pflanzenkunde an.
> (4,1, 25ff)

Zu Anfang des Romans hat er keinen Blick für die Kunstwerke Risachs. Erst muss Heinrich von ihm durch eine neue „Schule der Wahrnehmung"[640] geführt werden. Ulrike Schacherreiter spricht von einer „Erziehung zum genauen Sehen als Voraussetzung zu einer Annäherung an das Wesen der Dinge, der Umwelt und der Menschen"[641].

Nachdem Heinrich angesichts eines drohenden Gewitters Unterschlupf im Rosenhaus gefunden hat, verbringt er jeden Sommer einige Wochen dort. Den Winter verlebt er bei den Eltern und der Schwester in der Stadt. Dort bildet sich Heinrich autodidaktisch weiter, was ihm vor seiner Zeit bei Risach als Lernmethode gedient hat

---

[640] Sanfte Sensationen. Stifter 2005. Programmheft, S. 6. Das oben genannte Zitat stammt aus dem folgendem Zusammenhang: „Stifters Bücher sind eine Schule der Wahrnehmung, des aufmerksamen Lesens, des Sehens und Beobachtens [...]."
[641] Ulrike Schacherreiter: „Ordnungen der Liebe". Kind sein in den Erzählungen Granit und Bergkristall. In: Adalbert Stifter, hg. von Herwig Gottwald u.a. S. 73-81, S. 76.

und ihm daher vertraut ist. Während einer Vorstellung des *König Lear* wird Heinrich auf ein Mädchen aufmerksam, das genauso überwältigt auf das Spiel reagiert wie er selbst:

> [...] sehr nahe bei mir saß ein Mädchen, welches nicht auf die Darstellung merkte, sie war schneebleich [...]. Sie kam mir unbeschreiblich schön vor. Das Angesicht war von Thränen übergossen, und ich richtete meinen Blick unverwandt auf sie. (4,1, 197f)

Natalie erkennt er in den „zwei großen schönen Augen" nicht wieder. In einem Aufsatz *Über Beziehung des Theaters zum Volke* schreibt Stifter über die Reaktion der Jugend auf das Schauspiel:

> Ein Zweig der dichtenden und mitunter der tönenden Kunst ist das Drama, in welchen durch Gespräche menschliche Handlungen, Schicksale, Leiden und Freuden dargestellt werden. [...] Da nun in dem Schauspiele menschliche Thaten, Gefühle, Meinungen u.s.w. vorgeführt werden, so ist kein Zweifel, daß Dieß auf das Wesen der Zuschauer Einfluß hat und bei so oftem Genusse des Theaters allmählich ihre Lebensrichtungen mehr oder minder bestimmt. Besonders gilt Dieß von der Jugend, die alles feurig aufnimmt, gar leicht in ihre Thaten überträgt und um so sicherer eine bestimmt Färbung für das ganze Leben in sich aufnimmt.[642]

Zu Beginn der Aufführung hält er aufgrund seiner naturwissenschaftlichen Begabung ein Interesse am Theater für ausgeschlossen: „Da ich mich mit wissenschaftlichen Arbeiten beschäftigte, hatte ich

---

[642] Stifter: Über Beziehung des Theaters zum Volke (1867). In: Pädagogische Schriften, S. 240.

nach dieser Richtung hin keinen mächtigen Zug." (4,1, 192) Im Verlauf der Theatervorstellung reagiert er dennoch zunehmend enthusiastisch auf das Schauspiel:

> Mein Herz war in dem Augenblicke gleichsam zermalmt, ich wußte mich vor Schmerz kaum mehr zu fassen. Das hatte ich nicht geahnt, von einem Schauspiel war schon längst keine Rede mehr, das war die wirklichste Wirklichkeit vor mir. (4,1, 197)

Ebenso wie Wilhelm Meister versucht sich Heinrich mit der Lektüre Shakespeares. Bei Goethe ist es die Figur des Jarno, der Wilhelm auf Shakespeare aufmerksam macht:

> 'Ich will Ihnen denn doch raten', versetzte jener, 'einen Versuch zu machen; es kann nichts schaden, wenn man auch das Seltsame mit eigenen Augen sieht, Ich will Ihnen ein paar Teile borgen, und Sie können Ihre Zeit nicht besser anwenden, als wenn Sie sich gleich von allem losmachen und in der Einsamkeit Ihrer alten Wohnung in die Zauberlaternen diese unbekannten Welt sehen. [...] Nur eins bedinge ich mir aus, daß Sie sich an die Form nicht stoßen; das übrige kann ich Ihrem richtigen Gefühle überlassen.'[643]

Heinrich beschließt nach dem Theaterbesuch des *König Lear* das Werk Shakespeares durchzuarbeiten: „Das erste, was ich am andern Tage that, war, daß ich den Vater um die Werke Shakespeare's aus seiner Büchersammlung bath, und sie, da ich sie hatte, in meinem Zimmer zur Lesung für diesen Winter zurecht legte." (4,1, 199)

---

[643] Goethe: Wilhelm Meisters Lehrjahre. In: Sämtliche Werke, Bd. 9, S. 539f.

Stifter ist überzeugt von der „Gewalt und Macht des Sittenbewusstseins" in den „Gebilden Shakespeares"[644] : „[...] man denke an Macbeth, Richard, Lear. Nur auf diesem Hintergrunde der Furchtbarkeit und Majestät des Sittengesezes vermögen uns seine Entwiklungen und Begebnisse so zu ergreifen und zu erschüttern."[645] Bei seinem ersten Besuch im Rosenhaus hat Heinrich für die Dichtkunst kein Interesse gezeigt. Es dauert einige Zeit, bis er die Bücher näher betrachtet, dann legt er die deutschen Klassiker achtlos beiseite:

> Ich fand Bände von Herder Lessing Göthe Schiller, Übersetzungen Shakespeares von Schlegel und Tieck, einen griechischen Odysseus, dann aber auch etwas aus Ritters Erdbeschreibung aus Johannes Müllers Geschichte der Menschheit, und aus Alexander und Wilhelm Humboldt. Ich tat die Dichter bei Seite, und nahm Alexander Humboldts Reise in die Äquinoctialländer, die ich zwar schon kannte, in der ich aber immer gerne las. (4,1, 57)

Diese Autorenauswahl ist mit der in Stifters Lesebuch identisch; ähnlich ist die Lektüre in Stifters eigenem Arbeitszimmer zusammengestellt. Den Bereich der Naturwissenschaften deckt die Stiftersche Privatbibliothek ebenfalls ab: Es finden sich von Littrows *Die Wunder des Himmels. Gemeinverständliche Astronomie* ebenso wie Goethes *Zur Naturwissenschaft. Überhaupt, insbesondere zur Morphologie*. Stifter ist kein Vielleser gewesen, so die Feststellung Jungmairs:

> Adalbert Stifters Bibliothek [...] hatte keineswegs jenen Umfang und jene geistesgeschichtliche

---

[644] Stifter: Über die Behandlung der Poesie in Gymnasien. In: ders.: Werke und Briefe. Historisch-kritische Gesamtausgabe, Bd. 8,1: Schriften zu Literatur und Theater, S. 125-141, S. 128.
[645] Ebd.

> Spannweite, die man nach den von der späteren Forschung versuchten Deutungen und Nachweisen über die vermeintlichen geistigen Vorbilder und Beeinflussungen seiner Dichtung vermuten möchte. [...] Er fügte seiner Bücherei nur ein, was seinem bereits geordneten Weltbild und seinem Wesen entsprach.[646]

„'[...] Die Dichtkunst ist [...] die reinste und höchste unter den Künsten [...]'" (4,2, 39), lässt Stifter den Freiherrn zu Heinrich sagen. Die Dichter werden, „wenn sie im rechten Sinne sind", zu „Priestern des Schönen" und zu Vermittlern „göttlicher Dinge" (4,2, 39) erklärt. Klarner begreift die „Kunst" bei Stifter als Vermittler des "Göttlichen": „As art is for Stifter the mediator of 'das Göttliche', it follows that it can do nothing but convey the good."[647] Als Heinrich im nächsten Sommer wieder das Rosenhaus besucht, erlebt er Risach beim Unterricht Gustavs:

> Was sich Gustav angeeignet hatte, wurde zu Zeiten gleichsam in freundlichen Gesprächen durchgenommen. Die Sprache des Unterrichtes war stets so einfach und klar, daß ich meinte, ein Kind müsse diese Dinge verstehen können. Mir fiel es jezt erst recht auf, wie ungehörig manche Lehrer in der Stadt in dieser Wissenschaft verfahren, welche sie gewissermaßen in eine wissenschaftliche Necksprache kleiden, die ein Schüler nicht versteht [...].[648] (4,1, 219)

---

[646] Jungmair: Linzer Jahre, S. 24.
[647] Klarner: Pedagogic Design and Literary Form, S. 12.
[648] Vergleiche hierzu auch Stifters *Bericht über das Rechnen in den obderennsischen Volksschulen* aus dem Jahre 1856. Stifter: Bericht über das Rechnen in den Volksschulen. In: ders.: Werke und Briefe, Bd. 10,2: Amtliche Schriften zu Schule und Universität, S. 282-310.

Die Figur des Freiherrn stellt für Stifter das Idealbild eines Pädagogen dar, der mit seinem Wissen und seinem Unterricht die komplette Bandbreite der möglichen Bildungswege abdeckt: „[...] die Breite des Lehrangebots [umfasst] [...] qualitativ im gegenwärtigen Ausbildungssystems etwa obere Gymnasialklassen (Gustav), Fachhochschule/Meisterlehre (Eustachius) und Universität (Heinrich) [...]."[649] Risach nimmt seine Schüler in jedem ihrer Entwicklungsschritte ernst und wartet geduldig ab, bis diese ihm auf die nächste geistige Entwicklungsstufe folgen können:

> Ich machte also jezt die Erfahrung, daß man in früherer Zeit, da ich mein Augenmerk noch weniger auf Gemälde und ähnliche Kunstwerke gerichtet hatte, und dieselben einen tiefen Plaz in meinem Innern noch nicht einnahmen, mich geschont habe, daß man nicht eingegangen sei, in meiner Gegenwart von den in dem Hause befindlichen Kunstwerken zu sprechen, um mich nicht in einen Kreis zu nöthigen, der in jenem Augenblicke noch beinahe außerhalb meiner Seelenkräfte lag.
> (4,2, 119)

Auf die Frage Heinrichs, warum Risach nie mit ihm über die Bedeutung seiner Kunstwerke gesprochen habe, antwortet dieser:

> 'Weil ich dachte, daß Ihr es nach einer bestimmten Zeit selber betrachten und für schön erachten werdet. [...]
> Jemanden sagen, daß etwas schön sei, [...] heißt nicht immer, jemanden den Besiz der Schönheit geben.' (4,2, 76)

---

[649] Bleckwenn: Lehrer- und Erziehergestalten. In: Kein Wesen wird so hülflos geboren, S. 43-52, S. 50.

Durch neue Erkenntnis entsteht in dem jungen Menschen das Bedürfnis, mehr über das Gelernte zu erfahren – von Bedeutung ist das „über die Schwelle Schreiten":

> Als wir über die Schwelle schritten, dachte ich, daß ich von alterthümlichen Gegenständen trotz der Sammlungen meines Vaters, von denen ich doch lebenslänglich umgeben gewesen war, eigentlich bisher nicht viel verstanden habe, und erst lernen müsse. (4,1, 109)

Heinrichs naturwissenschaftliche Arbeit tritt allmählich hinter sein zunehmendes Interesse an den verschiedenen Kunstschätzen zurück. Schrittweise bindet Stifter den Leser in diesen Bildungsprozess mit ein, während sich Heinrich der Kunst annähert:

> Da verfiel ich eines Tages auf das Zeichnen. Ich könnte mir ja meine Naturgegenstände, dachte ich, eben so gut zeichnen als beschreiben, und die Zeichnung sei am Ende noch sogar besser als die Beschreibung. Ich erstaunte, weßhalb ich denn nicht sogleich auf den Gedanken gerathen sei. (4,1, 41)

Der Leser soll bei jeder Entwicklungsstufe Heinrichs für das eigene Leben lernen. Die Förderung seiner zeichnerischen Begabung, eine verständnisvollere Beziehung zu seinem Vater, das zunehmende Interesse an der Dichtung, vor allem die Wahrnehmung von Natalies innerer und äußerer Schönheit und die erschöpfenden Unterhaltungen mit Risach über Kunst, Naturwissenschaft und Literatur sind bezeichnend für Heinrichs persönliche Weiterentwicklung.
Eine Marmorstatue symbolisiert den Anspruch von Natur und Kunst an ein geistig erfülltes Leben. Während des ersten Besuchs bei Risach in dem Kapitel *Die Beherbergung* weiß Heinrich wenig mit der

Schönheit der Figur anzufangen. Sie wird dem Leser nur kurz im Zusammenhang mit einer Führung durch das ganze Haus geschildert. Ist der Leser einen Augenblick nicht konzentriert, wird er die wenigen Zeilen überlesen. Es bleibt, wie bei Heinrich, kein dauerhafter Eindruck zurück:

> In der Mitte der Treppe, wo sie einen Absaz machte, gleichsam einen erweiterten Platz oder eine Stiegenhalle, stand eine Gestalt aus weißem Marmor auf einem Gestelle. Durch ein paar Blize, die eben jezt fielen, und das Haupt und die Schultern der Marmorgestalt noch röther beschienen, als es unsere Kerzen konnten, ersah ich, daß der Plaz und die Treppe von oben herab durch eine Glasbedeckung ihre Beleuchtung empfangen mußten. (4,1, 81)

Signifikant sind die „paar Blize", die auf ein Gewitter verweisen. Das Gewitter steht bei Stifter für Veränderung, wie auch Domandl in seinem Aufsatz feststellt:

> Blitz ist [...] nicht mehr bloßes Bild, sondern ein tatsächliches kosmisches Ereignis: es ist der Blitz, die von außen wirkende Kraft, die das seelische Geschehen, wenn schon nicht schafft, so doch auslöst. Gewitter und Blitz sind kunstvoll in die Handlung des ganzen Romanes verwoben und stehen immer an bedeutsamer Stelle [...].[650]

Dieses Mal bricht das Unwetter nicht aus. Erst drei Jahre darauf, während seines vierten Besuches im Rosenhaus, erkennt Heinrich die Besonderheit der antiken Statue. Wieder ist es ein Gewitter, das der Erkenntnis vorausgeht:

---

[650] Domandl: Wiedergeburt aus der Schönheit. In: VASILO, Folge 1/2 (1983), S. 54.

> Eines Abends, da Blize fast um den ganzen Gesichtskreis leuchteten, und ich von dem Garten gegen das Haus ging, fand ich die Thür, welche zu dem Gange des Ammonitenmarmors zu der breiten Marmortreppe und zu dem Marmorsaale führte, offen stehen. (4,2, 72f)

Der Erzähler gibt dem Leser die Anmut der Gestalt wieder:

> Ich blickte auf die Bildsäule, und sie kam mir heute ganz anders vor. Die Mädchengestalt stand in so schöner Bildung, wie sie ein Künstler ersinnen, wie sie sich eine Einbildungskraft vorstellen, oder wie sie ein sehr tiefes Herz ahnen kann [...]. Sie schien mir von heidnischer Bildung zu sein. [...] Die Stirne war rein, und es ist begreiflich, daß man nur aus Marmor so etwas machen kann. Ich habe nicht gewußt, daß eine menschliche Stirne so schön ist. Sie schien mir unschuldsvoll zu sein, und doch der Sitz von erhabenen Gedanken. [...] Wenn ein Bliz geschah, floß ein rosenrothes Licht an ihr hernieder, und dann war wieder die frühere Farbe da.
> (4,2, 73f)

Die Erkenntnis ihrer Schönheit wird zum Wendepunkt in Heinrichs Reifeprozess. Er möchte von seinem Lehrmeister erfahren, warum dieser ihn nicht früher auf die Schönheit der Marmorfigur aufmerksam gemacht habe:

> ,Warum habt ihr mir denn nicht gesagt,' sprach ich weiter, ,daß die Bildsäule, welche auf Eurer Marmortreppe steht, so schön ist?'
> ,Wer hat es euch denn jezt gesagt?' fragte er.
> ,Ich habe es selber gesehen,' antwortete ich.
> ,Nun dann werdet ihr es um so sicherer wissen und mit desto größerer Festigkeit glauben,' erwiederte

er, ‚als wenn euch jemand eine Behauptung darüber gesagt hätte.' (4,2, 75)

Duhamel bezeichnet die didaktische Strategie Risachs als eine „Pädagogik des Wartens":

> Seine Pädagogik – übrigens auch die von Vater Drendorf – ist eine des Keimen- und Reifenlassens, eine der „naturgemäßen Entfaltung [...] ‚aus eigenem Antriebe'. Den ganzen Roman füllen die Wartezeit und deren *pädagogische Strategien*. Diese bestehen aus Besichtigungen, Reisen, Besuchen [...] und *Gesprächen*. Die Gespräche sind aber nicht vom sokratischen Typ, d.h. sie basieren nicht auf der Lehrer-, sondern auf der Schülerfrage.[651]

Das Erlebnis vor der Marmorstatue befähigt Heinrich dazu, echte Schönheit zu erkennen. Der Held des Romans wird selbstständiger in seinem Denken, Fühlen und Handeln:

> The major turning-point in Heinrich's maturing process which alters his role in the dialogues with Risach from respectfully receiving knowledge to examining his newly gained insights with his mentor's assistance occurs when he grasps the beauty of the marble statue of his own accord.[652]

Erstaunt bemerkt Heinrich den Wandel seiner Person, sein Sehen und Erkennen hat sich verändert:

> Ich erzählte meinem Vater von dem Marmorbilde, welches auf der Treppe im Hause meines Gastfreundes steht, und suchte ihm eine Beschreibung

---

[651] Duhamel: Natur und Kunst. In: Adalbert Stifters schrecklich schöne Welt, S. 151.
[652] Klarner: Pedagogic Design and Literary Form, S. 172.

> von diesem Kunstwerke zu machen. Er sah mich sehr aufmerksam an, ja mir war es einige Male, als sähe er mich gewissermaßen betroffen an. (4,2, 150f)

Mit der Erkenntnis von Schönheit wird bei Stifter die erreichte geistige Reife symbolisiert. Damit Heinrich diese Stufe erlangen kann, bedarf es einer weiteren Erfahrung. Risach gibt in einem Gespräch einen Hinweis darauf:

> '[...] Ich habe gar nie gezweifelt, daß Ihr zu dieser Allgemeinheit gelangen werdet, weil schöne Kräfte in euch sind, die noch auf keinen Afterweg geleitet sind, und nach der Erfüllung streben [...]. Ich habe geglaubt, irgend ein großes allgemeines menschliches Gefühl, das euch ergreifen würde, würde Euch auf den Standpunkt führen, auf dem ich Euch jezt sehe.' (4,2, 88)

Liebe als Erkennen des wahrhaft Schönen wird zum abschließenden Bildungsmittel. Längst befindet sich Heinrich, ohne es sich selbst einzugestehen, auf dem Weg zu diesem „großen allgemeinen menschlichen Gefühl":

> Mein Herz war gehoben und geschwellt, und es war, als breitete sich in meinem Geiste die Frage aus, ob nun ein solches Vorgehen, ob die Kunst die Dichtung die Wissenschaft das Leben umschreibe und vollende, oder ob es noch ein Ferneres gäbe, das es umschließe, und es mit weit größerem Glück erfülle. (4,2, 148)

Das wahre Glück erlangt Heinrich am Ende des Romans. Heinrich und Natalie gestehen sich ihre Zuneigung ein und schließen einen

Liebesbund, ähnlich dem zwischen Risach und Mathilde. Der *Nachsommer* endet mit der Hoffnung auf ein fortdauerndes Glück nach der Eheschließung der beiden jungen Leute:

> '[...] Die Familie ist es, die unsern Zeiten noth thut, sie thut mehr noth als Kunst und Wissenschaft als Verkehr Handel Aufschwung Fortschritt, oder wie alles heißt, was begehrungwerth erscheint. Auf der Familie ruht die Kunst die Wissenschaft der menschliche Fortschritt der Staat. Wenn Ehen nicht beglücktes Familienleben werden, so bringst du vergeblich das Höchste in der Wissenschaft und Kunst hervor [...].' (4,3, 263)

In einem Brief an Louise von Eichendorff definiert Stifter sein Verständnis von „Glück":

> Als Bestandtheile dieses Glükes sind jene Dinge gewählt, die nach meiner Ansicht die einzigen Grundlagen desselben sind, und denen alles andere: Reichthum Macht Einfluß Ehrenstellen Ruhm u.s.w. weit weit nachsteht, nehmlich unmittelbar: reines Gewissen und wohlgeordnetes Familienheil, mittelbar: die Natur die Kunst und die Wissenschaft, Hand in Hand mit der Freundschaft und einigem geselligen Umgange.[653]

Am Ende des letzten Romankapitels lässt Stifter seinen Helden Heinrich Ähnliches erkennen. Diese Einsicht bildet den erhebenden Abschluss seines Bildungsganges:

> Dieses größere Glück, ein Glück, das unerschöpflich scheint, ist mir nun von einer ganz anderen

---

[653] Stifter: Brief an Louise von Eichendorff. Linz, 17. Juli 1858. In: ders.: Sämmtliche Werke, Bd. XIX: Briefwechsel. 3. Band, S. 122.

Seite gekommen als ich damals ahnte. Ob ich es nun in der Wissenschaft, der ich nie abtrünnig werden wollte, weit werde bringen können, ob mir Gott die Gnade geben wird, unter den Großen derselben zu sein, das weiß ich nicht; aber eines ist gewiß, das reine Familienleben, wie es Risach verlangt, ist gegründet, es wird, wie unsre Neigung und unsere Herzen verbürgen, in ungeminderter Fülle dauern, ich werde meine Habe verwalten, werde sonst noch nützen, und jede selbst das wissenschaftliche Bestreben hat nun Einfachheit Halt und Bedeutung. (4,3, 282)

4.5 Stifters Bildungsbegriff als Gegenmodell zur Gesellschaft

„[...] jeder, der den 'Nachsommer' liest und liebt, [wird sich] Rechenschaft geben müssen, was ihm dieses Werk bedeutet, und warum er es in sein inneres Leben aufgenommen hat."[654]
In der Forschung herrscht Uneinigkeit darüber, wie das Werk aufzufassen ist. Diese Uneinigkeit provoziert eine Synthese nach Hegelschem Vorbild.[655] In seiner Aufsatzsammlung zur österreichischen Literatur erläutert Doppler die Prämisse, nach der These und Antithese die Gegensätze in der Stifter-Forschung darstellten. Die daraus resultierende Synthese münde in einer anregenden Diskussion:

> Wenn Stifters Nachsommer einmal zum ‚Gesetzbuch des wahren Lebens' ernannt, ein andermal aber als ‚restaurative Ideologie' abqualifiziert wird, so provozieren solche Wertungen die Frage, was es denn eigentlich sei, daß Stifters Werke immer wieder und immer noch Fragen stellen und Auseinandersetzungen herausfordern.[656]

Beide Lesarten – Stifter als Schöpfer idealer Vorbilder reiner Menschenbilder beziehungsweise mittelmäßiger Wohlanständigkeit – sind zwar Extrempositionen, haben sich aber positiv auf die wissenschaftliche Beschäftigung mit Stifter ausgewirkt. Aufgrund ihrer Polarität fordern sie eine Auseinandersetzung heraus, die sichtbar

---

[654] Krökel: Nachwort. In: Der Nachsommer, S. 732.
[655] Doppler: Formen und Möglichkeiten der Stifter-Rezeption. In: Geschichte im Spiegel der Literatur, S. 40
[656] Ebd.

macht, dass „der sanfte Stifter nicht bloß ein Dichter ist, der wohltemperierte Bildungsgüter vermittelt [...]"[657].
Karl Pörnbacher vertritt die Ansicht, dass Stifter in seinem *Nachsommer* nicht die zeitgenössischen Verhältnisse nachzeichnet, sondern eine Idealwelt darstellt, in der die Bereiche Staat, Gesellschaft und Kirche weitgehend ausgespart bleiben.[658] Diese Position ist zu differenzieren. Roedl schließt den „Staat" bei Stifters Roman nicht per se aus, sondern betont, dass sich das Buch auf keinen Nenner bringen lässt, da Wissenschaft, Natur, Pädagogik, Staat und Individuum didaktisch abgehandelt werden.[659] Der Ansatz von Max Rychner weist in die gleiche Richtung, indem er das Werk als politisch orientiert mit unverkennbar pädagogischem Einschlag einstuft, so als wolle der Autor seinem Volk „eine Lebenslehre auf schöne Weise"[660] fassbar machen:

> Adalbert Stifters Roman *Der Nachsommer* ist aufgrund der Revolution von 1848 entstanden. Stifter selbst gibt einen Anhaltspunkt, von welchem Blickwinkel aus sein Roman zu betrachten ist. So habe er es auch „der Schlechtigkeit willen gemacht, die im Allgemeinen mit einigen Ausnahmen in den Staatsverhältnissen der Welt [...] herrscht.[661]

Leise regt sich in seinem Werk Kritik an den bestehenden Zuständen:

---

[657] Ebd.
[658] Pörnbacher: Literaturwissen Adalbert Stifter, S. 26.
[659] Roedl: Adalbert Stifter, S. 119.
[660] Max Rychner: Der Roman im 19. Jahrhundert. In: Propyläen Weltgeschichte, Bd. 8: Das neunzehnte Jahrhundert, hg. von Golo Mann, Berlin/Frankfurt/M. 1960, S. 337-366, S. 352.
[661] Stifter: Brief an Gustav Heckenast: Linz, 11. Februar 1858. In: ders.: Sämmtliche Werke, Bd. XIX: Briefwechsel. 3. Band, S. 93.

> ‚[...] Das ist gewiß: wenn auch im gegenwärtigen Staatsdienste Veränderungen nothwendig sein sollten, und wenn die Veränderungen in dem früher angeführten Sinne vor sich gehen werden, so hat der gegenwärtige Zustand doch in den allgemeinen Umwandlungen, denen der Staat so wie jedes menschliche Ding und die Erde selbst unterworfen ist, sein Recht, er ist ein Glied der Kette, und wird seinem Nachfolger so weichen, wie er selber aus seinem Vorläufer hervor gegangen ist. [...]' (4,3, 142)

Hier wird das „sanfte Gesetz" im Staatswesen reflektiert. Der Fluss der Dinge, in dem sowohl Mensch als auch Natur eingebunden sind, strömt zu Höherem hin, welches sich in der staatlichen Gestaltung widerspiegelt. Hugo von Hofmannsthal schreibt dazu in seinem Nachwort zum *Nachsommer*: „[...] der Erziehungsroman hat sich hier jener hohen älteren Kunstgattung, dem Staatsroman genähert, sich mit ihm berührt, um sogleich wieder in seine eigentliche Sphäre zurückzutreten."[662]

Arnold Stadler interpretiert den Roman als Stifters imaginiertes Gegenstück zu seinem realen Leben in Linz.[663] Die Ansätze von Hofmannsthal und von Stadler bieten Grundlage, die didaktische Funktion des Romans als Gegenmodell zur zeitgenössischen Gesellschaft zu betrachten. Ketelsen formuliert in diesem Zusammenhang den Untertitel für seinen Aufsatz über den *Nachsommer* mit folgenden Worten: „Die Vernichtung der historischen Realität in der Ästhetisierung des bürgerlichen Alltags."[664]

---

[662] Hofmannsthal: Stifters „Nachsommer". In: Der Nachsommer, S. 798.
[663] Stadler: Ich gebe den Schmerz nicht her. In: Frankfurter Allgemeine Zeitung 48 (26. Februar 2005), S. 46.
[664] Ketelsen: Adalbert Stifter. In: Interpretationen, S. 321.

Der Roman umfasst den Zeitraum der 1820er und 1830er Jahre, wie Stifter in einem Schreiben bekundet: „sie [die Erzählung, Anm.] spielt doch nicht in unsern Tagen, sondern um 30 und mehr Jahre zurük."[665] In dem Kapitel *Der Rückblick* im vierten Buch erzählt der Freiherr von Risach dem jungen Heinrich seine Lebensgeschichte:

> '[...] Die Kriege brachen aus, ich wurde abwechselnd zu verschiedenen Stellen versezt, große umfassende Arbeiten Reisen Berichte Vorschläge wurden erfordert, ich wurde zu Sendungen verwendet, kam mit den verschiedensten Menschen in Berührung, und der Kaiser wurde, ich kann es wohl sagen, beinahe mein Freund. [...]' (4,3, 214)

Gemeint sind die Französischen Revolutionskriege (1792-1806), in deren Folge Österreich schwere Gebietsverluste hinnehmen muss. Die Gegenwartshandlung im *Nachsommer* setzt zur letzten Regierungszeit von Kaiser Franz I. (1768-1835) ein. Die Revolution befördert den gesellschaftlichen Emanzipationsprozess; die Ablösung von Grundlasten wird 1848 verwirklicht.[666] 1781 hat Kaiser Joseph II. die Leibeigenschaft aufgehoben, während die bäuerlichen Lasten erst durch das Gesetz vom 7. September 1848 beseitigt werden. Fast zehn Jahre später, „jenseits des Sturmjahres 1848"[667], arbeitet Stifter in die Reformen der beiden „landwirtschaftlichen Musterhöfe"[668]

---

[665] Stifter: Brief an Gustav Heckenast: Linz, 22. März 1857. In: ders.: Sämmtliche Werke, Bd. XIX: Briefwechsel. 3. Band, S. 14.
[666] In den übrigen deutschen Staaten ist der Ablösungsprozess ebenfalls 1848 beendet. Zur Bauernbefreiung siehe: Christof Dipper: Die Bauernbefreiung in Deutschland 1790-1850, Stuttgart/Berlin/Köln/Mainz 1980 (Urban-Taschenbücher 298), bes. S. 50-93.
[667] Zeman: Die österreichische Literatur. In: Literaturgeschichte Österreichs, S. 348.
[668] Wagner: Die Litanei der Phänomene. In: Neue Zürcher Zeitung 247 (22./23.Oktober 2005), S. 47.

im *Nachsommer* die sozialen Errungenschaften der Revolution ein und überträgt diese auf die vorrevolutionäre Zeit. So ist es für die wohlhabende Mathilde selbstverständlich, nach dem Erwerb des Sternenhofes die zu Abgaben verpflichteten Bauern von ihren Obliegenheiten zu entbinden und den bewirtschafteten Boden als Eigentum zu überlassen. Wohlhabenheit versteht sich im Roman von selbst; die nötigen materiellen Voraussetzungen sind vorhanden:

> Mathilde fing damit an, daß sie die zum Schlosse gehörigen Unterthanen, welche Zehnte und Gaben in dasselbe zu entrichten hatten, gegen ein vereinbartes Entgelt für alle Zeiten von ihren Pflichten entband, und sie zu unbeschränkten Eigenthümern auf ihrem Grunde machte. (4,2, 122)

Ihren Wert erhalten die Figuren im *Nachsommer* nicht aufgrund ihres Standes; als Gradmesser dienen die Versuche, eine umfassende Charakterbildung zu erlangen. Die Hauptfigur des Romans, der Freiherr von Risach, ist nicht von Geburt an adlig, sondern wird erst ob seiner beruflichen Erfolge in den Freiherrnrang erhoben:

> '[...] Was die Bürgerlichkeit anlangt, so gehörte ich zu diesem Stande. Vergängliche Handlungen, die man Verdienste nannte, haben mich auf eine Zeit aus ihm gerückt, ich kehre durch meine angenommene Tochter wieder zu ihm zurück, der mir allein gebührt. [...].' (4,3, 246)

Aus eigenen Beweggründen gibt Risach seine berufliche Karriere auf. Milan Kundera bezeichnet in einem Artikel diese Entscheidung als

Resultat seiner Selbstkenntnis und seiner Untauglichkeit, die Beamtenlaufbahn weiter zu verfolgen.[669] Mit einer Parabel versucht er Heinrich seine Handlungsweise plausibel zu machen. Er vergleicht den Beamtenapparat mit einer Uhr, deren Bestandteile beliebig austauschbar sind:

> ‚[...] Ich könnte ein Beispiel gebrauchen und sagen, jene Uhr wäre die vortrefflichste, welche so gebaut wäre, daß sie richtig ginge, wenn auch ihre Theile verändert würden, schlechtere an die Stelle besserer, bessere an die Stelle schlechterer kämen. Aber eine solche Uhr dürfte kaum möglich sein. Der Staatsdienst mußte sich aber so möglich machen oder sich nach der Entwicklung, die er heute erlangt hat, aufgeben. [...]' (4,3, 138)

Risach sieht sich außerstande, jene Anforderungen zu erfüllen und umzusetzen, die er mit seinem Gewissen und seiner Auffassung von den „Dingen" nicht vereinbaren kann. Es sind sowohl „die Ehrfurcht vor den Dingen, wie sie an sich sind" (4,3, 145) als auch „das, was die Dinge für sich forderten" (4,3, 145), was ihn zur Aufgabe seiner Geschäfte bewegt. Denn nicht in erster Linie der Gesellschaft wegen sei der Mensch da, sondern um seiner selbst willen. Erst wenn dieses Anliegen in bestmöglicher Weise verwirklicht werde, könne sich der Mensch optimal in die Gesellschaft einbringen – so die Worte von Heinrichs Vater:

> Gegen diesen Einwurf sagte mein Vater, der Mensch sei nicht zuerst der menschlichen Gesellschaft wegen da sondern seiner selbst willen. Und wenn jeder seiner selbst willen auf die beste Art da

---

[669] Milan Kundera: Das verwaltete Schloss. In: Süddeutsche Zeitung 168 (23./24. Juli 2005), S. 16.

sei, so sei er es auch für die menschliche Gesellschaft. (4,1, 18)

Das Schreiben bietet Stifter die Möglichkeit, Traditionen zu bewahren und zu erhalten, die langsam aus dem Bewusstsein zu verschwinden drohen. Durch den Aufbau einer Kunstwelt im *Nachsommer* wird Bildung als klassische Tradition definiert und diese als erhaltenswert postuliert:

> 'Das, was die Griechen in der Bildnerei geschaffen haben, ist das Schönste, welches auf der Welt besteht, nichts kann ihm in andern Künsten und in späteren Zeiten an Einfachheit Größe und Richtigkeit an die Seite gesezt werden [...]. Im Lesen in ihrer Sprache und in ihren Dichtungen und Geschichten wird man nach und nach einer von ihnen, und lernt ihre Art beurtheilen, was man sonst nie mehr kann. [...]' (4,2, 159-161)

Mit dieser Kunstwelt schafft er im Roman eine Art „Freiraum" innerhalb des Bildungsbegriffs, der nun mit Kunst und Kultur gefüllt werden kann. Das bedeutet, dass Bildung zur Grundlage einer Gesellschaftsordnung wird, die mit ihrem klassischen Bildungsgedanken einer der Revolution innewohnenden Unordnung entgegensteht: „Der Nachsommer ist ein Versuchsaufbau für das richtige Leben und gleichsam unter Laborbedingungen."[670] Doppler nennt außerdem die industrielle Revolution, die seit Mitte des 19. Jahrhunderts mit der Revolutionierung des Verkehrswesens einhergeht, als Anlass für die Entstehung des Romans:

> Angesichts einer immer deutlicher erkennbaren naturwissenschaftlich-technischen Entwicklung

---

[670] Matz: Gewalt des Gewordenen, S. 28.

> schaffte Stifter im Freiraum der Einbildungskraft mit dem *Nachsommer* das Modell einer finanzieller Sorgen enthobenen Gesellschaft, in welcher der Held und Erzieher [...] den jungen Leuten zeigt, wie sie die gegenwärtige Übergangzeit nützen könnten, daß sich einmal die Forderungen der Vorrede zu den Bunten Steinen erfüllen [...].[671]

Nicht die Errungenschaften der Revolution sind es, die Stifter missfallen, sondern die Eskalation einer Gewalt, welche die Ziele der Revolution rücksichtslos durchzusetzen versucht. Dieser revolutionären Gewalt setzt er eine Bildung entgegen, die mit ihren moralischen Ansprüchen auf „sanfte" Weise die gleichen Ansprüche gewaltlos verfolgt.

Mit dem böhmischen Geschichtsepos *Witiko* (3 Bände, 1865-67) entfaltet Stifter als Gegenmodell zur politischen Situation des 19. Jahrhunderts das Bild einer friedlich verbundenen europäischen Staatengemeinschaft. Mit der Forderung nach Freiheit ist die Forderung nach Einheit verbunden. In absolutistischen Staaten wie in Deutschland oder Italien wirkt diese Forderung einigend. Anders sieht es im „übernationalen Imperium"[672] der Habsburger aus. Außer einem wankenden Staatsgebilde ist keine gemeinsame Grundlage vorhanden, welche die verschiedenen Völker miteinander verbindet. Die Forderung nach Einheit wirkt zerstörend auf den labilen inneren Zusammenhalt. Stifter sieht diese Gefahr des nationalen Zerfalls und Identitätsverlustes. Sein Bildungsbegriff steht dem nationalen Verfall entgegen, indem er versucht, durch Bildung dem Menschen die verlorene Identität zurückzugeben. Nicht Revolution,

---

[671] Doppler: Formen und Möglichkeiten der Stifter-Rezeption. In: Geschichte im Spiegel der Literatur, S. 44.
[672] Rychner: Der Roman im 19. Jahrhundert. In: Propyläen Weltgeschichte, S. 483.

sondern nur Evolution vermag ein Bildungsideal im Zeichen moralischer Freiheit zu schaffen.[673] Freiheit kann nach Stifter aber nur verwirklicht werden, wenn der Staat die notwendigen Rahmenbedingungen zur Bildung des Menschen schafft: „'[...] der Staat selber ist die Ordnung der gesellschaftlichen Beziehungen der Menschen, also nicht eine Gestalt sondern eine Fassung [...].'" (4,3, 145) Im *Nachsommer* fordert Stifter folgende Eigenschaften von den Staatsmännern seiner Zeit:

> Und aus solchen Männern, welche ihren innern Zug am weitesten ausgebildet, seien auch in Zeiten der Gefahr am öftesten die Helfer und Retter ihres Vaterlandes hervorgegangen. [...] Es ist aber auch kein Zweifel, daß es solche gibt, denen Gott den Gesellschaftstrieb und die Gesellschaftsgaben in besonderem Maße verliehen hat. Diese widmen sich aus innerem Antriebe den Angelegenheiten der Menschen, erkennen sie auch am sichersten, finden Freude in den Anordnungen, und opfern oft ihr Leben für ihren Beruf. (4,1, 19f)

Der Bildungsbegriff wird bei Stifter zum Bindeglied menschlicher Sittlichkeit. Nur die sittliche Freiheit kann zur Verwirklichung der staatlichen Freiheit führen. Dem liegt die Überzeugung zugrunde, dass politische Konflikte aus mangelnder Sachkompetenz im Umgang mit Problemfällen entstehen. Die Erziehungsgrundsätze Stifters finden sich in der vorbildhaften Figur des Freiherrn von Risach wieder. Er ist der Erfahrenste unter den Figuren und fördert die jungen Menschen seiner Gemeinschaft, damit sie ihren Weg finden und ihnen Irrungen, die ihre Entfaltung aufhalten könnten, erspart bleiben. Gehen müssen sie diesen Weg dann aus eigener Kraft. Auch als

---

[673] Baumer: Adalbert Stifter, S. 94.

Privatlehrer versucht Stifter seinen Schüler diese Vorbildfunktion zu vermitteln: „'[...] das Beste aber, was der Mensch für einen andern tun kann, ist doch immer das, was er für ihn ist.'" (377f)
Als Privatlehrer und Schulrat versucht er, seine Schüler in ihrer moralischen Gesinnung zu beeinflussen. Da Stifter an der moralischen Ausbildung des Menschen gelegen ist, kann es ihm nicht genügen „nur dichtend an den öffentlichen Angelegenheiten teilzunehmen"[674]. Als Volksschulinspektor für Oberösterreich mit dem Titel eines k.u.k. Schulrates kann er aktiv an der Gestaltung des Schulwesens mitwirken. Mit seiner Arbeit trägt er zur Ausbildung eines vernünftigen Bildungswesens bei, das er als Grundlage eines jeden Staates erkannt hat. Verfügte jeder über den gleichen Wissensstand, so seine Überzeugung, könnte jederzeit eine vernünftige Einigung erreicht werden. Erst mit der Bildung kann die Versöhnung der Klassengegensätze geleistet werden. Seine Bemühungen zeigen, dass er sich trotz seines Geschichtspessimismus nicht von den Ideen der 48er Revolution gelöst hat. In bildungspolitischen Angelegenheiten ist er weiterhin ein liberaler und fortschrittlicher Pädagoge, der an einer Reform von unten, von den Volksschulen ausgehend, festhält:

> Was nützt aber Einem sein Lesen, sein Schreiben, sein Rechnen, wenn er keine Erfahrungen und Einsichten hat, die er aufschreiben, keine Dinge, die er ausrechnen, und keine Urtheilskraft, die er aus dem Buche herauslesen kann. Daher muß Alles, was jedem Menschen, und gehöre er dem untersten Stande an, zum menschlichen Leben unentbehrlich ist, in der Landschule gelehrt werden, und zwar nicht blos gelehrt, sondern es muß so in die

---

[674] Roedl: Adalbert Stifter, S. 98.

Menschen geprägt werden, daß es dieselben nie mehr verläßt.[675]

Roedl äußert sich anerkennend über Stifters Versuche, seine Anliegen zu verwirklichen:

> Dabei kam dem Dichter und Maler eine Begabung anderer, nicht weniger beachtenswerter Art zustatten: seine eminenten pädagogischen Fähigkeiten. Sie mögen in seiner Persönlichkeit keimartig vorgebildet gewesen und von den Vorbildern, seinen Lehrern in der Heimat und im Gymnasium, entwickelt worden sein: Anlage und Gesinnung machten ihn zu einem hervorragenden Erzieher. Wie er in Wort und Bild 'bilden' wollte, so drängte es ihn, auch Menschen auszubilden [...]. Der Privatlehrer in Wien verwertete mit Erfolg seine vielfachen Kenntnisse der Natur- und Geisteswissenschaften, er gab den Schülern sein Bestes, und wenn sie ihn achteten und bewunderten, galt das gewiß in erster Linie seiner persönlichen Ausstrahlung noch mehr als seinem Wissen.[676]

Die Ereignisse einer Epoche, in der für ihn Vernunft und Menschlichkeit aus der Welt verbannt scheinen, bestärken Stifter in seinen Überzeugungen: „Das Ideal der Freiheit ist auf lange Zeit vernichtet, nur wer sittlich frei es ist, kann es staatlich sein, ja ist es immer; den andern können alle Mächte der Erde nicht dazu machen. Es gibt nur eine Macht, die es kann: Bildung."[677]

---

[675] Stifter: Die Landschule. In: ders.: Werke und Briefe, Bd. 8,2: Schriften zu Politik und Bildung, S. 148-155, S. 152.
[676] Roedl: Adalbert Stifter, S. 52.
[677] Stifter: Brief an Gustav Heckenast: Linz: 6. März 1849. In: ders.: Sämmtliche Werke, Bd. XVII: Briefwechsel. 1. Band, S. 322.

4.6 Die Bildungsdiskussion im 19. Jahrhundert

Dieses Kapitel stellt zusammenfassend dar, in welchem Umfang Parallelen und Kontinuitäten, aber auch Divergenzen zwischen Stifters pädagogischem Anspruch und der Bildungsdiskussion des 19. Jahrhunderts bestehen.

Das Thema Bildung prägt Stifters Werk geradezu „leitmotivartig", wie es in der Programmschrift zu Stifters 200. Geburtstag heißt.[678] In diesem Zusammenhang ist die Revolution von 1848 ein bedeutender Faktor[679], denn sie bietet Stifter Anlass, seine pädagogischen Gedanken aufzuschreiben und sich darüber hinaus aktiv an der Gestaltung der Volks- und Realschule zu beteiligen.

Der deutsche Bildungsbegriff erreicht – getragen durch die europäische Aufklärung und das neuhumanistische Gedankengut bei Goethe, Herder und Humboldt – zu Beginn des 19. Jahrhunderts seinen Höhepunkt. Die Auswirkungen dieser Denkansätze reichen bis in unsere Zeit hinein. Adalbert Stifters Bild des charakterlich ausgebildeten Schülers verweist auf einen Zusammenhang mit der humanistischen Tradition Herders. Wie auch Herder erhofft sich Stifter eine gesellschaftliche Weiterentwicklung, die auf Bildung und Humanität basiert.[680]

Neben dem *Nachsommer* geben seine frühen Werke, allen voran die Erzählung *Feldblumen*, Antwort auf Stifters Frage nach den Möglich-

---

[678] Sanfte Sensationen. Stifter 2005. Programmheft, S. 15.
[679] Siehe: Kapitel 2.4: „Stifter und die Revolution von 1848 in Österreich" und Kapitel 4.5: „Stifters Bildungsbegriff als Gegenmodell zur Gesellschaft".
[680] Siehe: Kapitel 2.2: „Das ‚sanfte Gesetz' und dessen philosophischer Hintergrund".

keiten der Bildung. Hier spricht er sich für eine Förderung der Mädchenerziehung aus und verurteilt die zeittypischen weiblichen Hausarbeiten als ein „Hinfristen an Bändern und Kram"[681].

Nach 1848 lässt Stifter den klassischen Bildungskanon des 18. und 19. Jahrhunderts im Nachsommer aufleben, indem er die Bildungsansprüche aus dieser Zeit bewusst als oberste Bildungskategorie nennt. Die Erwartungen von Schiller und Goethe, mittels der Kunst als oberster Bildungskategorie zurück zu Harmonie und Geschlossenheit zu finden, spielen auch im Nachsommer eine Rolle. Der Roman bleibt damit dem Goetheschen Kunstideal verpflichtet. Sowohl die Rahmenhandlung als auch Zitate aus Goethes *Wilhelm Meister* dienen Stifter als Vorlage. Des Weiteren bekommt Gustav von seiner Mutter Mathilde Goethes Gesammelte Werke geschenkt. Das von Wilhelm Meister artikulierte Vorhaben: "[...] mich selbst, ganz wie ich da bin auszubilden [...] war [...] meine Absicht"[682], gilt in gleicher Weise für den unentschlossenen Heinrich, der das Bildungsprogramm Risachs absolviert.

Stifter möchte mit Hilfe der Kunst als ästhetischem Sinnbild „sittliches" Verhalten fördern. Er bleibt den Traditionen des humanistischen Bildungsideals allerdings nicht immer treu. Das Bildungskonzept Wilhelm von Humboldts sieht das Lernen von modernen Sprachen als Kennzeichen einer universellen Bildung vor. Eine von nationalen Denkweisen geprägte Identität wird zugunsten einer offenen Weltsicht aufgegeben. Dazu zählt das Reisen als Bestandteil der Bildung.

Die Auffassung von „Bildung" beschränkt sich in der Wirkungszeit

---

[681] Stifter: Feldblumen. In: ders.: Werke und Briefe, Bd. 1,4: Studien, S. 120.
[682] Goethe: Wilhelm Meisters Lehrjahre. In: Sämtliche Werke, Bd. 9, S. 657.

von Goethe, Humboldt und Rousseau nicht nur auf die Selbstentfaltung mittels aufeinanderfolgender Stufen der individuellen Verbesserung. Hauptziel ist eine Vervollkommnung der Menschheit, wie es Stifter unter dem Eindruck der Revolution formuliert:

> Wir sind freilich in einem Stücke alle ganz gleich, aber nur in diesem <u>einzigen</u> Stücke, nämlich wir haben Alle vor Gott die nämliche Pflicht, <u>immer besser, rechtschaffender und sittlicher zu werden</u>. Diese Pflicht hat Arm und Reich, Groß und Niedrig, Mächtig und Schwach. Diese Pflicht macht den Menschen zum Menschen und unterscheidet ihn von dem Thiere, das weder Tugend noch Laster kennt.[683]

Die erzieherischen Ideale sowohl von Goethe als auch von Rousseau mit ihrem Anspruch auf freie Entfaltung der Individualität des Kindes bilden die Grundlage für Stifters erzieherische Ansichten. Entsprechend des Rousseauschen Erziehungsideals wird der Figur des Heinrich im *Nachsommer* während dessen Ausbildungszeit mehr und mehr Handlungsspielraum gewährt, was zur weiteren Persönlichkeitsentwicklung beitragen soll. Goethe verfolgt in seinem Epos *Hermann und Dorothea* einen ähnlichen Leitgedanken:

> Denn wir können die Kinder nach unserem Sinne nicht formen; So wie Gott sie uns gab, so muß man sie haben und lieben, Sie erziehen aufs beste und jeglichen lassen gewähren. Denn der eine hat die, die anderen andere Gaben; Jeder braucht sie, und

---

[683] Stifter: Was ist Freiheit? In: ders.: Werke und Briefe, Bd. 8,2: Schriften zu Politik und Bildung, S. 68-70, S. 69.

jeder ist doch nur auf eigene Weise Gut [sic!] und glücklich.[684]

Der Anspruch auf freie Entfaltung des Kindes erlebt Ende des 19. Jahrhunderts mit der Bewegung der Reformpädagogik[685] einen neuen Höhepunkt. Die Reformpädagogik beruht auf einem neuen pädagogischen Grundkonzept, das eine Erziehung vom Kinde aus fordert und individuelles Lernen der Schüler vorsieht. Erziehung wird mit der Entfaltung der Persönlichkeit gleichgesetzt. Die Bewegung ist Teil einer Entwicklung, die mit Rousseau und Pestalozzi einsetzt und sich durch das ganze 19. Jahrhundert zieht. Sie verfolgt das Ziel einer Reform von Erziehung, Schule und Unterricht in Europa und den USA in den Jahren zwischen 1890 und 1930. Neue Formen wie Gesamtunterricht, Arbeitsgemeinschaften, Schülermitverwaltung und Fächer wie Werken und Gymnastik kommen auf. Daneben werden neue Erziehungsfelder in Form von Jugendbewegung, Erwachsenenbildung und Kunsterziehung geschaffen. Umgesetzt werden die Ideen der Reformpädagogik in Kindergärten, Grundschulen und Privatschulen.

Die Hauptvorgabe zur Entwicklung eines modernen Bildungskonzepts beruht auf der Auffassung, dass das Subjekt einzigartig, unfertig und nicht ausgereift sei. Diese Einzigartigkeit des Individuums

---

[684] Goethe: Hermann und Dorothea. In: ders.: Goethes Werke, hg. im Auftrage der Großherzogin Sophie von Sachsen, Bd. 58: Abt. 1, München 1987 [fotomechanischer Nachdruck der im Verlag Hermann Böhlaus Nachfolger, Weimar, 1887-1919 erschienen Weimarer Ausgabe oder Sophien-Ausgabe], S. 187-268, S. 209f.

[685] Siehe: Die Schulen der Reformpädagogik heute. Handbuch reformpädagogische Schulideen und Schulwirklichkeit, hg. von Hermann Röhrs, Düsseldorf 1986 (Schwann Handbuch). Eine wichtige Vertreterin der Reformpädagogik ist die italienische Ärztin und Pädagogin Maria Montessori (1870-1952).

wird nicht länger durch seine gesellschaftliche Rolle bestimmt, sondern durch die individuelle Ausformung geistiger Eigenschaften. Auch Stifter formuliert diesen Anspruch. Die Verknüpfung der Bildungsansprüche Stifters mit seinem Roman ist offensichtlich:

> Das Thier hat seinen Instinkt, Das ist, seinen Trieb, der es unmittelbar ohne Ueberlegung und Entschluß zu Dem treibt, was ihm Noth thut [...]. Der Mensch muß es lernen. [...] Und wenn er schon die Hälfte seiner ihm bestimmten Lebenszeit einrückt, hat er oft noch bei Weitem nicht die Erfahrungen, die er eben für dieses Leben braucht.[686]

Die Bedeutsamkeit dieser Bildungsideen wird deutlich, wenn man die herausragende Stellung von „Bildung" im 19. Jahrhundert betrachtet. Das Bürgertum erlebt einen Emanzipationsprozess, der eng mit dem Begriff „Bildung" verknüpft ist. Mit neuem Selbstbewusstsein wendet es sich gegen jahrhundertealte Privilegien und Vorgaben sowohl des Adels als auch der Kirche. „Bildung" wirkt identitätsstiftend und verhilft dem Bürgertum zu einer eigenen, neuen Wertvorstellung. Die beschriebene Lebensführung im Nachsommer kommt dieser Auffassung gleich. Die unterschiedlichen Bildungsstufen, die Heinrich absolviert, sollen in ihrer Modellhaftigkeit auf den Leser wirken und diesem zu einer eigenen Identität verhelfen.
Dieses Bildungskonzept spricht Kunst wie Literatur eine außerordentliche Bedeutung zu. Dass die Gattung des Bildungsromans in dieser Zeit ihren Höhepunkt erlebt, ist kein Zufall. Im Mittelpunkt der Handlung des Bildungsromans steht die individuelle Bildungsgeschichte eines in der Regel männlichen Helden. Jacobs wurde mit seinem entscheidenden Kriterium des Bildungsromans als einer

---

[686] Stifter: Wirkungen der Schule. In: Pädagogische Schriften, S. 66.

„Überwindung des Bruches zwischen idealerfüllter Seele und widerständiger Realität"[687] bereits zitiert. Doch der Ansatz für den *Nachsommer* ist angesichts seiner Modellhaftigkeit auf einer anderen Ebene zu finden. Nicht die Ausbildung des Helden steht bei Adalbert Stifter im Vordergrund, sondern die des Lesers. Durch eine angemessene Bildung des Menschen sollen die Ausschreitungen der Revolution – Chaos, Umsturz, Rebellion – im Keim erstickt werden. Dieses Ziel verfolgt Stifter sowohl als Schriftsteller als auch als Schulrat. Den an das Bürgertum gerichteten Anspruch der gesellschaftlichen wie politischen Beteiligung erfüllt Stifter in vollem Maße. Er engagiert sich zunächst aktiv, in dem er als Wahlmann zu den Vorbereitungen für die Frankfurter Nationalversammlung fungiert. Im Laufe der Eskalation ändert sich Stifters Sichtweise, sein Engagement aber lässt nicht nach. Er verfasst politische Artikel und beschäftigt sich intensiv mit der geplanten Bildungsreform. Als Schulrat versucht er seine postulierten Bildungsvorstellungen in die Tat umzusetzen. Warum er seinen Anspruch langfristig nicht verwirklichen kann und woran dieser scheitert, wird im nächsten Kapitel ausgeführt.

---

[687] Jürgen Jacobs: Wilhelm Meister und seine Brüder. Untersuchungen zum deutschen Bildungsroman, München 1972, S. 271.

5 Die letzten Jahre (1855-1868)
„Ich gebe den Schmerz nicht her, weil ich sonst auch das Göttliche hergeben müsste."

5.1 Das Scheitern der pädagogischen Zielsetzungen

Mit Eifer hat Stifter sein Amt als Schulrat aufgenommen. Enthusiastisch begrüßt er die Pläne einer Schulreform, die, ganz in seinem Sinne, die Bildung des Volkes befördern sollen. Seit der Entlassung des Statthalters Eduard Freiherr von Bach und der Rückkehr des reaktionären Systems empfindet Stifter sein Amt als „höchst peinigende Zwangsarbeit"[688]. Er fühlt sich eingeengt und kann es nicht mit seinem Gewissen vereinbaren, staatliche Anordnungen auszuführen, die seiner Auffassung von Erziehung und Unterricht widersprechen. In der Aussprache des Freiherrn von Risach mit seinem Zögling Heinrich im *Nachsommer* findet sich Stifters zwiespältige Haltung gegenüber seiner Position als Staatsbeamter wieder:

> ‚[...] Die Eignung zum Staatsdienste [...] besteht [...] darin, daß man entweder das Einzelne mit Eifer zu thun im Stande ist, ohne dessen Zusammenhang mit dem großen Ganzen zu kennen, oder daß man Scharfsinn genug hat, den Zusammenhang des Einzelnen mit dem Ganzen zum Wohle [...] des Allgemeinen einzusehen [...]. Das leztere thut der eigentliche Staatsmann, das erste der sogenannte gute Staatsdiener. Ich hatte von Kindheit an [...] zwei Eigenschaften, die dem [...] entgegen stan-

---

[688] Stifter: Brief an Gustav Heckenast: Linz, 24. August 1859. In: ders.: Sämmtliche Werke, Bd. XIX: Briefwechsel. 3. Band, S. 173.

den. Ich war erstens gern der Herr meiner Handlungen. [...] Eine zweite Eigenschaft von mir war, daß ich sehr gerne die Erfolge meiner Handlungen [...] vor mir haben wollte, um klar den Zusammenhang [...] überschauen und mein Thun für die Zukunft regeln zu können. Eine Handlung, die nur gesetzt wird, um Vorschriften zu genügen, [...] konnte bei mir Pein erregen. [...] Wie tief aber mein Wesen litt [...], das kann ich euch jezt kaum ausdrücken [...].' (4,3, 139-141)

Der Idealismus, mit dem er das Amt des Schulrats übernommen hat, „erlahmt infolge kleiner und peinlicher Widerstände"[689]. Stifter leidet unter den Schikanen des Unterstaatssekretärs Joseph Freiherr von Helfert. Erst durch sein Wirken kann sich der Neoabsolutismus im Ministerium für Kultus und Unterricht ab 1853 durchsetzen. Seinem Landsmann Stifter steht er aufgrund politischer Differenzen ablehnend gegenüber. „Er hat ihn sogar mit seltener Hartnäckigkeit und mit fast allen Mitteln bis über den Tod hinaus bekämpft"[690], stellt Schoenborn fest. In den ersten Jahren nach der Revolution werden liberale Errungenschaften wieder zurückgenommen; so erhält die absolutistische Partei 1849 erneut die Kontrolle. Im April 1850 werden Zensurmaßnahmen verschärft und das Unterrichtswesen abermals der Geistlichkeit unterstellt. Die für geistliche wie weltliche Professoren geltenden Staatsprüfungen werden abgeschafft und die Einflussnahme seitens des Staates in Gymnasien zurückgedrängt. Ab 1853 nimmt Helfert die liberalen Reformen systematisch zurück. Ein Opfer der Neustrukturierung politischer Dienststellen sind die Landesschulbehörden. Im April 1854 fällt das Schulwesen in

---

[689] Mühlberger: Adalbert Stifter, S. 83.
[690] Ebd.

den Aufgabenbereich der politischen Landesstellen – dort sind die Schulräte dem neuerrichteten Unterrichtsdepartment unter Leitung eines Statthaltereirates subordiniert. Dies bedeutet einen herben Einschnitt in die bisherige selbstständige Arbeit der Schulräte. Die Akteneinsicht ist auf pädagogische und didaktische Fragen beschränkt, alle weiteren Themen sind für den Schulrat nicht mehr von Belang. Sollte der Standpunkt des Schulrates von der des Statthaltereirates abweichen, welcher die Akten überprüft und über deren Zulassung entscheidet, bleibt dem Schulrat lediglich die Möglichkeit, informellen Einspruch einzulegen. Aprent bemerkt den nachlassenden Enthusiasmus seines Freundes. In seiner Biographie über Stifter, die ein bedeutendes Dokument in der Stifter-Forschung ist, beschreibt er die Lage, in welcher sich der Schulrat befindet. Zwar mangelt es der Biographie aufgrund der Freundschaft zwischen den beiden Männern an Objektivität und Sachlichkeit, dafür zeigt sie ein zeitgenössisches und sehr persönliches Bild des Schriftstellers. In dieser Lebensbeschreibung nennt Aprent die Gründe für den schwindenden Elan seines Freundes:

> Was in der ersten Zeit seiner Amtstätigkeit für Herstellung entsprechender Schulräumlichkeiten geschah [...] gibt Zeugnis von der Energie, mit welcher er an seine Aufgabe ging, und dem Umfang, in welchem er sie zu lösen gedachte. Als es sich aber dann um die eigentlichen inneren Fragen der Schule handelte, stieß er auf einen Widerstand, der nicht zu brechen war. [...] Beschränktheit, Starrsinn und Leidenschaftlichkeit vereitelten seine besten Absichten, seine Berichte und Vorschläge wurden unbeachtet bei Seite gelegt, und er sah sich zuletzt einzig darauf angewiesen, ‚Maßregeln' zur Ausführung zu bringen, ein Geschäft, zu dem er doch eigentlich am wenigsten geschickt

war. So ward ihm das Amt eine erdrückende Last […] und immer drängender wird der Ruf nach Erlösung.[691]

1860 muss Stifter einen erneuten Schock hinnehmen. Sein Widersacher Helfert wird nach der Entlassung von Graf Leo Thun mit der provisorischen Leitung des Unterrichtsministeriums beauftragt. Im Jahr darauf verliert das Ministerium für Kultus und Unterricht seinen eigenständigen Status und wird, unter Leitung Helferts, in das Staatsministerium eingegliedert. Eine Besorgnis, die Stifter als junger Amtmann zum Ausdruck gebracht hat, wird Realität: Aufgrund von politischen Veränderungen verliert die Unterrichtsbehörde ihre Unabhängigkeit. Sein Plädoyer für eine parteilich unabhängige Unterrichtskommission ist damals nicht erhört worden: „[…] dann müßte es kein Unterrichtsministerium geben, das immer mit den andern abdankt, sondern eine Unterrichtscomission […], die bleibt."[692] Die Arbeit wird Stifter schwer gemacht: „Sobald jedoch der Neoabsolutismus die Oberhand bekommen hatte und man sie [Alois Fischer und Adalbert Stifter] nicht mehr benötigte, wurden sie entweder wie Fischer zum Rücktritt gezwungen oder wie Stifter kaltgestellt."[693] Nach einer vorläufigen Versetzung in das Innenministerium wird Alois Fischer endgültig aus dem Dienst entlassen.

Der Abschluss des Konkordats vom 18. August 1855[694] bringt weitere Veränderungen für den Schulrat mit sich. Mit diesem Konkordat hat

---

[691] Aprent: Adalbert Stifter, S. 66.
[692] Stifter: Brief an Gustav Heckenast: Linz, 6. März 1849. In: ders.: Sämmtliche Werke, Bd. XVII: Briefwechsel. 1. Band, S. 524.
[693] Mühlberger: Adalbert Stifter, S. 367.
[694] Das im Konkordat von 1855 bewirkte Bündnis von Thron und Altar bringt der katholischen Kirche in Österreich den Höhepunkt ihres Einflusses. Es entzieht Eherecht, Schulwesen und den Klerus dem staatlichen Machtbereich.

die neoabsolutistische Reaktion ihren Gipfelpunkt erreicht: Die weltliche Aufsicht über die Schule wird vollkommen aufgehoben und dem Klerus überantwortet. Im Lauf der folgenden zwei Jahre werden den Schulräten fast alle Kompetenzen genommen. In Artikel fünf des Konkordats heißt es:

> Der ganze Unterricht der katholischen Jugend wird in allen sowohl öffentlichen als nicht öffentlichen Schulen der Lehre der katholischen Religion angemessen seyn: die Bischöfe aber werden kraft des ihnen eigenen Hirtenamtes die religiöse Erziehung der Jugend in allen öffentlichen und nicht öffentlichen Lehranstalten leiten und sorgsam darüber wachen, daß bei keinem Lehrgegenstande Etwas vorkomme, was dem katholischen Glauben und der sittlichen Reinheit zuwiderläuft.[695]

Durch das Konkordat und die Aktivitäten des Linzer Bischofs Franz Joseph Rudigier[696] (1811-1884) erfährt die katholische Volksbewegung eine erhebliche Belebung. In Oberösterreich gehören im Jahre 1856 alle Gymnasiallehrer dem Klerus an.

---

[695] Aus dem Konkordat von 1855. In: Documenta paedagogica austriaca, Bd. 2, S. 646-647, S. 646.
[696] Franz Joseph Rudigier gründet im Jahre 1854 ein kirchliches Lehrerseminar und begünstigt die Ansiedlung zahlreicher Bruderschaften. Nach der Bekanntgabe des Dogmas der Unbefleckten Empfängnis initiiert er 1855 den Bau des Neuen Doms in Linz. 1862 erfolgt die Grundsteinlegung. Er ist Mitglied des 1861 konstituierten oberösterreichischen Landtages und folglich Mitbegründer des politischen Katholizismus. Als erbitterter Gegner des Liberalismus ist er selten bereit, Kompromisse einzugehen. In einem Hirtenbrief vom 7. September 1868 ruft er zum Widerstand gegen die staatlichen Schul- und Ehegesetze auf. Das Schriftstück wird konfisziert und Rudigier wegen *Verbrechens der Störung der öffentlichen Ruhe* zu zwei Wochen Gefängnis verurteilt, aber vom Kaiser begnadigt.

Für Stifter bedeutet dies, dass die im Rahmen seines schulischen Engagements erforderlichen Maßnahmen nur mit Erlaubnis der kirchlichen Schulbehörde durchgeführt werden können. Die Schulräte dürfen den geistlichen Vorgesetzten gegenüber zwar ihr Anliegen vorbringen, doch besitzt dies keinerlei Verbindlichkeit mehr:

> Stifter konnte fürderhin bei allen von ihm früher selbsttätig versehenen Angelegenheiten nur mehr ‚Bitten' und ‚Eingaben' einreichen, mußte die vom bischöflichen Konsistorium erlassenen Verfügungen durchführen, oder durfte dazu auf Verlangen seine ‚Aeußerung' geben.[697]

Eine weitere, einer Schikane nahekommende Maßnahme zwingt die Staatsdiener dazu, sonntags gemeinschaftlich am Gottesdienst teilzunehmen: „[...] nach den vergangenen Jahren freisinniger Entwicklung [wurde dies] von vielen als unwürdiger Zwang, den auch Stifter für wahre innere Frömmigkeit nicht zuträglich empfand, aufgefaßt [...]."[698] Aufgrund dieser Schulpolitik behandeln die Inspektionsberichte des Schulrats andere Themen als zuvor. Methodischen und didaktischen Fragen wird kaum mehr Platz eingeräumt; die Berichte über Lehrerpersönlichkeiten, Bitten für deren höhere Besoldung, Schilderungen von Schulbauten und der Situation der Räumlichkei-

---

[697] Otto Jungmair: Adalbert Stifter und die Schulreform in Oberösterreich nach 1848 (Auszüge). In: Sanfte Sensationen. Stifter 2005. Beiträge zum 200. Geburtstag Adalbert Stifters, S. 143-152, S. 151.
[698] Ders.: Linzer Jahre, S. 116.

ten und Lehrmittel verschwinden fast gänzlich. Den kirchlichen Anforderungen gerecht zu werden ist jetzt zentrale Aufgabe der Schulräte. Vorrangig wird auf eine christliche Erziehung der Schüler wert gelegt, und vorgeschriebene Punkte werden der Reihe nach abgehandelt. Dazu zählen die Begutachtung der Schulbibliothek und der Obstbaumschule, auf deren Existenz jede Schule überprüft wird: „Eine Schulbibliothek und eine Obstbaumschule ist an der Schlägler-Schule nicht vorhanden."[699] Über den Wirkungskreis der Volksschulen hinaus soll die Landbevölkerung mit dem Setzen und Veredeln der Bäume vertraut gemacht werden. Für jede Schule auf dem Lande ist die Anlage einer Obstbaumschule geplant.[700] In dem Bericht heißt es des Weiteren: „Das Schulzimmer war rein und ordentlich. Ein Kruzifix und das Bildnis Seiner Majestät befanden sich als Bilder auf den Wänden."[701] Die Gebete werden ebenfalls überprüft:

> Die Gebethe vor und nach dem Unterrichte sind in beiden Lehrzimmern gleich; nehmlich ein Vater unser mit dem englischen Gruße, u vorher das hierlands so gebräuchliche: ‚Komm, Heiliger Geist' vor u. ‚Wir danken dir, Herr, himmlischer Vater' nach dem Unterrichte.[702]

In einem Bericht aus dem Jahre 1858 findet sich folgender Vermerk:

---

[699] Stifter: Bericht vom 24. 11. 1856 über eine Amtsreise nach Zwettl, Schlägl, Arnreit, Neufelden, St. Peter, Niederwaldskirchen. In: ders.: Werke und Briefe, Bd. 10,2: Amtliche Schriften zu Schule und Universität, S. 369-387, S. 373.
[700] Leitner: Spuren des Lernens, S. 133.
[701] Ebd., S. 157.
[702] Ders.: Bericht vom 16. 1. 1857 über eine Amtsreise nach Unterweißenbach, Weitersfelden, Neumarkt, Harrachsthal, Gallneukirchen. In: ders.: Werke und Briefe, Bd. 10,2: Amtliche Schriften zu Schule und Universität, S. 389-406, S. 390.

„Die Kinder werden im Singen der Kirchenlieder und anderer zulässiger weltlicher Lieder eingeübt."[703] Der Staatskirchenvertrag spiegelt sich, wie dieses Beispiel zeigt, selbst in kleinen Details wider. Das „sittlich-religiöse Verhalten" des Lehrpersonals unterliegt ebenso der Prüfung:

> Ueber das sittlich religiöse Verhalten und die genaue Pflichterfüllung des Lehrers und des Gehilfen in und außer der Schule, so wie über ihre anstandslose Beziehung zur Gemeinde gab mir der hochwürdige geistliche Ortsschulaufseher, der Herr Bürgermeister [...] und der weltliche Ortsschulaufseher die befriedigendsten Versicherungen.[704]

In seinen Berichten hakt er die zu überprüfenden Punkte der Reihe nach ab - seinen persönlichen, oft emotionalen Schreibstil sucht man hier vergeblich. Stifter hat keine Freude mehr an seinem Amt. Gegenüber seinem Vertrauten Heckenast gibt er zu, sein Amt bringe ihm Menschen nahe, deren Umgang er sonst nicht suchen würde.[705] Das Lesebuch wird abgelehnt: „Die Enttäuschung, die Stifter mit der Ablehnung des Lesebuchs für Realschulen erlebte, beendete die

---

[703] Ders.: Bericht über die Amtsreisen zwischen dem 29. 4. und 12. 10. 1858 nach Ansfelden, Berg, Steinerkirchen, St. Marien im Traunkreise, Aschach an der Donau, Hartkirchen, Hilkering, Weizenkirchen, Heiligenberg, Neukirchen am Walde, Wesenufer, Engelhartszell, Feristadt, Sandl, Reichenthal, Laßberg und Mauthausen. In: ders.: Werke und Briefe, Bd. 10,3: Amtliche Schriften zu Schule und Universität, S. 107-140, S. 125.
[704] Ders.: Bericht vom 24. 11. 1856 über eine Amtsreise nach Zwettl, Schlägl, Arnreit, Neufelden, St. Peter, Niederwaldskirchen. In: ders.: Werke und Briefe, Bd. 10,2: Amtliche Schriften zu Schule und Universität, S. 369-387, S. 3373.
[705] Stifter: Brief an Gustav Heckenast: Linz, 4. November 1856. In: ders.: Sämmtliche Werke, Bd. XVIII: Briefwechsel. 2. Band, S. 342.

Phase der Linzer Jahre, die man mit gutem Grund als zweiten Höhepunkt seines Lebens bezeichnen kann."[706] Der gute Verdienst hält ihn davon ab, sein Rücktrittsgesuch einzureichen. Zwar wird er 1855, nach fünfjähriger Amtszeit, vom provisorischen zum definitiven Schulrat erhoben, doch die Freude an den 300 Gulden, die er nun pro Jahr mehr erhält, währt aufgrund erhöhter Steuergelder nicht lange. Außerdem erwartet Stifter kein ruhiges Jahr: Die Repressalien in seinem Amt nehmen erneut zu. In seinen Berichten häufen sich die Randglossen, die bei einer Aktenansicht bis heute ins Auge fallen. Sowohl Stifters Tätigkeit als Schulinspektor als auch seine Bildungsgedanken kann man im Kontext dieser bildungshistorischen Entwicklung besser nachvollziehen.

---

[706] Becher: Adalbert Stifter, S. 187.

5.2 Schreiben als Flucht aus der Realität

Das Leiden an der Realität ist für Stifter die Antriebskraft seines Schaffens. Es wird zur Motivation seines Anspruchs an Vollkommenheit:

> [...] manchmal ist mir, ich könnte Meisterhaftes machen, was für alle Zeiten dauert und neben dem Größten bestehen kann, es ist ein tiefer heiliger Drang in mir, dazu zu gehen - - aber da ist äußerlich nicht die Ruhe, die kleinen Dinge schreien drein, ihnen muß von Amtswegen und auf Befehl der Menschen [...] obgewartet werden, und das Große ist dahin. Glüklich die Menschen, die diesen Schmerz nicht kennen! und doch auch unglüklich, sie kennen das Höchste des Lebens nicht.[707]

Mühlberger beschreibt den Rückzug des Dichters in die Innerlichkeit: „Flucht und Zuflucht wurde ihm die Dichtung, erdichtetes Leben über Sorgen, der Düsternis und Verworrenheit seines eigenen Daseins."[708] In seiner Biographie über den Dichter schreibt Aprent:

> Unter solchen Verhältnissen suchte und fand er Trost und Erheiterung im Reiche der Dichtung vor allem im eigenen Schaffen. Sogar über körperliche Leiden hob ihn dieses empor. [...] Dichten war ihm eine ernste, heilige Arbeit, die weder Eile noch Lässigkeit duldete; es war die schönste, würdigste Erfüllung seines Lebens, und der Mittelpunkt, um den sich alle seine Kräfte bewegten.[709]

---

[707] Stifter: Brief an Gustav Heckenast: Linz, 13. Mai 1854. In: ders.: Sämmtliche Werke, Bd. XVIII: Briefwechsel. 2. Band, S. 224.
[708] Mühlberger: Adalbert Stifter, S. 30.
[709] Aprent: Adalbert Stifter, S. 67.

Auch in den Jahren vor 1880 ist die Schriftstellerei nicht lukrativ; nur wenige können vom Schreiben allein leben. Ein Großteil der Autoren gehört dem Beamtenstand an – neben Stifter auch Joseph von Eichendorff, Theodor Storm (1817-1888), Gottfried Keller und Franz Grillparzer. Sagarra stellt fest, dass das Schreiben eine Flucht aus bürgerlicher Enge oder ein Ersatz für mäßige Berufsarbeit ist.[710] Die schriftstellerische Arbeit bedeutet für Stifter einen Ausgleich zu seinem Amt als Schulrat: „Er bedurfte dieser Arbeit zu seiner seelischen Wiederherstellung"[711], so Krökel. Spreckelsen zieht eine Parallele zwischen Stifters Weltangst und den Versuchen einer Selbstheilung durch die literarische Produktion:

> Stifter jedenfalls wappnete sich gegen allzu Verstörendes, stopfte rastlos Nahrung in sich hinein (und legte in Briefen Zeugnis davon ab), wurde immer korpulenter und ängstlicher, versuchte zu retten, was zu retten ist und schrieb das Chaos, das ihn umgab, in eine wohlgeordnete Idylle um.[712]

„Lieben und Glücken war bei Stifter nur literarisch möglich"[713], so Spreckelsen. Fischer stellt dazu fest:

> Risach glückt in der Dichterphantasie, woran der Schulrat scheiterte: die große und gute politische Tat ohne Revolution und ohne Blutvergießen von tiefgreifender gesellschaftsgestaltender und die gesellschaftlichen Kräfte befreiender Wirksamkeit.[714]

---

[710] Sagarra: Tradition und Revolution, S. 43.
[711] Krökel: Nachwort. In: Der Nachsommer, S. 744.
[712] Spreckelsen: Damals hinterm Mond. In: Frankfurter Allgemeine Zeitung 246 (22. Oktober 2005), S. 39.
[713] Ebd., S. 183.
[714] Fischer: Einleitung. In: Documenta paedagogica austriaca, Bd. 1, S. C.

Unter der Oberfläche eines heiteren und genügsamen Familienlebens erzählt die Dichtung Stifters von schmerzvollen Begebenheiten, Entsagung und Enttäuschung. Eine anschauliche Szene findet sich im *Nachsommer*, in der Heinrich im Kapitel *Der Wanderer* auf einen toten Hirsch trifft und diesen unvermittelt in seine Beschreibung der Bergwelt einfügt:

> In einem Thale an einem sehr klaren Wasser sah ich einmal einen todten Hirsch. Er war gejagt worden, eine Kugel hatte seine Seite getroffen, und er mochte das frische Wasser gesucht haben, um seinen Schmerz zu kühlen. [...] Jezt lag er an demselben so, daß sein Haupt in den Sand gebettet war, und seine Vorderfüße in die reine Fluth ragten. [...] Das Tier gefiel mir so, daß ich eine Schönheit bewunderte, und mit ihm großes Mitleid empfand. Sein Auge war noch kaum gebrochen, es glänzte noch in einem schmerzlichen Glanze, und dasselbe, so wie das Antliz, das mir fast sprechend erschien, war gleichsam ein Vorwurf gegen seine Mörder. (4,1, 37)

Mit der Bereitschaft, sich in das Werk einzufühlen, kann der Leser die hintergründige Spannung der Erzählungen, diese „fürchterliche Wendung der Dinge"[715] erahnen: „Auf dem Gebiet des Unausgesprochenen ist Stifter ein Meister des Unausgesprochenen"[716]. Mayer spricht von der Stifterschen Prosa als „nervenaufreibender Anspannung", die dem „eigenen Innern förmlich abgerungen" sei:

---

[715] Stifter: Granit. In: Bd. 2,2: Bunte Steine, S. 27.
[716] Sagarra: Tradition und Revolution, S. 298.

> Das Überschaubare und Klare dieser vielfach schlicht erscheinenden Prosa und die beruhigenden Momente ihrer gedehnten Langsamkeit verdanken sich keineswegs einem unerschütterlichen Fundament, vielmehr sind sie in einer nervenaufreibenden Anspannung dem Chaos der eigenen Zeit und des eigenen Innern förmlich abgerungen, Kraftakte einer Bewältigung des Wilden, des Sinnwidrigen, die den polierten Oberflächen dieser Texte noch immer abzulesen sind.[717]

Die Hintergründigkeit seiner Dichtung ist nicht allein mit einem Hinweis auf seinen unbefriedigten Gemütszustand zu erklären. „Ich gebe den Schmerz nicht her, weil ich sonst auch das Göttliche hergeben müsste"[718], schreibt er an seinen Verleger. Dieser Satz lässt eine neue Perspektive zu. Sein „Schmerz" ist nicht die Ursache für Projektionen eigener Erfahrungen und Wünsche auf sein Werk, sondern ein dichterisches Antriebsmittel. Ohne diesen „Schmerz" wäre Adalbert Stifter kein derart motivierter Schriftsteller gewesen.

---

[717] Mayer: Stifter lesen. In: Sanfte Sensationen. Stifter 2005. Beiträge zum 200. Geburtstag Adalbert Stifters, S. 7.
[718] Stifter: Brief an Gustav Heckenast: Linz, 13. Mai 1854. In: ders.: Sämmtliche Werke, Bd. XVIII: Briefwechsel. 2. Band, S. 224.

5.3 Rückzug aus dem Amt, depressives Leiden und Sterben

Bei einer schriftstellerischen Leistung handelt es sich um ein Kunstwerk, das sich nach der Produktion vom Autors ablöst und ein Eigenleben führt, so Umberto Eco.[719] Stahlová hat diese Entwicklung im Hinblick auf den *Nachsommer* mit folgenden Sätzen zusammengefasst:

> [...] Bücher haben bekanntlich ein Eigenleben; jeder liest aus einem Buch das heraus, was ihm als wichtig erscheint und ihm Identifikationsmöglichkeiten vermittelt. Der Autor verliert die Macht über sein Werk, sobald er es als abgeschlossen seinem Verleger überläßt.[720]

Entgegen der positivistischen Interpretation von Literatur ist es bei der werkimmanenten Methode nicht notwendig, den Autor und sein Privatleben zu kennen, um einen Roman verstehen zu können. Der Anspruch des Werkes wird anhand des Textes deutlich; die Lebensumstände des Autors sind zweitrangig. Roedl schreibt: „Psychologische 'Entlarvung' vermag nichts absolut Gültiges über das Werk des Künstlers auszusagen. Es gehört einer anderen Dimension an als sein

---

[719] Umberto Eco: Zwischen Autor und Text. Interpretation und Überinterpretation. Mit Einwürfen von Richard Rorty, Jonathan Culler, Christine Brooke-Rose und Stefan Collini, München/Wien 1994, S. 91. Eco unterscheidet bei der Lektüre von Texten drei Ebenen: *intentio auctoris* (Botschaft des Autors), *intentio operis* (das Werk, wie es vorliegt: schwarze Lettern auf weißem Papier) und *intentio lectoris* (Botschaftsverständnis des Lesers). Nach der Publikation löst sich das Werk vom Autor und steuert einen intersubjektiven Kurs an, d.h. die Materialisierung in Buchform nimmt ein „Eigenleben" an. Siehe auch: ders.: Die Grenzen der Interpretation, München/Wien 1992, S. 35f.

[720] Stahlová: Der Nachsommer – utopischer Traum oder Verallgemeinerungen philosophischer Ideen. In: Adalbert Stifter 2000, S. 51.

Leben."[721]

Jungmair beklagt Ende der fünfziger Jahre eine unüberschaubar gewordene Stifter-Publizistik, deren biographische Untersuchungen zu entgegengesetzten Ergebnissen führten und dem des Dichters nicht gerecht werden.[722] Deshalb stellt sich die Frage, warum und inwieweit Stifters persönliches Schicksal in der vorliegenden Betrachtung berücksichtigt werden muss. Zunächst scheint es wenig sinnvoll, den weiteren Lebensweg des erkrankten und zunehmend unter Schikanen leidenden Schulrats zu verfolgen. Doch um eine Auswertung von Stifters Leben soll es hier auch nicht gehen. Mayer nennt als wichtigsten Grund für die wissenschaftliche Beschäftigung mit biographischen Hintergründen: „Doch alles Biographische kann nicht auf echtes Interesse Anspruch erheben, wenn es nicht zugleich für den Autor und sein Werk bedeutend wird [...]."[723] Roedl fasst diesen Anspruch mit folgenden Worten zusammen:

> Der Chronist, der sich bemüßigt fühlt, den Fäden nachzugehen, die den Dichter und sein Werk verknüpfen, wird darob nicht den Anspruch erheben, mit biographischen Daten ins Wesen der schöpferischen Persönlichkeit einzudringen. [...] Aber daß nicht nur die Themen, daß auch die Gestaltungen unablösbar sind von seiner Lebenserfahrung, ist keine Frage [...].[724]

In dem aktuellen Werk zu Adalbert Stifter von Peter Becher findet sich ebenfalls ein Kapitel mit der Überschrift: *Das Elend der letzten*

---

[721] Roedl: Adalbert Stifter, S. 11.
[722] Ebd.
[723] Mayer: Stifter lesen. In: Sanfte Sensationen. Stifter 2005. Beiträge zum 200. Geburtstag Adalbert Stifters, S. 7.
[724] Roedl: Adalbert Stifter, S. 43.

Jahre – Linz 1855-1868[725]. Stifters letzte Lebensjahre sind von Bedeutung, um einen Überblick über seine gesamte Entwicklung zu bekommen.

„Meine Ehe ist [...] leider kinderlos"[726] schreibt Stifter 1846. Kinder sieht er als „die Krone einer glüklichen Ehe"[727]. Bildhaft formuliert er diesen Wunsch in seiner Erzählung *Feldblumen*: „[...] es muß eine große Freude sein, Kinder zu haben, und ich würde ein Narr mit ihnen, ritte vergnügt auf einem Steckenpferde und hinge mir allen Ernstes eine Kindertrommel um."[728] Übermäßig sehnt er sich nach dem Wesen, so Roedl, das ihn nur um seiner selbst willen liebt, und dem er, der Erzieher und Bildner, alles geben darf, was sein dichterisches und pädagogisches Wirken theoretisch für die Welt zu tun bemüht ist.[729] Stifters persönliches Lebensglück scheitert an der Diskrepanz zwischen Umsetzung seiner pädagogischen Zielsetzungen und dem eigenen unerfüllt bleibenden Kinderwunsch. Die Tragik steigert sich in dem Maße, in dem Stifter zwanghaft versucht, junge Menschen in seine Familie aufzunehmen. Drei seiner Zöglinge sterben: der junge Gustav Scheibert, Sohn eines befreundeten Lehrers aus Linz, und seine beiden Ziehtöchter Josefine und Juliane, die Nichten seiner Frau. Während Josefine im Lauf des Jahres 1858 unheilbar an Tuberkulose erkrankt und zu ihren Eltern nach Klagenfurt zurückkehrt[730], wird im Jahr darauf die Leiche der achtzehnjährigen Juliane

---

[725] Becher: Adalbert Stifter, S. 187-194.
[726] Stifter: Brief an Hermann Meynert: Wien, 16. November 1846. In: ders.: Sämmtliche Werke, Bd. XVII: Briefwechsel. 1. Band, S. 187.
[727] Ders.: Brief an Gustav Heckenast: Linz, 21.Dezember 1861. In: ebd. 4. Band, Hildesheim 1972 [reprographischer Nachdruck der Ausgabe Prag 1925], S. 44.
[728] Ders.: Feldblumen. In: ders.: Werke und Briefe, Bd. 1,4: Studien, S. 103.
[729] Roedl: Adalbert Stifter, S. 80.
[730] Ein dreiviertel Jahr vor Julianes Tod verliert Stifter seine zweite Ziehtochter, Josefine „Jos" Stifter aus der Klagenfurter Wahlverwandtschaft. Er hat sie 1857

in dem Dorf Gusen, 15 Kilometer östlich von Linz gelegen, aus der Donau geborgen. Die Todesumstände sind bis heute nicht aufgeklärt. Nicht selten wird der Tod Julianes und damit Stifters „Versagen" als Grund aufgeführt, seine Bildungsidee zu verwerfen. Dieser Ansatz ist kritisch zu betrachten – wie zu Anfang dieses Kapitels erwähnt, sind Rückschlüsse vom Privatleben eines Autors auf sein Werk nicht notwendig, um dieses zu verstehen. Auch ist eher wahrscheinlich, dass das junge Mädchen mit Amalie, der strengen Ehefrau Stifters, nicht zurechtgekommen und aus Furcht vor ihr aus dem Haus geflohen ist. Das Mädchen sei von der Tante „mehr als Dienstmagd denn als Verwandte ins Haus genommen und ausgenutzt worden"[731], beurteilt Mühlberger die zweideutigen Verhältnisse im Stifterschen Haushalt. Maria Langfellner, ein früheres Dienstmädchen des Ehepaars Stifter, setzt den Stifter-Biographen Alois Raimund Hein über die Charaktereigenschaften Amalies in Kenntnis. So habe Juliane, „das blonde, blauäugige Mädchen"[732], bei Amalie wenig mütterliche Zuwendung erfahren: „wie denn überhaupt Freundlichkeit, Güte oder gar Herzlichkeit kaum jemals bei ihr wahrzunehmen gewesen wären."[733] Vor Langfellner sind in kurzen Abständen elf Dienstmädchen beschäftigt, nach ihr sind es 14 weitere. Bereits am Heiligen Abend des Jahres 1851 – acht Jahre vor Julianes Tod – berichtet Stifter in einem Brief an seinen Verleger über das Verschwinden seiner Ziehtochter. Erst nach Weihnachten wird das Kind ausfindig gemacht: „Sie ging selber fort, und wollte Dienst nehmen, (mit

---

von der gemeinsamen Reise mit Amalie und Juliane nach Triest und dann zurück nach Linz genommen. Sie stirbt am 2. März 1859.
[731] Mühlberger: Adalbert Stifter, S. 113.
[732] Aprent: Adalbert Stifter, S. 190.
[733] Ebd.

10 J. 10 Monate).“[734] Die Beifügung Stifters, „es wäre beinahe ein Roman“[735] zeigt, dass Stifter mit den Ängsten und Sorgen des kleinen Mädchens nicht vertraut ist. Er stellt sich nicht die Frage, warum das Kind von zu Hause weggelaufen ist. In einem Brief vom 24. Dezember 1851 an Heckenast geht er – nach einer kurzen Bemerkung über das Verschwinden der Ziehtochter – schnell wieder auf geschäftliche Themen über. Wie in den meisten Briefen an seinen Verleger bittet er diesen um einen finanziellen Vorschuss, der „sehr erwünscht“[736] sei. Die Ziehtochter wird im Folgenden – vielleicht ein Zeichen von Verdrängung – nicht mehr erwähnt. Er schiebt jede Mitschuld am Tod Julianes von sich. Margret Czerni stellt fest, dass Stifter am Ende nur die Kinder in seinen Werken bleiben. In ihnen sublimiert er nicht nur seinen lebenslangen Wunsch nach eigenen Kindern, sondern ebenso seine unglückliche Ehe.[737] Seiner Frau schreibt Stifter innige Liebesbriefe aus Kirchschlag bei Linz, wohin er sich „unter dem Vorwand schreiben zu müssen“[738], von ihr zurückzieht. Ein Antrag des Dichters auf Veröffentlichung der Briefe liegt seinem Verleger Heckenast bereits vor, wenngleich dieser keine Zusage sendet. So geben diese Briefe ein doppeldeutiges Zeugnis, sind sie doch einerseits Gedanken- und Informationsaustausch mit seiner Frau, andererseits aber darauf bedacht, nirgendwo anzuecken. Sein Harmoniebedürfnis ist ein weiterer Grund, keine unfreundlichen Worte an Amalie zu

---

[734] Stifter: Brief an Gustav Heckenast: Linz, 4. Jänner 1852. In: ders.: Sämmtliche Werke, Bd. XVIII: Briefwechsel. 2. Band, S. 99.
[735] Ebd.
[736] Ders.: Brief an Gustav Heckenast: Linz, 24. Dezember 1851. In: ebd., S. 98.
[737] Margret Czerni: Zwischen Wende und Ende. Aus den Linzer Jahren Adalbert Stifters 1848-1868. In: Sanfte Sensationen. Stifter 2005. Beiträge zum 200. Geburtstag Adalbert Stifters, S. 189-198, S. 189.
[738] Stadler: Ich gebe den Schmerz nicht her. In: Frankfurter Allgemeine Zeitung 48 (26. Februar 2005), S. 46.

richten: „[...] die [...] recht banale Ehe wird durch ein ehrgeiziges Programm auf Hochglanz poliert, etwa indem in fast unfreiwillig komischer Weise ein Briefwechsel vereinbart wird, der aufgrund seiner Pathetik der Glaubwürdigkeit entbehrt."[739] Stifter schreibt seiner in die Jahre gekommenen Frau zärtliche Liebesbriefe, um sich und Außenstehenden zu beweisen, dass seine Ehe „eine der glüklichsten"[740] sei. Die Antwortbriefe „der im Schreiben unbeholfenen Anti-Muse Amalia"[741] führen dem Leser ungeschönt ihre Schwächen und Selbstgefälligkeit vor Augen:

> Teuerster Gatte! Ich bin Dir Besonders Dankbar für Dein liebes Härliches Gedicht, welches Du an mich Verfast hast, jedoch für den Schrek bei öfnen des Briefes nicht, dafür sei es Gott geklagt, und Dir verziehen, und zum Lohne einige Zeilen von meiner Schönen Hand.[742]

Die literarischen Werke ihres Mannes sind Amalie Stifter fremd, sie hat keines davon je gelesen. Stifter führt in seinem teilweise autobiographischen *Nachsommer* die Selbstvorwürfe des Freiherrn von Risach über seine Heirat ohne Liebe aus:

> [...]in der Hauptstadt [...] that ich etwas, das mir ein Vorwurf bis zu meinem Lebensende sein wird, weil es nicht nach den reinen Gesezen der Natur ist, obwohl es tausend Mal und tausend Mal in der Welt geschieht. Ich heirathete ohne Liebe und Neigung. [...]' (4,3, 215)

---

[739] Mayer: Adalbert Stifter, S. 21.
[740] Stifter: Brief an Hermann Meynert: Wien, 16. November 1846. In: ders.: Sämmtliche Werke, Bd. XVII: Briefwechsel. 1. Band, S. 187.
[741] Czerni: Zwischen Wende und Ende, S. 189.
[742] Amalie Stifter: Brief an Adalbert Stifter: Linz, 11. Dezember 1857. In: Adalbert Stifters Leben und Werk, S. 405.

Über das Nichtverstehen hinaus, so Mühlberger über Amalie Stifter, habe die erschreckend ungebildete Frau die Schriftstellerei ihres Mannes gehasst oder einfach negiert.[743] Alle Titel und Orden hat Amalie auf der Steinplatte an seinem Grab verzeichnen lassen, aber seine Berufung zum Dichter geht aus der Inschrift auf seinem Grabmal nicht hervor. Ein Zitat von Werner Welzig beschreibt Stifters unglückliche Verfassung, der sich mit dem Schreiben seiner Briefe eine eigene Realität schafft:

> [...] Stifters Briefe sind keine Fenster, die Einblick in dahinter liegende, ansonsten verschlossene Lebensräume des Schreibers gewähren. Der Lebensraum, den Stifter sich schafft, ist das Schreiben selbst. [...] 'Die Werke' im engeren Sinne sind Ausdruck dieser [seiner, Anm.] 'Not', die 'Briefe', die 'Lebensbeschreibung' und schließlich das erstrebte 'Kunstwerk des Lebens' selbst.[744]

Zu den privaten Sorgen kommt die zunehmende Belastung in seinem Amt. „Tatsächlich war er, als er dieses Buch [*Der Nachsommer*] schrieb, schon fast auf der Höhe seines Unglücks angekommen. 1857 muss er die schlechte Aufnahme des Romans verarbeiten. Damit ist neben den privaten wie beruflichen Belastungen das „Dreigespann der Sorgen"[745] vollständig, das ihn bis zu seinem Lebensende quälen sollte. Die Untersuchung von Stifters Schulakten zeigt, dass er nicht nur intensiv gearbeitet, sondern auch erfolgversprechende

---

[743] Mühlberger: Adalbert Stifter, S. 30.
[744] Werner Welzig: Noch einmal: Zum Text. In: Die kleinen Dinge schreien drein, S. 219-231, S. 227.
[745] Mühlberger: Adalbert Stifter, S. 356.

Projekte betreut hat: „Die Leistung Stifters ist in jeder Hinsicht gewaltig"[746], beurteilt Domandl die Arbeit des Schulrats. Er erkennt einen wichtigen Aspekt in Zusammenhang mit der ministeriellen Herabwürdigung von Stifters Leistung: durch die Arbeit am Lesebuch habe sich Stifter selbst in Misskredit gesetzt.[747] Stifter tritt mit seinem Engagement aus der Reihe der übrigen Schulräte heraus und schafft eine eigene Leistung, die über seinen Kompetenzbereich als Schulrat hinausreicht. Diese schöpferische Arbeit, die bei weitem nicht mehr im Rahmen seiner Dienstaufgaben liegt, kann von einer im Ministerium unbeliebten Person nicht geduldet werden. Die Angriffe gegen Stifter verschlimmern sich, er wird gemaßregelt und verliert ohne Angabe von Gründen die Inspektion der Realschule. Dieses „brutale Vorgehen, das auch damals eines Ministeriums unwürdig war"[748], dient dem Zweck, Stifter zu demütigen und aus seinem Amt zu vertreiben. Parallel zu den beruflichen Sorgen verschlimmert sich sein Gesundheitszustand. Kummer, Furcht und Freudlosigkeit können für eine schmerzhafte Leberzirrhose mitverantwortlich sein. Seine Selbstsicherheit, so Rutt, scheint vernichtet.[749] Spreckelsen gibt daneben die sozialen Veränderungen zu Lebzeiten Stifters als Grund für dessen schlechte Verfassung an:

> [...] einen so umfassenden Umbruch in allen Lebensbereichen, wie ihn die Biedermeierzeit den Menschen zumutete, hat es in dieser Geschwindigkeit nicht oft gegeben: Eine Fülle von ineinan-

---

[746] Domandl: Adalbert Stifters Lesebuch, S. 98.
[747] Ebd.
[748] Ebd.
[749] Rutt: Adalbert Stifters Gedanken zur Pädagogik. In: Pädagogische Schriften, S. 268.

> der verschränkten Revolutionen, die von der Arbeitswelt über Familienstrukturen bis hin zum Leseverhalten alles Gewohnte über den Haufen warfen, brach sich seit etwa 1820 Bahn, und auch solidere Gemüter hatten Teil an jener kollektiven Identitätskrise, von der nicht wenige in jenen Jahren ergriffen wurden.[750]

Stadler diagnostiziert panische Zustände und Angst als Ursache für seine übermäßige Esslust.[751] Hinzu kommt ein Nervenleiden, das ihn überempfindlich, ängstlich und höchst harmoniebedürftig werden lässt. Er zieht sich von der Außenwelt zurück. Britz spricht von einer Problematik im Dasein und Schaffen Stifters, die typisch sei für schöpferisch begabte Menschen: „Stifter war immer gefährdet und der Grenze nahe, an der sich der Bezirk des Pathologischen auftut. Er hat diese Gefährdung erlebt."[752] Anstrengende Dienstreisen und Krankheit wechseln sich ab. Stifter stützt sich auf ärztliche Atteste, um von der Arbeit fern bleiben zu können. Im Oktober 1865 wird er vom zuständigen Landes-Medizinalrat auf Lebenszeit krankgeschrieben:

> [Ich] bestätige das Zeugnis seines ordinierenden Arztes mit dem Beifügen, daß selbst ein viermonatlicher Urlaub zur Herstellung nicht genügen wird, daß vielmehr eine jahrelange Enthaltung von Amtsgeschäften, ja selbst von dem anstrengenden geistigen Berufe des Schriftstellers den Herrn Schulrat kaum in den Stand setzen dürfte, jenen Dienst wieder anzutreten oder geistige Produkte

---

[750] Spreckelsen: Damals hinterm Mond. In: Frankfurter Allgemeine Zeitung 246 (22. Oktober 2005), S. 39.
[751] Stadler: Ich gebe den Schmerz nicht her. In: Frankfurter Allgemeine Zeitung 48 (26. Februar 2005), S. 46.
[752] Britz: Adalbert Stifter und Wien, S. 7.

zu schaffen, deren Ertrag ihn vor Nahrungssorgen sichert und hinreichenden Fond zur Bestreitung der für jenen Zustand erforderlichen Kurmittel bietet.[753]

Zu diesem Zeitpunkt ist Stifter 60 Jahre alt. Einen Monat später genehmigt Kaiser Franz Joseph die Versetzung in den Ruhestand. Sein Jahresgehalt von 1890 Gulden wird Stifter weiterhin ausbezahlt. Außerdem wird ihm der Hofratstitel verliehen:

> Seine k.k. Apostolische Majestät haben mit allerhöchster Entschließung vom 25. November d. J. die Versetzung des Schulrates Adalbert Stifter in den bleibenden Ruhestand mit Belassung seines vollen letzten Aktivitätsgehaltes jährlicher [...] 1890 Gulden als Pension allergnädigst zu genehmigen und ihm bei diesem Anlasse den Titel eines Hofrates taxfrei zu verleihen geruht.[754]

Sengle spricht in diesem Zusammenhang von einer Anerkennung: „Die Ehrung wiederholte sich bei seiner vorzeitigen Pensionierung mit vollem Gehalt als k.u.k. Hofrat. Auch hier [...] erwies sich Österreich als dichterfreundlich."[755] In Anbetracht der Gehässigkeiten und Geringschätzungen, die Stifter in diesen Jahren aushalten muss, ist eine Auszeichnung mit dem Hofratstitel nicht mehr als ein zynisch anmutender Abschluss seiner Amtszeit. Zudem kommen Ruhe und Schonung für Stifter zu spät: Die erhoffte Genesung bleibt aus. Eine ständige ärztliche Überwachung, mehrere Kuraufenthalte und eine strenge Diät können nicht helfen. In einem Brief vom 22. März 1864

---

[753] Meisinger (k. k. Landes-Medizinalrat): Attest: Linz, 31. Oktober 1865. In: Pädagogische Schriften, S. 261.
[754] Belcredi: Notiz: Wien, 26. November 1865. In: ebd., S. 264.
[755] Sengle: Biedermeierzeit, Bd. 3, S. 981.

beklagt sich der Dichter, er lebe „wie ein Känguruh von Pflanzenkost"[756]. Die nationale Tragödie von 1866 geht nicht spurlos an ihm vorüber. Der Krieg zwischen Österreich und Preußen und der gewaltsame Ausschluss Österreichs aus dem deutschen Bund muss den Österreicher tief bestürzen. Sein späteres antipreußisches, gegen Bismarck gerichtetes Eintreten zeigt Stifter als einen bedachtsamen Hüter der „humanitas austriaca"[757]. Kann sich Hebbel Österreich nur als ein deutsches Land vorstellen, so ist für Stifter der österreichische Vielvölkerstaat mit eigenem kulturellen Reichtum und der Verantwortung für Toleranz selbstverständlich. In einem Brief an Heckenast gibt er seiner Trauer über den Krieg zwischen den zwei deutschen Staaten Ausdruck: „Tief betrübt mich der Krieg zwischen deutschen Brüdern, wie mir jeder Krieg zwischen Menschen ein Scheusal ist [...]."[758] Er habe den Krieg von 1866 mehr erlitten als erlebt, schreibt Mühlberger in einem Porträt über den Dichter[759]: „Über seine Zeit hinaus [hat Stifter] den Anbruch des großen Unfriedens geahnt, in dem unsere Zeit mitten drin steht."[760]

Im Dezember 1867 erkrankt Stifter so schwer, dass er nicht mehr die Kraft aufbringen kann, sein Bett zu verlassen. In der Nacht des 26. Januar 1868 fügt er sich mit dem Rasiermesser eine tiefe Schnittwunde am Hals zu. Die Stifter-Forschung ist sich uneinig darüber, ob diese Tat als selbstmörderische Absicht gelten kann oder sinnverwirrt

---

[756] Stifter: Brief an Auguste von Jäger: Linz, 22. März 1864. In: ders.: Sämmtliche Werke, Bd. XX: Briefwechsel. 4. Band, S. 183.
[757] Fischer: Die Pädagogik des Menschenmöglichen, S. 131.
[758] Stifter: Brief an Gustav Heckenast: Lakerhäuser, 24. Juni 1866. In: ders.: Sämmtliche Werke, Bd. XXI: Briefwechsel. 5. Band, S. 244.
[759] Josef Mühlberger: ex corde lux. Vier Dichterporträts, Mannheim 1962 (Schriftenreihe der Künstlergilde 3), S. 8.
[760] Ebd.

während eines heftigen Schmerzanfalls geschehen ist.[761] Die innere Angst des Dichters, an einer derartigen Wahnsinnstat zu sterben, bewahrheitet sich auf prophetische Weise. Drei Jahre vor seinem Tod bringt Stifter in einem Brief an Heckenast seine Angst zum Ausdruck, sich im Zustand der Verwirrung das Leben zu nehmen: „Ich habe zu manchen Zeiten zu Gott das heißeste Gebet gethan, er möge mich nicht wahnsinnig werden lassen, oder daß ich mir in Verwirrung das Leben nehme (wie es öfter geschieht.)"[762] Dieser Wunsch wird ihm versagt bleiben. Am 28. Januar 1868, zwei Tage nach seiner Selbstverletzung, stirbt Stifter in seinem dreiundsechzigsten Lebensjahr, ohne das Bewusstsein wieder erlangt zu haben. Auf dem Totenschein ist als Ursache „Zehrfieber nach Leberverhärtung" angegeben. Seine Ehefrau Amalie wird ihn um 15 Jahre überleben. Dennoch - trotz Schmerzen und depressiver Zustände hat er seinen Humor[763]

---

[761] Pörnbacher spricht von einem „präkomatös-exzitativen Anfall". Pörnbacher: Literaturwissen Adalbert Stifter, S. 33. Roedl vermutet einen „Anfall sinnverwirrender Schmerzen". Roedl: Adalbert Stifter, S. 145. Jungmair erhofft die Möglichkeit eines Unglücksfalles und gibt sich damit der fragwürdigen Zuversicht hin, das fleckenlose Bild des Dichters nicht durch einen Selbstmord beschmutzt zu sehen. Der Forscherkreis, der sich heute noch an dieser Möglichkeit des Freitodes im Krankenbett stößt, ist größer als gedacht. Der glaubhaften Überlieferung nach hat sich der geschwächte Stifter nach der Verletzung mit dem Rasiermesser auf seinem Biedermeiersofa niedergelassen. Die Blutspuren auf dem Sofa, welches im Nordico-Museum in Linz ausgestellt ist, sind 1978 aus nicht näher definierten Gründen durch neuen Stoff ersetzt worden. Jungmair: Linzer Jahre, S. 8. Stadler vertritt in seinem Werk die These des absichtlichen Selbstmords Stifters. Die Ansicht, dass „Stifter sich mit einem Rasiermesser den Hals aufgeschnitten hat", ist zentrales Thema seiner Stifter-Betrachtung. Stadler: Mein Stifter, S. 169.
[762] Stifter: Brief an Gustav Heckenast: Karlsbad, 1. Juni 1865. In: ders.: Sämmtliche Werke, Bd. XX: Briefwechsel. 4. Band, S. 304f.
[763] Sagarra dagegen behauptet, dass Stifter keinen Humor besäße. (Sagarra: Tradition und Revolution, S. 315). Es finden sich aber auch in seinen Novellen humoristische Ansätze, z.B. in *Nachkommenschaften* (erscheint 1864 in der Zeitschrift *Der Heimgarten*) oder in *Der Waldsteig* (erstmals veröffentlicht 1845

und seinen Kunstsinn nicht verloren, was ein Bittgesuch über die Anfertigung von „Bärentazen" (Schrankfüße) belegt. In dem Brief nutzt Stifter seinen labilen Gesundheitszustand gründlich aus:

> Hochgeehrter Freund! Die Bärentazen sind so vortrefflich ausgefallen, daß mir nun vor den alten, die unter den großen Kasten gehören, graut. Ich kann sie Angesichts der von Ihnen gemachten gar nicht brauchen. Ich stelle daher die herzliche Bitte, mir nun auch *fünf* große Bärentazen [...] zu machen. [...] Wenn Sie einem armen Kranken, der sich an jede Freude klammert, eine solche Freude bereiten wollen, so machen Sie mir diese Arbeit sogleich, da der Kasten jeden Augenblik fertig sein kann. Sie werden mir meine Bitte und meine Zudringlichkeit nicht übel nehmen.[764]

---

im *Oberösterreichischen Jahrbuch für Literatur und Landeskunde* und in überarbeiteter Fassung 1850 im fünften Band der *Studien*).
[764] Stifter: Brief an Johann Rint: Linz, 31. März 1865. In: Drei bisher ungedruckte Stifter-Briefe, hg. von Peter Greipl. In: Stifter-Studien, S. 255-258, S. 258.

6 Nachbemerkung

Die in dieser Arbeit besprochenen Aspekte aus Leben und Werk Adalbert Stifters spiegeln sein Bedürfnis nach Verbreitung und Anwendung seiner Bildungsidee wider. Sowohl als Schulrat als auch als Schriftsteller versucht er eine Bildungsidee umzusetzen, die auf eine Persönlichkeitsentwicklung des Schülers zielt. Die Revolution von 1848 weckt in ihm den Entschluss, sich am Aufbau eines neuen Schulwesens zu beteiligen. Abgestoßen von den radikalen Ausschreitungen, entwickelt Stifter eigene Theorien über Freiheit und humane Bildung des Volkes. Stifter aufgrund seiner Ablehnung des revolutionären Verlaufs als „Konservativen" oder gar als „Reaktionär" einzustufen, geht allerdings fehl. Freiheit ist für ihn nur in einer durch die Verfassung garantierten Ordnung zu verwirklichen. Die erste Bürgerpflicht ist es, diese Ordnung aufrechtzuerhalten und nicht zu gefährden. Dazu ist der Bürger nur in der Lage, wenn er eine entsprechende Bildung erhalten hat. In den amtlichen Schriften und in seinen Aufsätzen spricht er dieses Thema an:

> Jeder vorzügliche Staat vom Alterthume bis zu unseren Zeiten und jeder vorzügliche Mensch, der in einem Staate lebte und ihn leitete, hat eingesehen, <u>daß Unterricht und Erziehung die einzige menschliche Grundlage des Staates und die einzige Stufe zum Glücke und zur Vollkommenheit des menschlichen Geschlechtes ist</u>.[765]

Das erzählerische Werk reflektiert zahlreiche pädagogische Überle-

---

[765] Stifter: Die Landschule. In: ders.: Werke und Briefe, Bd. 8,2: Schriften zu Politik und Bildung, S. 148-155, S. 149.

gungen. Seine in Kremsmünster empfangene naturwissenschaftliche Bildung lässt ihn für diesen Bereich eine pädagogische Sensibilität entwickeln. Aufgrund seiner Arbeit als Schulrat kennt er Bildungslücken und Versäumnisse des Schulsystems. Angeregt durch die Kenntnis des Schulalltags möchte Stifter seine Ideen realisieren. Engelbrecht verweist in einem Zitat auf die Verknüpfung von „bürgerlichem Ordnungsdenken" und dem „Beruf als Schulaufsichtsorgan":

> [Stifter spiegelt nicht nur] [...] österreichisches bürgerliches Ordnungsdenken und das Kulturbewußtsein seiner Zeit in vielen Facetten [wider] [...], sondern auch – durch seinen Beruf als Schulaufsichtsorgan angeregt – konkrete pädagogische Probleme [...] und ihre theoretische Erhellung [...].[766]

In einem Artikel über die *Bildung des Lehrkörpers* stellt Stifter hohe Forderungen an das Engagement des Lehrers:

> Das Größte, das wir fordern, ist aber, daß der Lehrer ein Theil des Erziehers ist, daß er mit den Schülern umgehe, daß aus seinem guten, einfachen, gelassenen, edlen Wesen ein Hauch in die jungen Seelen übergehe, und daß wir die Hoffnung haben, außer unterrichteten Menschen auch sittliche und rechtschaffene zu haben, was bei weitem am höchsten anzuschlagen ist, und was bis zu den weitesten Gränzen ausgebildet werden kann. [...] Wenn die Schüler nichts sind, ist meist der Lehrer schuld, und sollte der Zufall lauter verwilderte, verwahrloste zusammen geführt haben, so ist gerade dadurch der Ansporn zu größter Sorgfalt in

---

[766] Engelbrecht: Geschichte des österreichischen Bildungswesens, S. 533.

Bildung des Lehrkörpers, wenigstens für die Zukunft, gegeben.[767]

Erst unter der Obhut eines geduldigen Erziehers kann sich der Schüler zu einer verantwortungsbewussten Persönlichkeit entwickeln. Stifter setzt sich gleichermaßen für die unmittelbare Bildung der Leser seiner Erzählungen als auch für jene der Schüler seines Aufsichtsbereiches ein. In diesen Forderungen kann man die Zeitlosigkeit der Maßstäbe und Ziele erkennen. Das Problem einer ansprechenden Unterrichtsmethode ist heute so aktuell wie Mitte des 19. Jahrhunderts. Auch Stifter selbst sieht kein Verfallsdatum für sein Werk:

> Ferner glaube ich nicht unbescheiden zu sein, wenn ich sage, daß meine Bücher keinen Zeitwerth haben, und der Mode unterliegen, sondern, daß sie dauern werden, weil sie nicht auf Befriedigung flüchtiger Begierden oder der bloßen Neugierde ausgehen, sondern auf Erfüllung eines schönen Gemüthes.[768]

Für Stifter vollzieht sich die ideale Erziehung allmählich und in einzelnen Abschnitten. Sie geht vom sinnlichen Begreifen in die Entfaltung des Verstandes über: Es ist nicht die bloße Wissensvermittlung, die im Mittelpunkt der Bildungsgedanken Stifters steht. Es kommt auf die Bildung von „Herz und Gemüth"[769] an, die den Charakter und damit den Wert eines Menschen ausmachen. Die Figur des Heinrichs

---

[767] Stifter: Bildung des Lehrkörpers <V.-VII.>. In: ders.: Werke und Briefe, Bd. 8,2: Schriften zu Politik und Bildung, S. 204-212, S. 206f.
[768] Ders.: Brief an Gustav Heckenast: Linz, 21. Juni 1855. In: ders.: Sämmtliche Werke, Bd. XVIII: Briefwechsel. 2. Band, S. 266f.
[769] Ders.: Bildung des Lehrkörpers <III.-IV.>. In: ders.: Werke und Briefe, Bd. 8,2: Schriften zu Politik und Bildung, S. 188-195, S. 190.

im *Nachsommer* stößt während ihres Bildungsganges auf die Literatur und entwickelt ein Bewusstsein für die Schönheit der Kunst: Das sachte Erkennen von Schönheit steht für die sich entwickelnde geistige Reife. Rutt fasst die Unvergänglichkeit dieser Prinzipien zusammen:

> In Gegenwart und Zukunft sind vor allem jene Prinzipien der Welt- und Lebensanschauung Adalbert Stifters von Tragweite, die im vorreligiösen, vorweltanschaulichen und vorparteipolitischen Raum gelten, die in allen Zonen und Erdteilen das Leben lebbar und lebenswert machen. Wahrhaftigkeit, Selbstverantwortlichkeit, Gerechtigkeit, Wohlwollen, Menschlichkeit, Sittlichkeit und Selbstbezwingung gehören zu den Primärtugenden als den einzig erhaltenden und nie endenden, gesetzhaften Vorbedingungen für das Werden und „Bestehen der gesamten Menschheit".[770]

Diese Ziele kann nur ein Unterricht verwirklichen, in welchem der Lehrer auf den individuellen Entwicklungsgang des Schülers eingeht und ein respektvolles Miteinander gefördert wird. Mit Phantasie und Einfühlungsvermögen sucht Stifter die geistige Weiterentwicklung anzuregen:

> Keine Gabe wirkt mächtiger und hinreißender im Menschen, als die Fantasie. [...] Der Jüngling glüht in ihr, der Mann ehrt sie noch, und wenn er sie [...] bändigen gelernt hat, verdankt er ihr doch seine schönsten Stunden, [...] und selbst der Greis hat sie zur Gespielin, wenn er in die Gefilde seiner Ju-

---

[770] Rutt: Adalbert Stifter, der Erzieher, S. 184.

gend zurük kehrt, und sie ihm diese Gefilde mit einem rührenden Lichte wie mit einem Nachsommer überdeckt.[771]

Entscheidend für die Ausbildung einer reifen Persönlichkeit ist es, diese in all ihren Entwicklungsschritten zu akzeptieren.
Bislang hat die Bildungsidee Stifters kaum auf den Schulalltag einwirken können.[772] Dies ist umso erstaunlicher, da seine Gedanken sich keineswegs in Abstraktionen verlieren, sondern konkret auf die praktische Umsetzung bezogen sind. Ein Zitat von Manfred Windfuhr betont die Aktualität Stifters gerade angesichts der gesellschaftlich zunehmend erkannten Orientierungslosigkeit:

> Stifters Empfehlungen mögen gelegentlich altmodisch klingen, nicht überholt erscheint aber die prinzipielle Notwendigkeit, Orientierungen anzubieten und Lebensregeln zu entwickeln. Stifters hohem Anspruch müssen schließlich auch wir, seine Leser, uns stellen.[773]

In den vorangegangenen Kapiteln sind Kritikpunkte an Stifters Lesebuch, seiner Theorie des „sanften Gesetzes" und seinem Roman *Der Nachsommer* aufgeführt worden. Mit dieser Arbeit wurde auch der Versuch unternommen, unberechtigte Kritik an Stifters Werk und an

---

[771] Stifter: Über die Behandlung der Poesie in Gimnasien. In: ders.: Werke und Briefe, Bd. 8,1: Schriften zu Literatur und Theater, S. 138.
[772] Zwar zählen die Werke Stifters in Österreichs zum Kanon des Literaturunterrichtes, doch wird ihnen dort lange nicht so viel Aufmerksamkeit wie denjenigen von Franz Grillparzer (1791-1872), Ferdinand Raimund (1790-1836) oder Johann Nepomuk Nestroy (1801-1862) zuteil. Siehe: Herwig Gottwald, Christian Schacherreiter und Werner Wintersteiner: Editorial. In: Adalbert Stifter, hg. von Herwig Gottwald u.a., S. 5-11, S. 5.
[773] Manfred Windfuhr: Erziehung zum Glück. Adalbert Stifters Glücksvorstellung. In: VASILO, Folge 1/2 (1986), S. 3-17, S. 17.

seinen Bildungsideen zu widerlegen.

Was Stifters Lesebuch angeht, so wird dieses aufgrund konfessioneller Meinungsverschiedenheiten als Lehrbuch für den Unterricht abgelehnt. Das Lesebuch definiert sich über die Auswahl der Texte. Mit der Zweiteilung möchte Stifter das Werden des Menschen nachvollziehen. Die Lyrik symbolisiert die Gefühlseindrücke des Menschen, erst die Prosa des zweiten Teils versinnbildlicht die Reflexion über diese Gefühlseindrücke: Die „Gegenstände" werden „verarbeitet" und damit „menschlich und sittlich fruchtbar" gemacht. Bewusst folgt Stifter nicht der herkömmlichen Textauswahl, sondern stellt einen eigenen Kanon auf. Die Förderung humaner Bildung steht bei ihm im Gegensatz zu einem von Seiten des Unterrichtsministeriums eingeforderten Nationalitätsgefühl an erster Stelle.

Die Ablehnung des Schulbuches bedeutet für Stifter einen Rückschlag, seine Bildungsgedanken aber gibt er nicht auf. Wo sein Lesebuch aufgrund der Zurückweisung von ministerieller Seite versagen muss, setzt Stifters *Nachsommer* als sein bedeutendstes Werk an. Nirgendwo sonst setzt er sich mit seinem literarischen Erziehungsmodell so ausführlich auseinander wie in diesem Roman. Stifters Gesamtwerk ist als „Lesebuch der Beförderung der Erkenntnis zu verstehen, [...] als Schule des Lesens und des Lernens"[774]. Es liegt am Rezipienten, sich auf die Stiftersche Sprache einzulassen. Streckenweise weitschweifig, ohne erkennbare Höhen und Tiefen, mag mancher wohl lieber auf eine weitere Lektüre verzichten: „[...] Stifter polarisiert, auch heute noch"[775]. Diese Aussage trifft den Kern der Stifter-Forschung. Bietet diese Feststellung nicht Anreiz genug, sich auf

---

[774] Mayer: Adalbert Stifter, S. 228.
[775] Gottwald, Schacherreiter und Wintersteiner: Editorial. In: Adalbert Stifter, hg. von Herwig Gottwald u.a., S. 5.

den als altmodisch geltenden Dichter einzulassen und dessen Aktualität zu entdecken? VanZuylen fragt den *Nachsommer*-Leser:

> [...] are we reading to be entertained or to gain a sharper consciousness of the world? We might ask, for example, whether it is the lack of plot that has been the cause of our dissatisfaction, or whether it is our insufficient penetration into the subject matter.[776]

Es geht bei dieser Lektüre um ein Modell, dessen Sinn sich nach dem Lesen der ersten Seiten noch nicht eröffnet. „Der Roman ist ein Sprachereignis. Es beginnt, wenn der Inhalt erzählt ist und die Informationsfragen beantwortet sind."[777] Der Autor möchte mit seinem Werk „eine große einfache sittliche Kraft der elenden Verkommenheit gegenüber stellen"[778]. Verbunden mit dem „sanften Gesetz" legt er eine dichterische Wahrheit in sein Werk, die auf Geist und Empfinden des Menschen wirken soll: „[...] und auf der geheimen Spirale, auf der sich europäisches Geistesleben bewegt [...], sind wir an den Punkt gelangt, wo uns die Lehre dieses Buches als eine nicht erschöpfte, kaum bald zu erschöpfende in die Seele dringt."[779] Hugo von Hofmannsthal hat angemessene Worte gefunden, um den leisen Klang der Dichtung zu würdigen. Als Dichter, der den österreichischen Kontext kennt, ist er, anders als Friedrich Hebbel, in der Lage, die Schwermut und den passiven Kampf gegen Widerstände in Stifters Schriften nachzuvollziehen. Hofmannsthal entkräftigt mit seiner

---

[776] VanZuylen: Difficulty as an Aesthetic Principle, S. 44.
[777] Stadler: Ich gebe den Schmerz nicht her. In: Frankfurter Allgemeine Zeitung 48 (26. Februar 2005), S. 46.
[778] Stifter: Brief an Gustav Heckenast: Linz, 11. Februar 1858. In: ders.: Sämmtliche Werke, Bd. XIX: Briefwechsel. 3. Band, S. 93.
[779] Hofmannsthal: Stifters „Nachsommer". In: Der Nachsommer, S. 800.

positiven Beurteilung die Kritik Hebbels. Der zu Unrecht literarisch „verharmloste" Dichter der „Käfer und Butterblumen" bietet in seinem Werk eine Vielschichtigkeit, die weit über naturselige und idyllische Naturbeschreibungen hinausreicht.

Stifter sieht seine Aufgabe darin, das Gute im Menschen zu befördern und dem Leser zu ermöglichen, sich Stufe um Stufe mittels der Kunst in seinem Werk dem „Göttlichen" zu nähern. Stifters eigene Widersprüchlichkeit hat ihm diesen Glauben nicht nehmen können. Ist die Pflicht vor Gott erfüllt, „immer besser, rechtschaffener und sittlicher zu werden", kann man dem Sterben „zuletzt mit Ruhe und Gelassenheit"[780] entgegensehen. Mit dem Tod „geht nichts verloren"; das Sterben bedeutet nur einen Wechsel der Gestalt. Mit metaphysischer Gelassenheit bringt Stifter sein Gottvertrauen zum Ausdruck:

> Wie es sein wird, wenn wir die Grenze dieses Lebens betreten haben, wenn sein lezter Athemzug vorbei ist – wer kann es sagen? Daß alles, was göttlich ist, nicht untergehen kann, ist gewiß: geht doch nicht einmal ein Sandkorn verloren nicht einmal ein Wassertropfen, wir wissen es und wir sehen es, daß beides nicht Nichts werden könne, sondern daß es nur die Gestalt wechselt [...].[781]

---

[780] Stifter: Was ist Freiheit? In: ders.: Werke und Briefe, Bd. 8,2: Schriften zu Politik und Bildung, S. 68-70, S. 70.
[781] Ders.: Brief an Gustav Heckenast: Linz, 12. Juni 1856. In: ders.: Sämmtliche Werke, Bd. XVIII: Briefwechsel. 2. Band, S. 328.

7 Literaturverzeichnis

7.1 Primärliteratur

Adalbert Stifter im Urteil seiner Zeit. Festgabe zum 28. Jänner 1968, hg. von **Moriz Enzinger**, Wien 1968 (Sitzungsberichte, Österreichische Akademie der Wissenschaften, Philosophisch-Historische Klasse 256).

Adalbert Stifters Leben und Werk in Briefen und Dokumenten, hg. von **Kurt Gerhard Fischer**, Frankfurt/M. 1962.

Adalbert Stifter. Pädagogische Schriften, hg. von **Theodor Rutt**, Paderborn 1960.

Brecht, Bertolt: Legende von der Entstehung des Buches Taoteking auf dem Weg des Laotse in die Emigration. In: ders.: Ausgewählte Werke in sechs Bänden. Jubiläumsausgabe zum 100. Geburtstag, Bd. 3: Gedichte 1, Frankfurt/M. 1997, S. 296-298.

Deutsches Lesebuch für die oberen Classen der Gymnasien, 1. und 2. Bd., hg. von **Josef Mozart**, 2. Aufl., Wien 1855.

Die Schulakten Adalbert Stifters. Mit einem Anhang (Personalakten, Organisations-Entwurf der Linzer Realschule), hg. von **Kurt Vancsa**, Nürnberg 1955 (Schriftenreihe des Adalbert Stifter-Institutes des Landes Oberösterreich 8).

Documenta paedagogica austriaca. Adalbert Stifter, Bd. 1, hg. von **Kurt Gerhard Fischer**, Linz 1961 (Schriftenreihe des Adalbert Stifter-Institutes des Landes Oberösterreich 15).

Documenta paedagogica austriaca. Adalbert Stifter, Bd. 2, hg. von **Kurt Gerhard Fischer**, Linz 1961 (Schriftenreihe des Adalbert Stifter-

Institutes des Landes Oberösterreich 15).

Drei bisher ungedruckte Stifter-Briefe, hg. von **Peter Greipl**. In: Stifter-Studien. Ein Festgeschenk für Wolfgang Frühwald, hg. von Walter Hettche, Johannes John und Sibylle von Steinsdorff, Tübingen 2000, S. 255-258.

Fontane, Theodor: Cécile. In: ders.: Sämtliche Werke. Romane. Erzählungen. Gedichte, hg. von Walter Keitel, Bd. 2: L'Adultera. Cécile. Irrungen Wirrungen. Stine. Unwiederbringlich, München 1962, S. 141-318.

Fontane, Theodor: Mathilde Möhring. In: ders.: Sämtliche Werke. Romane. Erzählungen. Gedichte, hg. von Walter Keitel, Bd. 4: Effi Briest, Frau Jenny Treibel, Die Poggenpuhls, Mathilde Möhring, München 1962, S. 577-674.

Goethe, Johann Wolfgang von: Hermann und Dorothea. In: ders.: Goethes Werke, hg. im Auftrage der Großherzogin Sophie von Sachsen, Bd. 58: Abt. 1, München 1987 [fotomechanischer Nachdruck der im Verlag Hermann Böhlaus Nachfolger, Weimar, 1887-1919 erschienen Weimarer Ausgabe oder Sophien-Ausgabe], S. 187-268.

Goethe, Johann Wolfgang von: Wilhelm Meisters Lehrjahre. In: ders.: Sämtliche Werke. Briefe, Tagebücher und Gespräche, hg. von Dieter Borchmeyer, Bd. 9: Wilhelm Meisters theatralische Sendung. Wilhelm Meisters Lehrjahre. Unterhaltungen deutscher Ausgewanderten, hg. von Wilhelm Vosskamp und Herbert Jaumann, Frankfurt/M. 1992, S. 355-992.

Goethe, Johann Wolfgang von: Wilhelm Meisters Wanderjahre oder die Entsagenden. Zweite Fassung. In: ders.: Sämtliche Werke. Briefe, Tagebücher und Gespräche, hg. von Dieter Borchmeyer, Bd. 10: Wilhelm Meisters Wanderjahre, hg. von Gerhard Neumann und Hans-Georg Dewitz, Frankfurt/M. 1989, S. 261-774.

Hebbel, Friedrich: Werke, Bd. 3: Theoretische Schriften, hg. von Gerhard Fricke, Werner Keller und Karl Pörnbacher, München 1965.

Hegel, Georg Wilhelm Friedrich: Einleitung zur Phänomenologie des Geistes. Kommentar von Andreas Graeser, Stuttgart 2015.

Herder, Johann Gottfried von: Briefe zur Beförderung der Humanität. In: Johann Gottfried Herder: Bildung zur Menschlichkeit. Eine Auswahl, hg. von Heinz Mühlmeyer, Heidelberg 1970 (Grundlagen und Grundfragen der Erziehung 29), S. 18-32.

Herder, Johann Gottfried: Ideen zur Philosophie der Geschichte der Menschheit. In: Johann Gottfried Herder: Bildung zur Menschlichkeit. Eine Auswahl, hg. von Heinz Mühlmeyer, Heidelberg 1970 (Grundlagen und Grundfragen der Erziehung 29), S. 4-17.

Kant, Immanuel: Kritik der praktischen Vernunft. Grundlegung zur Metaphysik der Sitten, hg. von Wilhelm Weischedel, Frankfurt/M. 1995.

Lesebuch zur Förderung humaner Bildung in Realschulen und in andern zu weiterer Bildung vorbereitenden Mittelschulen, hg. von **Adalbert Stifter** und Johannes Aprent, Pest 1854.

Nietzsche, Friedrich: Menschliches, Allzumenschliches. I und II. In: ders.: Sämtliche Werke, hg. von Giorgio Colli und Mazzino Montinari, Bd. 2, 2., durchges. Aufl., München 1988 (dtv 2222).

Pestalozzi, Johann Heinrich: Meine Nachforschungen über den Gang der Natur in der Entwicklung des Menschengeschlechts, hg. von Arnold Stenzel, Bad Heilbrunn 1962.

PISA 2000: Basiskompetenzen von Schülerinnen und Schülern im internationalen Vergleich, hg. von **Jürgen Baumert**, rev. Nachdr. d.

Erstausg., Opladen 2001 (OECD PISA).

Stifter, Adalbert: Kulturpolitische Aufsätze, hg. von Willi Reich, Einsiedeln 1948.

Stifter, Adalbert: Sämmtliche Werke, mit Benutzung der Vorarbeiten von Adalbert Horcicka hg. von Gustav Wilhelm, Bd. XVII: Briefwechsel. 1. Band, Hildesheim 1972 [reprographischer Nachdruck der Ausgabe Reichenberg 1929].

Stifter, Adalbert: Sämmtliche Werke, mit Benutzung der Vorarbeiten von Adalbert Horcicka hg. von Gustav Wilhelm, Bd. XVIII: Briefwechsel. 2. Band, Hildesheim 1972 [reprographischer Nachdruck der Ausgabe Reichenberg 1941].

Stifter, Adalbert: Sämmtliche Werke, mit Benutzung der Vorarbeiten von Adalbert Horcicka hg. von Gustav Wilhelm, Bd. XIX: Briefwechsel. 3. Band, Hildesheim 1972 [reprographischer Nachdruck der 2. Auflage Reichenberg 1929].

Stifter, Adalbert: Sämmtliche Werke, mit Benutzung der Vorarbeiten von Adalbert Horcicka hg. von Gustav Wilhelm, Bd. XX: Briefwechsel. 4. Band, Hildesheim 1972 [reprographischer Nachdruck der Ausgabe Prag 1925].

Stifter, Adalbert: Sämmtliche Werke, mit Benutzung der Vorarbeiten von Adalbert Horcicka hg. von Gustav Wilhelm, Bd. XXI: Briefwechsel. 5. Band, Hildesheim 1972 [reprographischer Nachdruck der Ausgabe Reichenberg 1928].

Stifter, Adalbert: Sämmtliche Werke, mit Benutzung der Vorarbeiten von Adalbert Horcicka hg. von Gustav Wilhelm, Bd. XXII: Briefwechsel. 6. Band, Hildesheim 1972 [reprographischer Nachdruck der Ausgabe Reichenberg 1931].

Stifter, Adalbert und Aprent, Johannes: Vorrede. In: Lesebuch zur Förderung humaner Bildung in Realschulen und in andern zu weiterer Bildung vorbereitenden Mittelschulen, Pest 1854, S. V-VIII.

Stifter, Adalbert: Werke und Briefe. Historisch-kritische Gesamtausgabe, hg. von Alfred Doppler und Hartmut Laufhütte, Bd. 1,4: Studien. Buchfassungen. 1. Band, hg. von Helmut Bergner und Ulrich Dittmann, Stuttgart/Berlin/Köln/Mainz 1980.

Stifter, Adalbert: Werke und Briefe. Historisch-kritische Gesamtausgabe, hg. von Alfred Doppler und Wolfgang Frühwald, Bd. 2,2: Bunte Steine. Buchfassungen, hg. von Helmut Bergner, Stuttgart/Berlin/Köln/Mainz 1982.

Stifter, Adalbert: Werke und Briefe. Historisch-kritische Gesamtausgabe, hg. von Alfred Doppler und Wolfgang Frühwald, Bd. 4,1: Der Nachsommer. 1. Band, hg. von Wolfgang Frühwald und Walter Hettche, Stuttgart/Berlin/Köln 1997.

Stifter, Adalbert: Werke und Briefe. Historisch-kritische Gesamtausgabe, hg. von Alfred Doppler und Wolfgang Frühwald, Bd. 4,2: Der Nachsommer. 2. Band, hg. von Wolfgang Frühwald und Walter Hettche, Stuttgart/Berlin/Köln 1999.

Stifter, Adalbert: Werke und Briefe. Historisch-kritische Gesamtausgabe, hg. von Alfred Doppler und Wolfgang Frühwald, Bd. 4,3: Der Nachsommer. 3. Band, hg. von Wolfgang Frühwald und Walter Hettche, Stuttgart/Berlin/Köln 2000.

Stifter, Adalbert: Werke und Briefe. Historisch-kritische Gesamtausgabe, hg. von Alfred Doppler und Wolfgang Frühwald, Bd. 5: Witiko. 1. Band, hg. von Alfred Doppler und Wolfgang Wiesmüller, Stuttgart/Berlin/Köln/Mainz 1986.

Stifter, Adalbert: Werke und Briefe. Historisch-kritische Gesamtausgabe, Bd. 8,1: Schriften zu Literatur und Theater, hg. von Alfred Doppler und Wolfgang Frühwald, Stuttgart/Berlin/Köln 1997.

Stifter, Adalbert: Werke und Briefe. Historisch-kritische Gesamtausgabe, hg. von Alfred Doppler und Wolfgang Frühwald, Bd. 8,2: Schriften zu Politik und Bildung. Texte, hg. von Werner M. Bauer, Stuttgart 2010.

Stifter, Adalbert: Werke und Briefe. Historisch-kritische Gesamtausgabe, hg. von Alfred Doppler und Hartmut Laufhütte, Bd. 10,1: Amtliche Schriften zu Schule und Universität. Teil 1, hg. von Walter Seifert, Stuttgart 2007.

Stifter, Adalbert: Werke und Briefe. Historisch-kritische Gesamtausgabe, hg. von Alfred Doppler und Hartmut Laufhütte, Bd. 10,2: Amtliche Schriften zu Schule und Universität. Teil 2, hg. von Walter Seifert, Stuttgart 2008.

Stifter, Adalbert: Werke und Briefe. Historisch-kritische Gesamtausgabe, hg. von Alfred Doppler und Hartmut Laufhütte, Bd. 10,3: Amtliche Schriften zu Schule und Universität. Teil 3, hg. von Walter Seifert, Stuttgart 2009.

Quellen zur Ära Metternich, hg. von **Elisabeth Droß**, Darmstadt 1999 (Ausgewählte Quellen zur deutschen Geschichte der Neuzeit 23a).

7.2 Sekundärliteratur

Adel, Kurt: Adalbert Stifter als Erbe Goethes. In: Neue Beiträge zum Grillparzer- und Stifter-Bild, hg. vom Institut für Österreichkunde, Graz 1965, S. 106-122.

Amann, Klaus, Lengauer, Hubert und Wagner, Karl: Vorwort. In: Literarisches Leben in Österreich. 1848-1890, hg. von Klaus Amann, Hubert Lengauer und Karl Wagner, Wien/Köln/Weimar 2000 (Literaturgeschichte in Studien und Quellen 1), S. 11-18.

Aprent, Johann: Adalbert Stifter. Eine biographische Skizze (1869). Mit Einleitung und Anmerkungen von Moriz Enzinger, Nürnberg 1955.

Aspalter, Christian, Müller-Funk, Wolfgang, Saurer, Edith, Schmidt-Dengler, Wendelin und Tantner, Anton: Stichworte zu den Paradoxien der Romantik in Wien (1806-1828). In: Paradoxien der Romantik. Gesellschaft, Kultur und Wissenschaft in Wien im frühen 19. Jahrhundert, hg. von Christian Asphalter, Wolfgang Müller-Funk, Edith Saurer, Wendelin Schmidt-Dengler und Anton Tantner, Wien 2006, S. 7-22.

Battista, Ludwig: Die pädagogische Entwicklung des Pflichtschulwesens und der Lehrerbildung von 1848-1849. In: 100 Jahre Unterrichtsministerium. Festschrift des Bundesministeriums in Wien, Wien 1948.

Baumer, Franz: Adalbert Stifter, München 1989 (Beck'sche Reihe 614).

Becher, Peter: Adalbert Stifter. Sehnsucht nach Harmonie. Eine Biografie, Regensburg 2005.

Bietak, Wilhelm: Probleme der Biedermeierdichtung. In: Neue Beiträge zum Grillparzer- und Stifter-Bild, hg. vom Institut für Österreichkunde, Graz/Wien 1965, S. 5-20.

Blanckenburg, Christian Friedrich von: Versuch über den Roman. In: Theorie und Technik des Romans im 20. Jahrhundert, hg. von Hartmut Steinecke, 2. Aufl., Tübingen 1979 (Deutsche Texte 20), S. 106–126.

Blasberg, Cornelia: Erschriebene Tradition. Adalbert Stifter oder das Erzählen im Zeichen verlorener Geschichten, Freiburg/Br. 1998 (Rombach Wissenschaften, Reihe Litterae 48).

Bleckwenn, Helga: Lehrer- und Erziehergestalten. In: Kein Wesen wird so hülflos geboren. Adalbert Stifter als Pädagoge. Publikation zur Ausstellung, hg. von Regina Pintar und Christian Schacherreiter, Linz 2005, S. 43-52.

Brakelmann, Günter: Die soziale Frage des 19. Jahrhunderts, 7. Aufl., Bielefeld 1981.

Britz, Nikolaus: Adalbert Stifter und Wien. Kleiner literarischer Stadtführer, Wien/Heidelberg 1968.

Buckley, Thomas L.: Nature, Science, Realism. A Re-examination of Programmatic Realism and the Works of Adalbert Stifter and Gottfried Keller, New York/Frankfurt/M. 1995 (Literature and the sciences of man 4).

Czerni, Margret: Zwischen Wende und Ende. Aus den Linzer Jahren Adalbert Stifters 1848-1868. In: Sanfte Sensationen. Stifter 2005. Beiträge zum 200. Geburtstag Adalbert Stifters, hg. von Johann Lachinger, Regina Pintar, Christian Schacherreiter und Martin Sturm, Linz 2005, S. 189-198.

Das sanfte Gesetz. Ein Adalbert-Stifter-Brevier, hg. v. **Otto Schrader** und eingel. v. Lily Hohenstein, Wiesbaden 1946.

Deutsches Wörterbuch, hg. von **Jacob und Wilhelm Grimm**. Band 7: E – Empörer, Fotomechanischer Nachdruck der Erstausgabe 1862, Leipzig/Stuttgart 1993.

Die Schulen der Reformpädagogik heute. Handbuch reformpädagogische Schulideen und Schulwirklichkeit, hg. von **Hermann Röhrs**, Düsseldorf 1986 (Schwann Handbuch).

Dillmann, Edwin: Maria Theresia, München 2000 (dtv-Portrait 31028).

Dipper, Christof: Die Bauernbefreiung in Deutschland 1790-1850, Stuttgart/Berlin/ Köln/Mainz 1980 (Urban-Taschenbücher 298).

Dittmann, Ulrich: Stifters Dichtung im gesellschaftspolitischen Kontext ihrer Zeit. In: Adalbert Stifter, hg. von Herwig Gottwald, Christian Schacherreiter und Werner Wintersteiner, Innsbruck/Wien/Bozen 2005 (ide. Zeitschrift für den Deutschunterricht in Wissenschaft und Schule 1 [2005]), S. 12-17.

Domandl, Sepp: Adalbert Stifters Lesebuch und die geistigen Strömungen zur Jahrhundertmitte, Linz 1976 (Schriftenreihe des Adalbert-Stifter-Institutes des Landes Oberösterreich 29).

Domandl, Sepp: Wiedergeburt aus der Schönheit. Der „Kern" in Adalbert Stifters „Nachsommer". In: Vierteljahresschrift des Adalbert-Stifter-Instituts des Landes Oberösterreich, Folge 1/2 (1983), S. 45-60.

Domandl, Sepp: Wiederholte Spiegelungen. Von Kant und Goethe zu Stifter. Ein Beitrag zur österreichischen Geistesgeschichte, Linz 1982 (Schriftenreihe des Adalbert-Stifter-Institutes des Landes

Oberösterreich 32).

Donhauser, Michael: Kritik des reinen Verlusts. Zu Adalbert Stifter. In: Text+Kritik. Zeitschrift für Literatur X (2003), S. 48-55.

Doppler, Alfred: Adalbert Stifter als Briefschreiber. In: Stifter-Studien. Ein Festgeschenk für Wolfgang Frühwald, hg. von Walter Hettche, Johannes John und Sibylle von Steinsdorff, Tübingen 2000, S. 244-254.

Doppler, Alfred: Das tragische und das sanfte Gesetz: Hebbel und Stifter – Gegensätze und Gemeinsamkeiten. In: Geschichte im Spiegel der Literatur. Aufsätze zur österreichischen Literatur des 19. und 20. Jahrhunderts, hg. von Alfred Doppler, Innsbruck 1990 (Innsbrucker Beiträge zur Kulturwissenschaft, Germanistische Reihe 39), S. 59-64.

Doppler, Alfred: Der Wandel von „Harmonie in Wildheit und Sitte in Unordnung". Bemerkungen zu Adalbert Stifters Briefen. In: Adalbert Stifter, hg. von Herwig Gottwald, Christian Schacherreiter und Werner Wintersteiner, Innsbruck/Wien/Bozen 2005, S. 29-35 (ide. Zeitschrift für den Deutschunterricht in Wissenschaft und Schule 1 [2005]).

Doppler, Alfred: Formen und Möglichkeiten der Stifter-Rezeption. In: Geschichte im Spiegel der Literatur, Aufsätze zur österreichischen Literatur des 19. und 20. Jahrhunderts, hg. von Alfred Doppler, Innsbruck 1990 (Innsbrucker Beiträge zur Kulturwissenschaft, Germanistische Reihe 39), S. 39-46.

Doppler, Alfred: Schrecklich schöne Welt? Stifters fragwürdige Analogie von Natur- und Sittengesetz. In: Adalbert Stifters schrecklich schöne Welt. Beiträge des internationalen Kolloquiums zur A. Stifter-Ausstellung (Universität Antwerpen 1993), hg. von Roland Duhamel, Johann Lachinger, Clemens Ruthner und Petra Göllner, Brüssel/Linz

1994, S. 9-15.

Doppler, Alfred: Stifter im Kontext der Biedermeiernovelle. In: Adalbert Stifter: Dichter und Maler, Denkmalpfleger und Schulmann. Neue Zugänge zu seinem Werk, hg. von Hartmut Laufhütte und Karl Möseneder, Tübingen 1996, S. 207-219.

Droß, Elisabeth: Einleitung. In: Quellen zur Ära Metternich, hg. von Elisabeth Droß, Darmstadt 1999 (Ausgewählte Quellen zur deutschen Geschichte der Neuzeit 23a), S. 1-34.

Duhamel, Roland: Natur und Kunst. Zum didaktischen Konzept von Stifters *Nachsommer*. In: Adalbert Stifters schrecklich schöne Welt. Beiträge des internationalen Kolloquiums zur A. Stifter-Ausstellung (Universität Antwerpen 1993), hg. von Roland Duhamel, Johann Lachinger, Clemens Ruthner und Petra Göllner, Brüssel/Linz 1994, S. 151-168.

Ebner, Helga: Spiegelungen weiblicher Erziehungs- und Bildungskonzepte in Stifters Werk. In: Kein Wesen wird so hülflos geboren. Adalbert Stifter als Pädagoge, Publikation zur Ausstellung, hg. von Regina Pintar und Christian Schacherreiter, Linz 2005, S. 30-42.

Eco, Umberto: Die Grenzen der Interpretation, München/Wien 1992.

Eco, Umberto: Zwischen Autor und Text. Interpretation und Überinterpretation. Mit Einwürfen von Richard Rorty, Jonathan Culler, Christine Brooke-Rose und Stefan Collini, München/Wien 1994.

Engelbrecht, Helmut: Erziehung und Unterricht im Bild. Zur Geschichte des österreichischen Bildungswesens, Wien 1995.

Engelbrecht, Helmut: Geschichte des österreichischen Bildungswesens. Erziehung und Unterricht auf dem Boden Österreichs, Bd. 4:

Von 1848 bis zum Ende der Monarchie, Wien 1986.

Engelbrecht, Helmut: Innovationen in der österreichischen Bildungsgeschichte. In: Innovationen in der Bildungsgeschichte europäischer Länder, hg. von Winfried Böttcher, Elmar Lechner und Walter Schöler, Frankfurt/M. 1992 (Bildungsgeschichte und europäische Identität 1), S. 409-432.

Enzinger, Moriz: Adalbert Stifters Studienjahre (1818-1830), Innsbruck 1950.

Enzinger, Moriz: Einleitung. In: Johann Aprent: Adalbert Stifter. Eine biographische Skizze (1869). Mit Einleitung und Anmerkungen von Moriz Enzinger, Nürnberg 1955, S. 7-22.

Fischer, Kurt Gerhard: Die Pädagogik des Menschenmöglichen. Adalbert Stifter, Linz 1962 (Schriftenreihe des Adalbert-Stifter-Institutes des Landes Oberösterreich 17).

Fischer, Kurt Gerhard: Einleitung. In: Documenta paedagogica austriaca. Adalbert Stifter, Bd. 1, hg. von Kurt Gerhard Fischer, Linz 1961, S. VII-CII (Schriftenreihe des Adalbert Stifter-Institutes des Landes Oberösterreich 15).

Fischer, Kurt Gerhard: Entwicklung und Bildung in Adalbert Stifters Dichten und Denken. In: Vierteljahresschrift des Adalbert-Stifter-Instituts des Landes Oberösterreich, Folge 1/2 (1984), S. 53-60.

Fischer, Kurt Gerhard: Vorwort. In: Adalbert Stifters Leben und Werk in Briefen und Dokumenten, hg. von Kurt Gerhard Fischer, Frankfurt/M. 1962, S. 5-34.

Fischer, Wolfgang: Die Religion in Kants Begründung der Pädagogik. In: Kanzel und Katheder: zum Verhältnis von Religion und Pädagogik seit der Aufklärung, hg. von Marian Heitger und Angelika Wenger,

Paderborn 1994, S. 43-68.

Fritsch-Rößler, Waltraud: Stifters Nachsommer und Goethes Wahlverwandtschaften. In: Jahrbuch des Adalbert Stifter Institutes des Landes Oberösterreich 2 (1995), S. 42–73.

Gartner, Bettina: Unterschreiben Sie hier: xxx. Auch Analphabeten müssen offizielle Dokumente beglaubigen. Eine Wiener Forscherin untersucht ihre fantasievolle Zeichensprache. In: Die Zeit 2 (5. Januar 2005), S. 28.

Gerken, Magda: Zum Text der Ausgabe. In: Adalbert Stifter: Der Nachsommer, München 1966, S. 748-749.

Geulen, Eva: Worthörig wider Willen. Darstellungsproblematik und Sprachreflexion in der Prosa Adalbert Stifters, Phil. Diss., München 1992 (Cursus 7).

Giesler, Birte: „... wir Menschen alle sind Palimpseste ...". Intertextualität in Hedwig Dohms „Schicksale einer Seele" am Beispiel der Verarbeitung von Goethes „Wilhelm Meisters Lehrjahre", Herbolzheim 2000 (Thetis 10).

Giuriato, Davide: „klar und deutlich". Ästhetik des Kunstlosen im 18./19. Jahrhundert, Freiburg/Br., Berlin, Wien 2015 (Rombach Wissenschaften, Reihe Litterae 211).

Goetzinger, Germaine: Die Situation der Autorinnen und Autoren. In: Zwischen Revolution und Restauration 1815-1848, hg. von Gerd Sautermeister und Ulrich Schmid, München/Wien 1998 (Hansers Sozialgeschichte der deutschen Literatur vom 16. Jahrhundert bis zur Gegenwart 5), S. 38-59.

Gottwald, Herwig: Beobachtungen zum Motiv des Landschaftsgartens bei Stifter. In: Stifter-Studien. Ein Festgeschenk für Wolfgang

Frühwald, hg. von Walter Hettche, Johannes John und Sibylle von Steinsdorff, Tübingen 2000, S. 125-145.

Gottwald, Herwig, Schacherreiter, Christian und Wintersteiner, Werner: Editorial. In: Adalbert Stifter, hg. von Herwig Gottwald, Christian Schacherreiter und Werner Wintersteiner, Innsbruck/Wien/Bozen 2005, S. 5-11 (ide. Zeitschrift für den Deutschunterricht in Wissenschaft und Schule 1 [2005]).

Grossmann, Ralph und Wimmer, Rudolf: Schule und Politische Bildung, Bd. 1: Die historische Entwicklung der Politischen Bildung in Österreich, Klagenfurt 1979 (Klagenfurter Beiträge zur bildungswissenschaftlichen Forschung 6).

Haag, Saskia: Auf wandelbarem Grund. Haus und Literatur im 19. Jahrhundert, Freiburg/Br., Berlin, Wien 2012 (Rombach Wissenschaften, Reihe Litterae 141).

Habisreutinger, Josef: Vorwort zur Neuherausgabe. In: Lesebuch zur Förderung humaner Bildung, hg. von Adalbert Stifter und Johannes Aprent. Für die höheren Schulen Bayerns neuhrsg. von Josef Habisreutinger, München 1947, S. 3.

Haines, Brigid: Dialog und Erzählstruktur in Stifters Der Nachsommer: In: Adalbert Stifters schrecklich schöne Welt. Beiträge des internationalen Kolloquiums zur A. Stifter-Ausstellung (Universität Antwerpen 1993), hg. von Roland Duhamel, Johann Lachinger, Clemens Ruthner und Petra Göllner, Brüssel/Linz 1994, S. 169-177.

Hartenschneider, Ulrich: Historische und topographische Darstellung von dem Stifte Kremsmünster. Der örtlichen, disciplinären, sittlichen, und litterarischen Verhältnisse des Stiftes, so wie seines zeitlichen Besitzstandes in verschiedenen Zeiträumen, Wien 1830.

Heigenmoser, Manfred: Bildungsroman, Individualroman, Künstlerroman. In: Zwischen Restauration und Revolution 1815–1848, hg. von Gerd Sautermeister und Ulrich Schmid, München/Wien 1998 (Hansers Sozialgeschichte der deutschen Literatur vom 16. Jahrhundert bis zur Gegenwart 5), S. 151–174.

Hein, Dieter: Die Revolution von 1848/49, 2., durchges. Aufl., München 1999 (Beck'sche Reihe 2019).

Heitger, Marian: Einleitung zum Thema: Religion und Pädagogik. In: Kanzel und Katheder: zum Verhältnis von Religion und Pädagogik seit der Aufklärung, hg. von Marian Heitger und Angelika Wenger, Paderborn 1994, S. 7-12.

Herder Lexikon Politik, 7., aktual. u. erw. Aufl., Freiburg/Br./Basel/Wien 1995.

Hettche, Walter: „Dichten" oder „Machen"? Adalbert Stifters Arbeit an seinem Roman Der Nachsommer. In: Stifter-Studien. Ein Festgeschenk für Wolfgang Frühwald, hg. von Walter Hettche, Johannes John und Sibylle von Steinsdorff, Tübingen 2000, S. 75-86.

Heuss, Theodor: 1848. Die gescheiterte Revolution. Neuausgabe mit einem Geleitwort von Richard von Weizsäcker, Stuttgart 1998.

Hierdeis, Helmwart: Zur Widerspiegelung der Politik in österreichischen Schullesebüchern des 19. Jahrhunderts. In: Zur Geschichte des österreichischen Bildungswesens. Probleme und Perspektiven der Forschung, hg. von Elmar Lechner, Helmut Rumpler und Herbert Zdarzil, Wien 1992 (Sitzungsberichte, Österreichische Akademie der Wissenschaften, Philosophisch-Historische Klasse 587), S. 471-490.

Höbelt, Lothar: 1848. Österreich und die deutsche Revolution, Wien/München 1998.

Hofmann, Franz: Zur Methodologie einer Geschichte der Erziehung. In: Zur Geschichte des österreichischen Bildungswesens. Probleme und Perspektiven der Forschung, hg. von Elmar Lechner, Helmut Rumpler und Herbert Zdarzil, Wien 1992 (Sitzungsberichte, Österreichische Akademie der Wissenschaften, Philosophisch-Historische Klasse 587), S. 53-64.

Hofmannsthal, Hugo von: Stifters „Nachsommer". In: Adalbert Stifter: Der Nachsommer, Frankfurt/M. 1982, S. 793-801.

Holmsten, Georg: Jean-Jacques Rousseau, Reinbek 1991.

Jacobs, Jürgen: Wilhelm Meister und seine Brüder. Untersuchungen zum deutschen Bildungsroman, München 1972.

Jeismann, Karl-Ernst: Bildungsbewegungen und Bildungspolitik seit der Mitte des 18. Jahrhunderts im Reich und im Deutschen Bund. Wechselwirkungen, Übereinstimmungen und Abweichungen zwischen den deutschen Staaten. In: Zur Geschichte des österreichischen Bildungswesens. Probleme und Perspektiven der Forschung, hg. von Elmar Lechner, Helmut Rumpler und Herbert Zdarzil, Wien 1992 (Sitzungsberichte, Österreichische Akademie der Wissenschaften, Philosophisch-Historische Klasse 587), S. 401-426.

Jungmair, Otto: Adalbert Stifters Linzer Jahre. Ein Kalendarium, Graz/Wien 1958 (Schriftenreihe des Adalbert Stifter-Institutes des Landes Oberösterreich, Folge 7).

Jungmair, Otto: Adalbert Stifter und die Schulreform in Oberösterreich nach 1848 (Auszüge). In: Sanfte Sensationen. Stifter 2005. Beiträge zum 200. Geburtstag Adalbert Stifters, hg. von Johann Lachinger, Regina Pintar, Christian Schacherreiter und Martin Sturm, Linz 2005, S. 143-152.

Just, Renate: Der Waldgänger. Oberösterreich feiert den zweihundertsten Geburtstag von Adalbert Stifter, einem großen Dichter der Natur. Eine Wanderung durch das Mühlviertel auf seinen Spuren. In: Die Zeit 24 (9. Juni 2005), S. 73-74.

Kaiser, Herbert: Friedrich Hebbel. Geschichtliche Interpretation des dramatischen Werks, München 1983 (Uni-Taschenbücher 1226, Literaturwissenschaft Germanistik).

Kantzenbach, Friedrich Wilhelm: Johann Gottfried Herder, Reinbek 1970 (Rowohlts Monographien 164).

Kastner, Jörg: Die Liebe im Werk Adalbert Stifters. In: Adalbert Stifter: Dichter und Maler, Denkmalpfleger und Schulmann. Neue Zugänge zu seinem Werk, hg. von Hartmut Laufhütte und Karl Möseneder, Tübingen 1996, S. 119-134.

Kerstan, Thomas: Ein lehrreiches Desaster. In: Die Zeit 50 (6. Dezember 2001), S. 45-46.

Ketelsen, Uwe-Karsten: Adalbert Stifter: Der Nachsommer. In: Interpretationen. Romane des 19. Jahrhunderts, Stuttgart 1992 (Universal-Bibliothek 8418), S. 321-349.

Klarner, Gudrun: Pedagogic Design and Literary Form in the Work of Adalbert Stifter, Frankfurt/M./Bern/New York 1986 (European university studies, Ser. 1, German language and literature 920).

Koch, Roland: Zu Stifters „Der Waldbrunnen" und meinem Roman „Das braunc Mädchen". In: Text+Kritik. Zeitschrift für Literatur X (2003), S. 40-47.

Kohlheim, Rosa und Volker: Duden Lexikon der Vornamen. Herkunft, Bedeutung und Gebrauch von über 8 000 Vornamen, 6., völlig neu bearb. Aufl., Mannheim/Zürich 2013.

Kohlschmidt, Werner: Geschichte der deutschen Literatur vom Jungen Deutschland bis zum Naturalismus, Stuttgart 1975 (Geschichte der deutschen Literatur von den Anfängen bis zur Gegenwart 4).

Koopmann, Helmut: Das junge Deutschland. Eine Einführung, Darmstadt 1993.

Krökel, Fritz: Nachwort. In: Adalbert Stifter: Der Nachsommer, München 1966, S. 732-747.

Kundera, Milan: Das verwaltete Schloss. In: Süddeutsche Zeitung 168 (23./24. Juli 2005), S. 16.

Lachinger, Johann: Adalbert Stifter – Natur-Anschauungen. Zwischen Faszination und Reflexion. In: Sanfte Sensationen. Stifter 2005. Beiträge zum 200. Geburtstag Adalbert Stifters, hg. von Johann Lachinger, Regina Pintar, Christian Schacherreiter und Martin Sturm, Linz 2005, S. 35-40.

Lachinger, Johann: Adalbert Stifters Nachsommer. Ein singuläres episches Werk. In: Stifter-Studien. Ein Festgeschenk für Wolfgang Frühwald, hg. von Walter Hettche, Johannes John und Sibylle von Steinsdorff, Tübingen 2000, S. 97-100.

Langer, Adalbert: Zu den Quellen des Rechtsdenkens bei Adalbert Stifter. Eine geistesgeschichtliche Studie, Linz 1968 (Schriftenreihe des Adalbert Stifter-Institutes des Landes Oberösterreich 25).

Laufhütte, Hartmut: Das sanfte Gesetz und der Abgrund. Zu den Grundlagen der Stifterschen Dichtung „aus dem Geiste der Naturwissenschaft". In: Stifter-Studien. Ein Festgeschenk für Wolfgang Frühwald, hg. von Walter Hettche, Johannes John und Sibylle von Steinsdorff, Tübingen 2000, S. 61-74.

Laufhütte, Hartmut: Der 'Nachsommer' als Vorklang der literarischen Moderne. In: Adalbert Stifter: Dichter und Maler, Denkmalpfleger und Schulmann. Neue Zugänge zu seinem Werk, hg. von Hartmut Laufhütte und Karl Möseneder, Tübingen 1996, S. 486-507.

Leitner, Leo: Spuren des Lernens. Adalbert Stifter als Pädagoge und Schulpolitiker, Graz 2005.

Lengauer, Hubert: Literatur und Revolution: 1848. In: Literarisches Leben in Österreich. 1848-1890, hg. von Klaus Amann, Hubert Lengauer und Karl Wagner, Wien/Köln/Weimar 2000 (Literaturgeschichte in Studien und Quellen 1), S. 19-41.

Lengauer, Hubert: Stifter und die Politik. In: Sanfte Sensationen. Stifter 2005. Beiträge zum 200. Geburtstag Adalbert Stifters, hg. von Johann Lachinger, Regina Pintar, Christian Schacherreiter und Martin Sturm, Linz 2005, S. 113-121.

Liedtke, Max: Johann Heinrich Pestalozzi, 13. Aufl., Reinbek 1995.

Lukács, Georg: Die Theorie des Romans. Ein geschichtsphilosophischer Versuch über die Formen der großen Epik, Sonderausg. nach dem Text der 1. Aufl. von 1920, Neuwied 1971 (Sammlung Luchterhand 36).

Lukas, Wolfgang: Novellistik. In: Zwischen Restauration und Revolution 1815 –1848, hg. von Gerd Sautermeister und Ulrich Schmid, München/Wien 1998 (Hansers Sozialgeschichte der deutschen Literatur vom 16. Jahrhundert bis zur Gegenwart 5), S. 251-280.

Macho, Thomas: Stifters Dinge. In: Merkur. Deutsche Zeitschrift für europäisches Denken 676 (2005), S. 735-741.

Mann, Golo: Deutsche Geschichte des 19. und 20. Jahrhunderts, Frankfurt/M. 1958.

Martini, Fritz: Deutsche Literatur im bürgerlichen Realismus 1848-1898, Stuttgart 1962 (Geschichtliche Darstellungen V/2).

Matz, Wolfgang: Adalbert Stifter oder Diese fürchterliche Wendung der Dinge, München 1995.

Matz, Wolfgang: Gewalt des Gewordenen. Zu Adalbert Stifter, Graz/Wien 2005.

Mayer, Mathias: Adalbert Stifter. Erzählen als Erkennen, Stuttgart 2001 (Universal-Bibliothek 17627).

Mayer, Mathias: Stifter lesen. In: Sanfte Sensationen. Stifter 2005. Beiträge zum 200. Geburtstag Adalbert Stifters, hg. von Johann Lachinger, Regina Pintar, Christian Schacherreiter und Martin Sturm, Linz 2005, S. 7-16.

Mende, Julius, Staritz, Eva, und Tomschitz, Ingrid: Schule und Gesellschaft. Entwicklung und Probleme des österreichischen Bildungssystems, Wien 1980 (Schriftenreihe des Instituts für sozioökonomische Entwicklungsforschung der Österreichischen Akademie der Wissenschaften 1).

Meyer-Sickendiek, Burkhard: Die Ästhetik der Epigonalität. Theorie und Praxis wiederholenden Schreibens im 19. Jahrhundert: Immermann – Keller – Stifter – Nietzsche, Phil. Diss., Tübingen 2001.

Michler, Werner: „Das Materiale für einen österreichischen Gervinius". Zur Konstitutionsphase einer „österreichischen Literaturgeschichte" nach 1848. In: Literaturgeschichte: Österreich. Prolegomena und Fallstudien, hg. von Wendelin Schmidt-Dengler, Johann Sonnleitner und Klaus Zeyringer, Berlin 1995 (Philologische Studien und Quellen 132), S. 181-212.

Mitscherlich, Margarete: Über die Mühsal der Emanzipation, Frankfurt/M. 1994.

Mühlberger, Josef: Adalbert Stifter, Mühlacker 1966.

Mühlberger, Josef: ex corde lux. Vier Dichterporträts, Mannheim 1962 (Schriftenreihe der Künstlergilde 3).

Mühlberger, Josef: Tschechische Literaturgeschichte. Von den Anfängen bis zur Gegenwart, München 1970.

Mühlmeyer, Heinz: Einleitung. In: Johann Gottfried Herder: Bildung zur Menschlichkeit. Eine Auswahl, hg. von Heinz Mühlmeyer, Heidelberg 1970 (Grundlagen und Grundfragen der Erziehung 29), S. 3.

Neugebauer, Klaus: Selbstentwurf und Verhängnis. Ein Beitrag zu Adalbert Stifters Verständnis von Schicksal und Geschichte, Phil. Diss., Tübingen 1982.

Nürnberger, Richard: Das Zeitalter der Französischen Revolution und Napoleons. In: Propyläen Weltgeschichte, Bd. 8: Das neunzehnte Jahrhundert, hg. von Golo Mann, Frankfurt/M. 1960, S. 59-191.

Oelkers, Jürgen: Die große Aspiration. Zur Herausbildung der Erziehungswissenschaft im 19. Jahrhundert, Darmstadt 1989.

Pahmeier, Markus: Die Sicherheit der Obstbaumzeilen. Adalbert Stifters literarische Volksaufklärungsrezeption, Phil. Diss., Heidelberg 2014.

Palm, Kurt: Suppe Taube Spargel sehr sehr gut: Essen und trinken mit Adalbert Stifter. Ein literarisches Kochbuch, Wien 1999.

Philosophisches Wörterbuch, hg. von **Walter Brugger** und **Harald**

Schöndorf, Freiburg/Br. 2010.

Pintar, Regina und Schacherreiter, Christian: Adalbert Stifter und die Pädagogik. In: Sanfte Sensationen. Stifter 2005. Beiträge zum 200. Geburtstag Adalbert Stifters, hg. von Johann Lachinger, Regina Pintar, Christian Schacherreiter und Martin Sturm, Linz 2005, S. 135-142.

Pörnbacher, Karl: Literaturwissen Adalbert Stifter, Stuttgart 1998 (Universal-Bibliothek 15217).

Pühringer, Josef: Sanfte Sensationen. Stifter 2005. Programmheft, hg. v. Amt der oberösterreichischen Landesregierung, Landeskulturdirektion, Linz 2005, S. 1.

Reinert, Gerd-Bodo und Cornelius, Peter: Johann Heinrich Pestalozzi. Anthropologisches Denken und Handeln. Ein pädagogisches Konzept über die Zeiten, 2. Aufl., Donauwörth 1996.

Roedl, Urban: Adalbert Stifter mit Selbstzeugnissen und Bilddokumenten, 15. Aufl., Hamburg 1999 (Rowohlts Monographien 50086).

Rutt, Theodor: Adalbert Stifter, der Erzieher, Wuppertal 1970 (Henn's pädagogische Taschenbücher 29).

Rutt, Theodor: Adalbert Stifters Gedanken zur Pädagogik. In: Adalbert Stifter. Pädagogische Schriften, hg. von Theodor Rutt, Paderborn 1960, S. 266-279.

Rychner, Max: Der Roman im 19. Jahrhundert. In: Propyläen Weltgeschichte, Bd. 8: Das neunzehnte Jahrhundert, hg. von Golo Mann, Frankfurt/M. 1960, S. 337-366.

Sagarra, Eda: Tradition und Revolution. Deutsche Literatur und Gesellschaft 1830 bis 1890, München 1972.

Salm, Carola: Reale und symbolische Ordnungen in Stifters „Nachsommer", Phil. Diss., Frankfurt/M./Bern/New York/Paris 1991 (Europäische Hochschulschriften Ser. 1, Deutsche Sprache und Literatur 1254).

Sanfte Sensationen. Stifter 2005. Programmheft, hg. v. Amt der oberösterreichischen Landesregierung, Landeskulturdirektion, Linz 2005.

Schacherreiter, Christian: „Ästhetische Modelle sanfter Menschenzähmung". Zu Adalbert Stifters 200. Geburtstag. In: praesent 2006. Das literarische Geschehen in Österreich von Juli 2004 bis Juni 2005, hg. von Michael Ritter, Wien 2005, S. 41-44.

Schacherreiter, Christian: Einführung: Adalbert Stifter und die Pädagogik. Geschichte und Gegenwart. In: Kein Wesen wird so hülflos geboren. Adalbert Stifter als Pädagoge, Publikation zur Ausstellung, hg. von Regina Pintar und Christian Schacherreiter, Linz 2005, S. 9-20.

Schacherreiter, Christian: Was der k.k. Schulrat Stifter über Bildung und Erziehung sagte. In: Adalbert Stifter, hg. von Herwig Gottwald, Christian Schacherreiter und Werner Wintersteiner, Innsbruck/Wien/Bozen 2005, S. 54-62 (ide. Zeitschrift für den Deutschunterricht in Wissenschaft und Schule 1 [2005]).

Schacherreiter, Ulrike: „Ordnungen der Liebe". Kind sein in den Erzählungen Granit und Bergkristall. In: Adalbert Stifter, hg. von Herwig Gottwald, Christian Schacherreiter und Werner Wintersteiner, Innsbruck/Wien/Bozen 2005, S. 73-81 (ide. Zeitschrift für den Deutschunterricht in Wissenschaft und Schule 1 [2005]).

Scheipl, Josef und Seel, Helmut: Die Entwicklung des österreichischen Schulwesens von 1750-1938, 2., erg. u. erw. Aufl., Graz 1987 (Studientexte für die pädagogische Ausbildung der Lehrer höherer

Schulen 1).

Scheit, Gerhard: Franz Grillparzer mit Selbstzeugnissen und Bilddokumenten, Hamburg 1989 (Rowohlts Monographien 396).

Schiffkorn, Aldemar: Zum Geleit! In: Otto Jungmair: Adalbert Stifters Linzer Jahre, Linz 1958, S. 3.

Schlaffer, Hannelore: Nachwort. In: Adalbert Stifter: Bunte Steine. Erzählungen, 6. Aufl., Augsburg 1998, S. 270-290.

Schlaffer, Hannelore: Vom Sensationellwerden der Langeweile. Adalbert Stifter und die deutschsprachige Gegenwartsliteratur. In: Neue Zürcher Zeitung (Internationale Ausgabe) 247 (22./23. Oktober 2005), S. 46.

Schmid, Ulrich: Buchmarkt und Literaturvermittlung. In: Zwischen Revolution und Restauration 1815-1848, hg. von Gerd Sautermeister und Ulrich Schmid, München/Wien 1998 (Hansers Sozialgeschichte der deutschen Literatur vom 16. Jahrhundert bis zur Gegenwart 5), S. 60-93.

Schmidt, Sabine: Das domestizierte Subjekt. Subjektkonstitution und Genderdiskurs in ausgewählten Werken Adalbert Stifters, Phil. Diss., St. Ingbert 2004.

Schmidt-Dengler, Wendelin: Borderlines. Von der Schwierigkeit, über die österreichische Identität einiger Autoren zu reden. In: Literaturgeschichte: Österreich. Prolegomena und Fallstudien, hg. von Wendelin Schmidt-Dengler, Johann Sonnleitner und Klaus Zeyringer, Berlin 1995 (Philologische Studien und Quellen 132), S. 79-90.

Schnell, Hermann: Die österreichische Schule im Umbruch, Wien 1974 (Pädagogik der Gegenwart 113).

Schoenborn, Peter A.: Adalbert Stifter. Sein Leben und Werk, 2., aktual. Aufl., Tübingen/Basel 1999.

Selbmann, Rolf: Der deutsche Bildungsroman, 2., überarb. u. erw. Aufl., Stuttgart/Weimar 1994 (Realien zur Literatur 214).

Sengle, Friedrich: Biedermeierzeit: deutsche Literatur im Spannungsfeld zwischen Restauration und Revolution 1815-1848, Bd. 3: Die Dichter, Stuttgart 1980.

Spreckelsen, Tilman: Damals hinterm Mond. Stifter braucht seine Zeit, unsere Zeit braucht Stifter. In: Frankfurter Allgemeine Zeitung 246 (22. Oktober 2005), S. 39.

Srbik, Heinrich Ritter von: Metternich, München 1956.

Stadler, Arnold: Ich gebe den Schmerz nicht her. Von einem, der zeitlebens hungerte und darüber immer dicker wurde: Über Adalbert Stifter und vier Fotografien aus einem glücklosen Leben. In: Frankfurter Allgemeine Zeitung 48 (26. Februar 2005), S. 46.

Stadler, Arnold: Mein Stifter. Portrait eines Selbstmörders in spe und fünf Photographien, Köln 2005.

Stadler, Peter: Pestalozzis Geschichtliche Biographie, 2 Bde, Zürich 1988-1993.

Stahlová, Ingeborg: Der Nachsommer – utopischer Traum oder Verallgemeinerungen philosophischer Ideen. In: Adalbert Stifter 2000. „Grenzüberschreitungen". Tschechisch-Österreichisch-Deutsches Adalbert Stifter-Symposion Český Krumlov/Krumau 2000, hg. von Johann Lachinger und Ivan Slavík, Linz 2004 (Jahrbuch des Adalbert Stifter Institutes des Landes Oberösterreich 7/8), S. 47-52.

Strelka, Joseph P.: Mitte, Maß und Mitgefühl. Werke und Autoren der österreichischen Literaturlandschaft, Wien/Köln/Weimar 1997 (Literatur und Leben 49).

Tielke, Martin: Sanftes Gesetz und historische Notwendigkeit. Adalbert Stifter zwischen Restauration und Revolution, Phil. Diss., Frankfurt/M./Bern/Las Vegas 1979 (Europäische Hochschulschriften Ser. 1, Deutsche Literatur und Germanistik 298).

VanZuylen, Marian: Difficulty as an aesthetic principle. Realism and unreadability in Stifter, Melville, and Flaubert, Phil. Diss., Tübingen/Cambridge (Mass.) 1993 (Studies in English and comparative literature 9).

Wagner, Karl: Die Litanei der Phänomene. Zum 200. Geburtstag ist seine Ästhetik keineswegs veraltet – Adalbert Stifters andere Art zu erzählen. In: Neue Zürcher Zeitung (Internationale Ausgabe) 247 (22./23. Oktober 2005), S. 45f.

Weiss, Walter: Ausblick auf eine Geschichte österreichischer Literatur. In: Literaturgeschichte: Österreich. Prolegomena und Fallstudien, hg. von Wendelin Schmidt-Dengler, Johann Sonnleitner und Klaus Zeyringer, Berlin 1995 (Philologische Studien und Quellen 132), S. 19-28.

Welzig, Werner: Noch einmal: Zum Text. In: Adalbert Stifter: Die kleinen Dinge schreien drein. 59 Briefe, hg. von Werner Welzig, Frankfurt/M./Leipzig 1991, S. 219-231.

Windfuhr, Manfred: Erziehung zum Glück. Adalbert Stifters Glücksvorstellung. In: Vierteljahresschrift des Adalbert-Stifter-Instituts des Landes Oberösterreich, Folge 1/2 (1986), S. 3-17.

Wittkowski, Wolfgang: Zeitgenossen: Stifter, Hebbel, Grillparzer. In: Jahrbuch des Adalbert Stifter Institutes des Landes Oberösterreich 3 (1996), S. 37–58.

Wollenweber, Horst: Die Realschule in Geschichte und Gegenwart, Köln/Weimar/Wien 1997 (Studien und Dokumentationen zur deutschen Bildungsgeschichte 66).

Wörterbuch. Digitale Bibliothek Band 65: dtv-Wörterbuch Pädagogik, Berlin 2002.

Zeman, Herbert: Die österreichische Literatur im ausgehenden 18. und im 19. Jahrhundert. Spätaufklärung und Biedermeier. In: Literaturgeschichte Österreichs: von den Anfängen im Mittelalter bis zur Gegenwart, hg. von Herbert Zeman, Graz 1996, S. 303-360.

Danksagung

An erster Stelle gilt mein Dank Prof. Dr. Hansgeorg Schmidt-Bergmann für die Betreuung der Arbeit sowie Prof. Dr. Jan Knopf für die Übernahme des Zweitgutachtens.
Mein weiterer Dank gilt dem Adalbert-Stifter-Institut in Linz, das ich während einer Reise auf Adalbert Stifters Spuren besucht habe. Diese Reise führte mich im Juli und August 2005 von Passau über die Walhalla am Donaustauf nach Linz und von dort aus weiter nach Kefermarkt, in die „böhmischen Dörfer" Kirchschlag und Oberplan, in das Stift Kremsmünster und über Kärnten nach Triest, wo Stifter zum ersten Mal das Meer gesehen hat. Die gewonnenen Eindrücke während der gesamten Reise und besonders die anschauliche Führung durch die Privaträume Stifters in seinem Wohnhaus an der Donaulände und der Besuch der Ausstellung „Adalbert Stifter als Schulrat" anlässlich des Stifterjahres 2005 haben entscheidend zur weiteren Entwicklung meiner Arbeit beigetragen.
„Im Sommer ist München ein Wunderort", so Adalbert Stifter in einem Brief aus dem Jahre 1854. Während meiner Besuche der überaus gut sortierten Bibliothek des Adalbert Stifter Vereins in München habe ich eine ähnliche Erfahrung gemacht. Dr. Jozo Dzambo möchte ich für seine Hilfsbereitschaft und Begleitung bei meinen dortigen Recherchen im Sommer 2006 danken. Auch bedanke ich mich beim Adalbert Stifter Verein für die Bereitstellung eines Stipendiums.
Übergroßen Dank schulde ich meiner lieben Mutter Gertraud Gerhardt. Ohne ihre geistige wie finanzielle Unterstützung meines Studiums hätte diese Arbeit nicht entstehen können. Während mei-

nes gesamten Studiums hat sie es mir niemals zum Vorwurf gemacht, die „brotlosen" Geisteswissenschaften als Studienfach gewählt zu haben. Im Gegenteil hat sie mit Interesse und Freude meine Studien begleitet. Dafür möchte ich von ganzem Herzen Dank sagen. Großen Dank schulde ich außerdem Prof. Dr. Peter Wiehl und Ulrich Zimmermann für alle Hilfestellungen, Anregungen und Ratschläge und insbesondere für die sorgfältigen Korrekturen, für die ich sehr dankbar bin.

Viele Personen, die mir ebenfalls mit Rat und Tat zur Seite standen, sind ungenannt geblieben. Auch bei ihnen möchte ich mich an dieser Stelle sehr herzlich bedanken. Ich freue mich immer wieder darüber, dass sowohl Freunde, Verwandte und Bekannte als auch Adalbert-Stifter-Kenner an meiner Arbeit Interesse gezeigt und diese unterstützt haben.